Bernd Roeck

KETZER, KÜNSTLER UND DÄMONEN

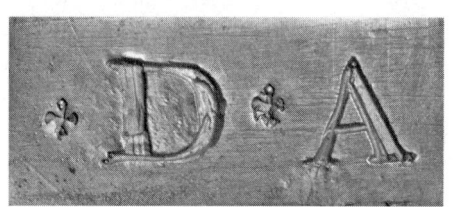

Bernd Roeck

KETZER, KÜNSTLER UND DÄMONEN

Die Welten des Goldschmieds David Altenstetter
Eine Reise in die Renaissance

C.H.Beck

Für Gabi
Für Tassilo, Martin und Priscilla

Mit 84 Abbildungen, davon 16 in Farbe

© Verlag C.H.Beck oHG, München 2009
Satz: Kösel, Krugzell
Druck und Bindung: CPI – Ebner & Spiegel, Ulm
Gedruckt auf säurefreiem, alterungsbeständigem Papier
(hergestellt aus chlorfrei gebleichtem Zellstoff)
Printed in Germany
ISBN 978-3-406-59171-6

www.beck.de

INHALT

I *Prolog: Von Kannibalen und Inquisitoren* 9
Der geköpfte Reiter 10 – Lob der Urgichten 12 – Triumph der Steuerbücher 15 – Das Millionen-Dollar-Häppchen 17

II *Wanderjahre 19*
Colmar 20 – Verwehte Spuren 23 – Ausbildung 26 – Im Zeichen des Pyr 28 – Von Läusen und Menschen 30

III *Goldschmied in eiserner Zeit 35*
Wolkenphantasien 36 – Bruder Hunger 38 – Heirat 41 – Die Zöllnerin 44 – Paten 46 – Um Arbeit und Brot 48

IV *Das unbekannte Meisterwerk 51*
Erfolg 52 – Der Agent des Herzogs 54 – Magische Waffen 57 – Ein verlorenes Wunder 59 – Die Hand des Kaisers 61

V *Eine Welt, gegründet auf den Wind 63*
Bilder und Schatten 64 – Werkstatt-Idyllen 65 – Vanitas 68 – Kalenderstreit 70 – Im Zeitalter der Angst 72

VI *Jenseits des Chaos: Alltage und Festtage 77*
Tagesläufe, Nachtgefahren 78 – Traumzeit 80 – Herzarbeit und Gänsemord 81 – «Undern Weschen» 82

VII *Freunde, Feinde, Auftraggeber 85*
Drauschs Rückkehr 86 – Vorgeher 89 – Hammer, nicht Amboß: Der «Uhrenstreit» 89 – Kunst für die Fugger 93 – Altenstetters Freunde: Handwerker, Ärzte und ein singender Notar 96

VIII *Auf Messers Schneide* 99
Unter Verdacht 100 – «... der Religion halben frei» 102 – Täufer? 106 – In den Eisen 109

IX *Der lesende Handwerker* 111
Küenles Bekenntnis 112 – Unter dem Streckgalgen 113 – Lektüren 115

X *Im Banne Schwenckfelds* 123
«Schwärmer, aufrührerische Geister, Sektierer, Träumer» 124 – Bücherverbrennung 127 – Jenseits der Konfessionen 128 – Altenstetter und die Schwenckfelder 130

XI *Die heilige Stadt* 135
Die Milde der Pfeffersäcke 136 – Der Zauberkreis 138 – Die Stadt als Gleichnis 140

XII *Die Musik der Ewigkeit* 143
Sternenkinder 144 – Wege ins Empyreum 147 – Plaudern mit Gott 148 – Die Kraft der Worte 150 – Ein Spaziergang mit Dr. Spreng 153 – Erben des Paracelsus 155 – Seelenträume 159

XIII *Das Geheimnis des Holzhauses* 161
Lebensspuren: Eine Anatomie der Netzwerke 162 – Chefalchemist des Fugger-Konzerns? 163 – In des Nathans Garten 167

XIV *Die Rückkehr der Götter* 169
Bauen gegen die Not 170 – Gottlose Wassergötzen 171 – Grotesken! 174 – Götter der Hölle 177 – Topographien des Erlaubten 180 – Anarchie und Ordnung 182

XV *Eine Reise nach Prag* 185
Email für den Kaiser 186 – Die magische Stadt 190 – Das Hradschin-Universum 191 – Kammergoldschmied 194

XVI *Über das Glück der Arbeit* 195
Die Goldschmiedin von Münsterschwarzach 196 – Ruskins Frage 197 – Benvenuto Cellini über eine «wunderschöne Kunst» 200 – Der Stümper 202

XVII *Die Kunst als Welt* 205
Augenlust und Langeweile 206 – Eine geborstene Realität 209 – Kunst, die aus der Kälte kommt 211

XVIII *Traumwerk* 215
Gebannte Dämonen? 216 – Im Zwielichtreich 218 – Altenstetter, Duchamp, Beuys 221 – Altenstetters Altertum 223

XIX *Altenstetters Brüder und Schwestern* 227
Ein letztes Bekenntnis 228 – Im Zeitalter Fausts 230 – Unwissende 232 – Konvertiten 233 – Zweifler und Sucher 234 – Träume vom Frieden 237 – Die Rede der Politiker 242

XX *Das Fastnachtsspiel Gottes* 245
Die letzten Schwenckfelder 246 – Gegenreformation 248 – Der Katastrophe entgegen 250 – Ein deutscher Totentanz 254 – Altenstetters Epitaph 258

Anhang 261
Anmerkungen 261 – Bildnachweis 272 – Abkürzungen 272 – Quellen, Literatur 273 – Dank 284 – Personenregister 286

I
PROLOG: VON KANNIBALEN UND INQUISITOREN

Abb. 1 David Altenstetter. Ausschnitt aus einem Gemälde von Anton Mozart (Abb. 56)

DER GEKÖPFTE REITER

erichtstag ist angesagt, die Menschen strömen zum Rathaus.[1] Immer mehr Leute drängen sich im Schatten des mittelalterlichen Baus mit seinem filigranen gotischen Turm, werden zu einer Riesenamöbe, die in den kleinsten Winkel um den Fischmarkt dringt, ihre Tentakel in die nahen Gassen streckt, hochkriecht an Hauswänden und Brunnentrögen. Es murmelt aus tausend Mäulern, man hört Zurufe, Fluchen auch, wenn sich einer allzu unverschämt der Ellbogen bedient, um bis zu den Ketten, mit denen Stadtknechte die Straße abgesperrt haben, vorzudringen. Dann, als bemerkte das graue Ungeheuer endlich seine Beute, ebben Raunen und Rufen ab, man zischt einander an, mahnt zur Ruhe. Gespannte Stille liegt nun über dem Platz. Die Leute warten darauf, daß vom Rathauserker aus das Endurteil über den Mann verlesen wird, der darunter in Fesseln sein Schicksal erwartet. Ein Priester steht neben ihm. Er wird Beistand leisten, wenn es hinausgeht zur Richtstätte.

Etwas abseits wartet ein unheimlicher Geselle. Er trägt ein farbiges Gewand, man könnte ihn für einen reichen Herrn halten, bedeckte den Kopf nicht eine dunkle Kapuze, die allein die Augen freigibt. Es ist Meister Michael, der Henker. Der Karren, der den Verurteilten zum Hochgericht bringen soll, steht schon bereit. Gleichmütig kaut der davorgespannte Klepper sein Heu.

Ungefähr so muß sich die Szenerie des «peinlichen Rechtstags», der am 21. Mai 1588 in Augsburg gehalten wurde, dargestellt haben. Der Angeklagte unter dem Kaisererker ist der Goldschmied Kaspar Kraus, Nebenfigur in einer der sensationellsten Kriminalgeschichten der Epoche. Ihr Hauptschurke war der Massenmörder Georg Ostermaier gewesen, ein Feind Gottes und der Menschen. Einige Wochen zuvor hatte man ihn samt seiner Gefährtin in der Vorstadt erkannt und ergriffen. 30 Menschen oder mehr soll er gemeuchelt haben. Einen Bauern hatte er ausgeraubt, ihm den Kopf abgehackt, den blutigen Schädel dann in die Satteltasche von dessen Pferd gestopft. Der Räuber hatte offenbar Sinn für derben Humor: Den Geköpften, so wurde geredet, habe er unter dem Gejohle seiner Spießgesellen wieder auf den Gaul gesetzt. Eine Leiche zu Pferd mit dem eigenen Kopf im Gepäck, welch ein Spaß! Einen Juden soll die Bande in einen ausgeweideten Pferdekadaver eingenäht haben, wo er elend erstickte.

Eine Woche vor Kraus' Rechtstag hatte Ostermaier sein gerechtes Schicksal ereilt. Eine «spiegelnde» Strafe zahlte dem Verbrecher seine Tat mit gleicher Münze heim. Seinerseits in eine Tierhaut gewickelt, war er zum Hochgericht vor der Judenbastei geschleift worden. Unterwegs hatten ihn die Schergen mit glühenden Zangen gerissen, schließlich gerädert: Das heißt, man zerstieß ihm die Glieder und flocht ihn auf die Speichen eines Rades. Seine Räuberbraut, die mit ihm ergriffen worden war, hatte der Rat ersäufen lassen.[2]

Das alles ließ für den Kraus wenig Gutes hoffen. Ihm wurde vorgeworfen, von Ostermaier gestohlenes Kirchengerät gekauft zu haben. Das war Hehlerei mit Besitz der heiligen Kirche, ein schweres Verbrechen. Aber sollte ihm deshalb der Kopf vor die Füße gelegt werden? Eigentlich schien die Sache entschieden, der Menge würde ihr Spektakel nicht entgehen. Ein «peinlicher Rechtstag» war gewöhnlich bloße Formsache – der Prozeß war abgeschlossen, das Urteil gefällt, nun mußte es ans Sterben gehen. Der öffentliche Akt der Bestrafung führte die Wiederherstellung der verletzten Ordnung sichtbar vor Augen.

Da wird es auf dem Platz wieder unruhig. Einige haben gehört, daß der Goldschmied doch begnadigt worden sei, andere widersprechen, es habe, schreibt ein Chronist, «einer so, der ander so gesagt». Man ist enttäuscht, als die Sperrketten abgenommen werden. Es wird wohl nichts aus dem blutigen Endspiel ... Doch plötzlich kommt das «Geschrei» auf, man werde fortfahren. Zugleich setzt Glockenläuten ein. Die Armesünderglocke, das Totengeläut, hallt durch den kühlen Maienmorgen ...

Kraus muß ihr Klang durch Mark und Bein gegangen sein. Dann folgt, vom Rathauserker her, in die gespannte Stille hinein der «Verruf»: Der, so hier gebunden und gefesselt stehe, habe mancherlei Verbrechen begangen, gestohlenes Kirchengut unrechtmäßig erworben – «derowegen ein ehrsamer Rat aus Gnaden mit Urteil zu Recht erkannt», daß er – und jetzt stockt dem Stadtvogt, der das Urteil verkündet, für einen Moment der Atem – «der Stadt und ihres Gebiets hiermit ewig verwiesen sein soll, davor wisse sich männiglich zu hüten». Kraus wird sofort seiner Fesseln entledigt, zum nächsten Stadttor, dem Gögginger Tor, geführt und dort ausgeschafft. Um Haaresbreite war er dem Henker vom Karren gesprungen. Wie eng es für den Kraus geworden war, zeigt das noch erhaltene Konzept der Rede des Vogts. Die Worte, er solle «mit dem Schwert und nasser Hand» – so lautet die Formel, beim Köpfen fließt ja Blut – «vom Leben zum Tod gerichtet werden», sind darin durchgestrichen und durch das mildere Urteil ersetzt (Abb. 2).[3] Der Rat zeigte, daß er nicht nur Herr über den Tod war, sondern, wenn er wollte, auch Leben schenken konnte.

Unter dem Publikum befand sich vermutlich der Goldschmied David Altenstetter. Seit kurzem war er einer der «Vorgeher» und damit einer der wichtigsten Vertreter seines Handwerks. In dieser Funktion hatte er eine Bittschrift abgefaßt, in der er um Gnade für den Zunftgenossen bat. Altenstetter war ein angesehener Mann, Mitglied des Großen Rats der Stadt; seine Unterschrift unter die Eingabe mag dazu beigetragen haben, daß Kraus seinen Kopf dort behielt, wo er von Natur aus hingehörte.[4] Altenstetter konnte nicht ahnen, daß er genau zehn Jahre später im selben Gefängnis landen würde, dem Kaspar Kraus – freilich um den hohen Preis des Exils – gerade entronnen war. Damals, 1588, befand sich der gut 40jährige Altenstetter in besten Umständen. Er lebte in geordneten Verhältnissen, für seine Kunst wurden hohe Preise bezahlt ...

LOB DER URGICHTEN

Aber beginnen wir dort, wo alle Geschichte ihr Ende und ihren Anfang hat, im Archiv. Dort, in demselben Regal, das auch die Akten zu den Affären Kraus' und Ostermaiers bewahrt, finden sich Schriftstücke, die

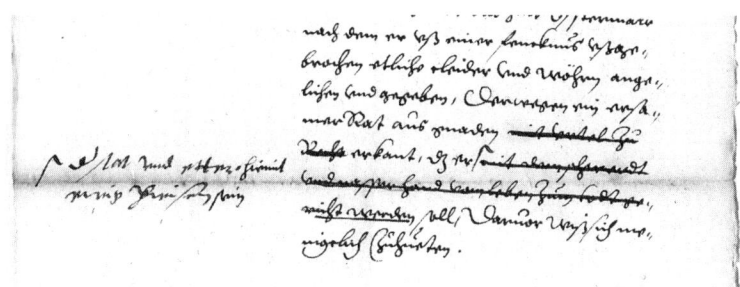

Abb. 2 Das revidierte Todesurteil des Kaspar Kraus. Augsburg, Stadtarchiv, Urgichtensammlung, 1582, Mai 2 und 4

von Altenstetters Leben berichten. Es ist eine manchmal rätselhafte, manchmal auch dramatische Erzählung. Noch steckt sie in einem Pappkarton. Der «Ausheber» des Archivs bringt das Faszikel aus dem Magazin. In den Innereien des alten Gebäudes an der Augsburger Fuggerstraße hatte es, fest verschlossen, geruht; eine Zeitkapsel. Jetzt liegt das Päckchen mit der Bezeichnung «Urg.» auf dem Tisch im Lesesaal.

Im Archiv riecht es nach Linoleumboden und Bohnerwachs, darunter gemengt sind schwer definierbare Ausdünstungen von altem Papier und Staub. Es ist der Geruch von Menschen, die längst tot sind. Ihr verlorenes Dasein ist der Stoff des Historikers. Er ist Totenbeschwörer, ein Nekromant; zugleich Kannibale. Der Geist, den dieses Fleisch einst enthielt und bewegte, hat sich zu jenem Aroma verflüchtigt, das der «Engel der Geschichte» aus grauen Vorzeiten in die Gegenwart wehen läßt.

Ein paar Jahrhunderte sind nötig, damit ein solcher Geruch entstehen kann. So wie hier riecht es merkwürdigerweise in fast allen Archiven, genauer: in den wirklich *guten*, wo sich Geschichte buchstäblich als Schichtung zeigt, als zu Bergen hochgewelltes Sediment, das hinunter in die Vergangenheit reicht. Sie ist nun ein gewaltig aufgetürmter Trümmerhaufen mit Halden und Stürzen, schroff, ehrfurchtgebietend, faszinierend. Das Dasein von einst in seiner ganzen Pracht ist hier zu armseliger Materie geronnen, zu Papier, zu Pergament, zu Zeichen aus Galläpfeltinte. Jene längst verweste Existenz findet sich in den «Aufschreibesystemen», in Taufregistern und Hochzeitsbüchern; sie zeigt sich in Chroniken und Tagebüchern, in Briefen und Verträgen, in Polizeiordnungen und Testamenten. Selbst Totenbücher erzählen nun vom Leben. Es sind Indizes vergangenen Geschehens, die Niederschläge verstummter Stimmen, ihre zerbrechliche, glücklicherweise entzifferbare Spur.

Ein erster Hinweis findet sich im «Strafbuch» der Reichsstadt Augsburg, in dem von braunem Leder umkleideten Band, der die Jahre zwischen 1596 und 1605 umfaßt. Das Buch enthält nichts Gutes. Es ist ein Register der Schlußrechnungen der Gesellschaft mit ihren Feinden. Was darin steht, ist von großer Wichtigkeit und soll unvergessen bleiben. So steht es nicht auf Papier, sondern auf dauerhaftem Pergament. Es geht um Kerker, Verbannung und Tod.

Auf der Rückseite von Blatt 65 heißt es, jener Altenstetter und zwei andere Angeklagte seien irriger und sektiererischer Lehre zugetan gewesen; daher sei der Verdacht auf sie gekommen, sie hätten ihre Zusammenkünfte und Versammlungen heimlich gehalten.[5] Das erregt Aufmerksamkeit, es klingt nach Ketzerei und Verschwörung. Ob sich Einzelheiten ermitteln lassen? Naheliegend ist, in der «Urgichtensammlung» des Archivs nachzusuchen. Tatsächlich verzeichnet das Register Altenstetters Namen, dazu die Nummer 1598 d. Sie steht auf jenem Faszikel, das nun, noch stumm, auf dem Arbeitstisch liegt.

«Urgichten» ist ein merkwürdiges Wort, dessen Bedeutung heute vergessen ist. Schon vor über zwei Jahrhunderten meinte der Lexikograph Johann Christoph Adelung, es sei alt und nur noch in der Rechtssprache mancher Gegenden üblich.[6] Beim ersten Hören denkt man an die Gicht, das große frühneuzeitliche Leiden. Aber damit hat das Wort nichts zu tun, obwohl es tatsächlich auf gekrümmte Finger und Schmerz verweist. Seine ursprüngliche Bedeutung ist «Aussage», «Bekenntnis». Mit «Urgicht» kann ein «Geständnis mit oder ohne Tortur» gemeint sein. So ergänzt die Urgichtensammlung die lapidaren Einträge des Strafbuchs. Zu fast jeder Notiz dort enthält sie ein mehr oder weniger umfangreiches Bündel Papier, eben die dazugehörige «Urgicht» (Abb. 3).

Der Begriff erinnert an schaurige Momente – an Augenblicke im Zwielicht zwischen Leben und Tod, wie sie der Hehler Kaspar Kraus erlebte. Trügen die Urgichten noch die Gerüche ihrer Entstehungszeit an sich, einige Blätter stänken nach verbranntem Menschenfleisch, und fast alle röchen nach Angst. Was hörten wir, wenn es ein Verfahren gäbe, die Töne wiederzubeleben, die einst in die Kapillaren des Papiers drangen?

Leise Stimmen würden daraus raunen, gemurmelte Antworten, mal trotzige Widerreden, mal lautes, barsches Fragen und Nachfragen. Flehentliche Worte wären zu vernehmen, Wimmern, dann Schreie, schließlich infernalisches Brüllen: die düstere Musik der Folter. «Ist aufgezogen worden», solche und ähnliche Formulierungen meinen das «Strecken». Ein Knecht fesselte Verdächtigen, auch Frauen, alten wie jungen, die Hände hinter dem Rücken. Sie wurden mit einer Seilwinde hochgezogen, einmal, ein weiteres, ein drittes Mal und noch öfter; man band ihnen nun Gewichte an die Füße, um die Qual zu steigern. Manchen drehten sich die Arme aus den Gelenken. Mit übermenschlichen Kräften hätten die Gefolterten ausgestattet sein müssen, um den Schmerz aushalten und Antworten verweigern zu können. Sie waren es fast nie. Die Folter erzwang Bekenntnisse tatsächlich verübter Untaten, produzierte aber auch Delikte, die niemals begangen worden waren; sie brachte Hexen hervor, konstruierte Perverse, die ihre Lust mit Säuen und Hunden befriedigten, machte Verräter, Werwölfe und Unholde, die sich mit dem Teufel verbündet hatten.[7]

Jetzt, ein paar hundert Jahre nachdem die letzte Aussage gemacht, das letzte Wort aufs Papier gekratzt ist, folgt ein neues Verhör. Der Geschichtenerzähler nimmt den Platz des Inquisitors ein. Er hat keine Streckgalgen oder Daumenschrauben, um «Wahrheit» aus dem Papier zu zwingen. Sein Werkzeug ist weniger furchtgebietend. Es heißt «Hermeneutik», «Auslegungskunst». Er muß die Worte hin und her wenden, selbst das Schweigen geschwätzig werden lassen, muß sich darauf verstehen, zwischen den Zeilen zu lesen. Hermeneutik holt ein längst gestorbenes Jetzt in die eigene Gegenwart. Sie ist ein Verfahren, das dazu dient, aus Texten Leben zu machen.

TRIUMPH DER STEUERBÜCHER

Die Orte, von denen aus die Echolote in 300 Jahre Tiefe hinabgelassen werden, sind das elsässische Colmar, Augsburg, München, Wien und Prag; wer Spuren des Meisters finden will, muß dorthin, in die Archive und Bibliotheken. Die bei weitem wichtigsten Quellen befinden sich im süddeutschen Augsburg. Außer den Urgichten sind das etwa Aufzeichnungen über Altenstetters Heirat oder über Streit, den er mit anderen Handwerkern hatte ... Vor allem aber sind es die Steuerbücher. Ihre Überlieferung setzt um die Mitte des 14. Jahrhunderts ein. Von 1389 bis 1717 ist ihre Reihe fast lückenlos erhalten.

Steuerbücher: das klingt trocken, nach unangenehmen Verpflichtungen, nach Verwaltung. Zu Recht; die großformatigen Blätter markieren tatsächlich Triumphe der Bürokratie. Aber sie bezeugen einen schicksalhaften Vorgang: das Erwachen Leviathans, wie Thomas Hobbes den sterblichen Gott «Staat» genannt hat. Er will aufschreiben und festlegen, kontrollierbar machen, Beliebigkeit abstellen. Steuerbücher, das ist Rationalität, ein Stück Gerechtigkeit. Wie für alles Wichtige – und Steuern sind wichtig – wurde auch bei ihrer Anlage Pergament verwendet.

Die Steuerbücher sind viel mehr als staubtrockenes Behördenschriftgut. Sie enthalten eine Art Kollektivbiographie der Stadtgesellschaft. Ihr Umfang deutet die Lebenslinie der Stadtbevölkerung an. Im späten 16. Jahrhundert haben sie Großfolio-Format erreicht: Aufgeschlagen, bedecken sie im Archiv den halben Schreibtisch. Sie werden dicker und dicker. Mit dem Dreißigjährigen Krieg, dem Massenmörder des «Eisernen Zeitalters», verdünnen sie sich wieder. Sie erfassen jeden steuerpflichtigen Haushalt, im Durchschnitt waren das 4,5 Personen (die Vorstellung, in der alten Gesellschaft hätten sich ganze Scharen von Kindern, Knechten und Mägden um den trauten Familientisch gedrängt, ist ein Mythos). Was sich nicht in ihnen findet, sind von der Steuer befreite Geistliche, Juden – die das Bürgerrecht in der christlichen Stadt nicht besaßen – und einige andere Personengruppen. Der Name «David Altenstetter» ist seit 1575 regelmäßig vermerkt.

Zu unserem Glück hat man zu Beginn des 20. Jahrhunderts Namensregister für etwa jedes siebte Steuerbuch angefertigt. Da ist Name für Name verzeichnet, mit der jeweils dazugehörigen Angabe der Spalte des Steuerbuchs. Es muß eine ungeheure Arbeit gewesen sein. Zunächst galt es, die Namen – nebst Vornamen waren das jedesmal Tausende – auf kleine Zettel zu schreiben. Erst danach konnten sie in alphabetische Ordnung gebracht werden.

Nach dem Zweiten Weltkrieg widerfuhr den Steuerbüchern ein merkwürdiges Schicksal. Der Direktor des Archivs erhielt Post aus Salt Lake City: Die «Kirche Jesu Christi der Heiligen der Letzten Tage» bat

Abb. 3 Ausschnitt aus dem Verhörprotokoll David Altenstetters. Augsburg, Stadtarchiv, Urgichtensammlung, 1598, Dezember 4

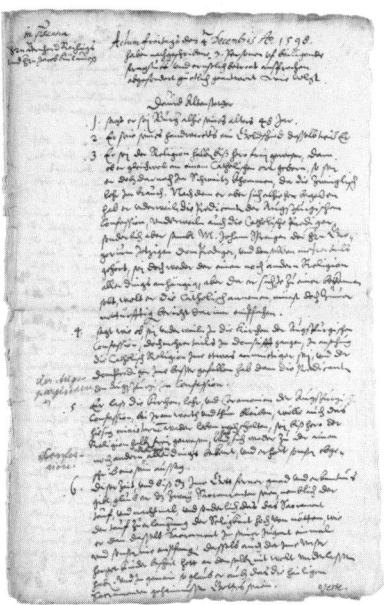

darum, Mikrofilme der Steuerbücher herstellen zu dürfen. Die Mormonen wollten an den darin Verzeichneten die «Totentaufe» vollziehen. So sollten die alten Augsburger am Heil, das jene Glaubensgemeinschaft für sich erhoffte, teilhaben. Auch Altenstetter wurde so ein zweites Mal getauft. Darin liegt, wie wir sehen werden, eine gewisse Ironie.

DAS MILLIONEN-DOLLAR-HÄPPCHEN

Die Hauptperson des Verhörs von 1598 und der Held dieses Buches war, das vorweg, nicht irgendein Goldschmied. Er gilt als Meister europäischen Ranges. Im Dezember 2005 wurde bei Christie's ein mit buntem Email verziertes Silberbesteck von zwölf Messern, Gabeln und Löffeln zur Auktion angeboten, dazu drei ebenfalls reichverzierte Salzfäßchen (Taf. XIV, XV). Auf der Website von Christie's wird unter dem Titel «THE MILLION DOLLAR-MOUTHFUL» britisch-trocken konstatiert: «Es ist schlicht und einfach eines der bedeutendsten und schönsten Silberkunstwerke der deutschen Renaissance, die jemals auf einer Auktion erschienen sind.»

Als Schätzwert wurden 300 000 bis 500 000 Pfund angesetzt. Nach hartem Bietergefecht wechselte das Ensemble für 1 240 000 Pfund (damals 2 145 000 US-Dollar) den Besitzer. Es verschwand in einer Privatsammlung.

Tatsächlich handelt es sich um das älteste heute bekannte Set dieser Art; der Goldschmied hat, wie er es gewohnt war, die Bestecke signiert: «DA»; eines der Messer trägt das Datum 1615. Die Salzfäßchen, gefertigt zwischen 1590 und 1595, stammen von der Hand eines Kollegen, vielleicht von Hieronymus Zainer. Altenstetter hat nur den Schmuck geliefert, heitere, bunte Ornamente und Figuren: ein trabendes Pferdchen, einen den Dudelsack traktierenden Affen, einen tanzenden Bären, langhalsige Monster. Dergleichen war Altenstetters Spezialität. Vögel, Fabelwesen, Pflanzen und Insekten gestaltete er in jenen irrationalen Größenverhältnissen, die für die Groteskenkunst der Zeit charakteristisch sind. Neben dem Millionen-Dollar-Besteck sind einige weitere seiner Werke erhalten: Zierdöschen, Emailplatten, ein Pokal, Prunkwaffen, Teile einer Kaiserkrone – allesamt Spitzenwerke der Goldschmiedekunst. Ein neuerer Autor zählt Altenstetter unter die besten Emailleure der Renaissance.[8] Daß dennoch von seiner Hand verschwindend wenig erhalten blieb, hat damit zu tun, daß damals der Materialwert solcher Dinge die Arbeitskosten bei weitem überstieg. So warf man sie, war Not am Mann, in den Schmelzofen und ließ die Kunst wieder zu Gold werden.

Es lohnte sich, allein vom *Goldschmied* Altenstetter zu erzählen. Was den Grotesken-Zauberer aber wirklich interessant macht, sind die Dinge, die er im Dezember 1598 zu Protokoll gab. So erzählt dieses Buch eigentlich zwei miteinander verflochtene Geschichten, die umfassen, was Johan Huizinga die «Spannung des Lebens» nennt: die eines Goldschmieds, seiner Arbeit und seiner Kunst – und die eines eigensinnigen Christen in eisernen und eisigen Zeiten. Wir werden Spuren stiller Religiosität finden, doch wird daneben lautstarkes Handwerkergezänk zu hören sein; es wird um Seelenwanderungen gehen, um Träume und um die Kraft der Phantasie, die Monster in Schönheit zu bannen versteht. Schließlich wird die Geschichte Altenstetters, des Meisters des Manierismus, Bedingungen des Schöpferischen am Anfang der Moderne offenlegen, Einsichten gewähren in die Voraussetzungen eines großen Kunststils in der Spätzeit der Renaissance.

II
WANDERJAHRE

Abb. 4 Colmar. Holzschnitt aus Sebastian Münster, Cosmographia (1548), Ausgabe Basel 1628. Zürich, Zentralbibliothek, Kartensammlung (3 Fg 02:1)

COLMAR

iel ist über Altenstetters Lebensweg bis 1598 nicht bekannt. Einige Eckdaten sind aber doch überliefert; sie gestatten die Rekonstruktion einer langen Wanderung und einer buchstäblich glanzvollen, von Gold, Silber und buntem Email umschimmerten Karriere. Nicht wenig haben, zum Glück für die Nachgeborenen, die Ratsherren, die Altenstetter verhörten, aus ihrem Mann herausgequetscht.

Die Blätter des Verhörprotokolls sind mit alten, mürben Hanfschnüren zu einem Päckchen gebunden. Jemand – wohl ein Archivar des 19. Jahrhunderts – hat säuberlich «Altenstetter, David» auf das Deckblatt geschrieben.[1] Am Anfang ist vermerkt: «Actum Freitags den 4ten Decembris A° 1598». Am besten, man legt die Schriftstücke nebeneinander, die Fragen und Antworten gesondert voneinander verzeichnen. Alles ist in der eigenwilligen Orthographie der Epoche abgefaßt, in einer mit ein wenig Übung gut lesbaren Kanzleischrift.

– Wie er heiße? Von woher? Und wie alt er sei?

– Sagt, er sei Bürger hier, seines Alters 48 Jahre.

– Was sein Tun sei, davon er sich erhalte?

– Er sei seines Handwerks ein Goldschmied, dasselb' treib er.

Über seine Herkunft sagt Altenstetter nur, er sei an einem katholischen Ort geboren. Wir wissen aus einer anderen Quelle, daß es die Reichsstadt Colmar im Elsaß ist.[2] Jenes Colmar seiner Jugend war ein kleines, ein paar tausend Einwohner zählendes Gemeinwesen, berühmt schon im 16. Jahrhundert für den guten Wein, der in seiner Umgebung wuchs. Die Stadt hatte an der vielgestaltigen Kultur, die sich im Oberrheingebiet zwischen dem Herbst des Mittelalters und dem Morgen der Neuzeit formte, intensiv teil.[3] Basel ist nahe, damals Tor nach Italien und Hauptstadt des europäischen Humanismus, die Stadt Holbeins und des Erasmus von Rotterdam. Jenseits des Rheins liegt das katholische Freiburg mit seiner Universität, ein wenig nördlich die Reichsstadt Straßburg mit ihrem bewegten religiösen und intellektuellen Leben und, auf halbem Weg dorthin, Schlettstadt mit seiner Bibliothek und seiner Lateinschule, der Geburtsort der Humanisten Jakob Wimpfeling und Beatus Rhenanus. Altenstetters Elsaß erscheint als ein Gebiet der Grenzen und Ambivalenzen. Es war, selbst ein politischer Flickenteppich, Grenzraum zwischen Frankreich und dem Reich; ein Land, in dem schon immer die unterschiedlichsten geistigen Strömungen aufeinandergetroffen waren, zugleich ein Land glühender Religiosität. Hier las der Straßburger Münsterprediger Geiler von Kaysersberg seinem Publikum mit Donnerworten die Leviten, versuchte, es mit groben Späßen, mit nachgeahmtem Hundegebell und Trommelschlag aufmerksam und fromm zu machen. Im selben Straßburg schrieb Geilers Freund Sebastian Brant die Moralsatire «Das Narrenschiff», eine Etüde über die Narrheiten der Menschen. Es war bis ins 18. Jahrhundert wahrscheinlich das meistgelesene Werk deutscher Sprache. Humanistische Intellektualität, Judenfeindschaft, leidenschaftliche Frömmigkeit und stille Mystik begegnen in der schimärischen Welt des Elsaß ebenso wie reformatorischer Eifer und festes katholisches Beharren. Schon früh wurde in Mühlhausen, Colmar und Straßburg die Forderung nach Predigt des reinen Evangeliums erhoben. Der Bauernkrieg fand im Elsaß ein Zentrum. Seit der Reformation trieben sich hier alle möglichen Ketzer herum, und Sekten nisteten sich ein, im besonderen die Täufer. Michel Servet hat in Hagenau 1531 seine berühmte Streitschrift gegen die Lehre von der heiligen Dreifaltigkeit, «De erroribus trinitatis», publiziert. 1570 meinte der Straßburger Jesuit Jacob Rabus, es gebe in seiner Stadt inzwischen fünf oder mehr Sekten unter dem gemeinen Volk. Der eine sei durch und durch Lutheraner, der zweite ein halber, der dritte Zwinglianer, der vierte Calvinist, der fünfte Schwenckfelder, der sechste Wiedertäufer, und der siebte Haufen sei ganz epikureisch gesinnt.[4]

Colmar selbst wandte sich erst spät, 1575, der Reformation zu. Altenstetters Aussage, er sei an einem katholischen Ort geboren, traf also zu. Er dürfte in seiner Jugend erlebt haben, wie sich die Entscheidung für die Reformation vorbereitete. 1564 hatte sich das nahe Hagenau für Luther entschieden; eine wachsende Zahl von Colmarern wanderte seit der Jahrhundertmitte in die württembergischen Herrschaften Horbourg und Riquewihr, um dort den lutherischen Gottesdienst zu besuchen. Das 1575 ausgesprochene Votum des Rates von Colmar, in dem nicht wenige schon lange der Reformation zuneigten, entsprach sicher ihren Wünschen. Viele der Colmarer Protestanten sollen jedoch noch um 1590 selbst nicht genau gewußt haben, ob sie nun lutherisch waren oder calvinistisch. Einige zogen es vor, beim alten Glauben zu bleiben. Der Rat war – schon mit Blick auf die nahen habsburgischen, mithin katholischen Länder – klug genug, den Besuch der katholischen Messe auch weiterhin zu gestatten.[5] Er setzte so den Mittelweg, der in Colmar schon um die Jahrhundertmitte gegangen worden war, fort.[6] In der Stadt an der Ill entwickelte sich auf diese Weise eine gemischtkonfessionelle Gesellschaft. Das war aber zu einer Zeit, als Altenstetter seinen Geburtsort längst verlassen hatte.

Die Renaissance hat in der Stadt kaum Spuren hinterlassen. Die Loggia vor dem «Ancien Corps de Garde» wurde erst nach Altenstetters Colmarer Zeit, 1575, errichtet, ebenso die «Maison des Têtes» mit ihrer spektakulären Fassade. Das elegante Stück Italien wirkt wie ein Fremdkörper. Fachwerk und gotische Spitzbögen gestalten aus dem Ort bis heute ein romantisches Geschichtsfantasma. Wenn in einer stillen Januarnacht der Mond über die Giebel steigt und die glasierten Dachziegel der Kirchen silbrig glitzern läßt, würde man sich nicht wundern, wenn unversehens der Nachtwächter um die Ecke böge ...

Die humanistische Bewegung war in Colmar verglichen mit der Straßburgs und des nahen Schlettstadt von zweitrangiger Bedeutung geblieben. Sie wurde von einigen wenigen Persönlichkeiten getragen. Unter ihnen ragen Sebastian Murrho, Kanoniker von St. Martin, und der Ratsdiener, Maler und Buchhändler Jörg Wickram hervor. Für die örtliche Lateinschule hatten Fachleute wie der Humanist Matthias Ringmann nur Spott übrig. Paracelsus' Aufenthalt in Colmar, wo er nach seinem Weggang von Basel «leidlich ruhige Tage» erlebt haben soll, blieb Episode.[7]

Von großer Bedeutung waren dagegen religiöse Institutionen. St. Martin, die Kathedrale der Colmarer, ist ein großer spätgotischer Bau aus gelbem und rotem Sandstein. Zu Altenstetters Zeit war die Kirche das beherrschende geistige Zentrum der Stadt. Ein Holzschnitt in Sebastian Münsters «Cosmographia» zeigt sie denn auch übergroß und rückt sie in die Mitte (Abb. 4).

Neben den Benediktinern und Bruderschaften – deren wichtigste die 1484 gegründete Rosenkranzbruderschaft war – ragen die Bettelorden hervor: die Dominikaner, die Augustinereremiten und die Dominikanerinnen des Unterlinden-Klosters. Die Schwestern dort blickten auf eine bedeutende Geschichte zurück. Hier waren die «Vitae sororum» entstanden, eine der wichtigsten religiösen Schriften des Spätmittelalters; 1322 hatten die Nonnen den Mystiker Meister Eckhart beherbergt. Die Tradition will, daß der Konvent auch Beziehungen zu Johannes Tauler und Heinrich Seuse, zwei weiteren großen Mystikern, unterhalten hat. Unterlinden war eine Hochburg mystischer Spiritualität, als deren Ideale Demut, Unterordnung unter den Willen Gottes und Reinheit des Herzens erscheinen. Die Gedanken und Gebete der Schwestern bewegten sich um Passion und Tod Christi; das zeigen viele der Bücher, die im Konvent aufbewahrt wurden. Ein Zufall hat es gefügt, daß Matthias Grünewalds «Isenheimer Altar», der sich ursprünglich im Antoniter-Kloster des nahen Isenheim befand, nun im Museum in den Mauern des ehemaligen Klosters steht – eine gemalte Meditation über Leiden und Triumph Christi, eines der großartigsten religiösen Kunstwerke der Zeitenwende.

VERWEHTE SPUREN

Altenstetter wurde wahrscheinlich 1547, vielleicht auch erst 1550 geboren. Er selbst macht dazu widersprüchliche Angaben.[8] Es ist gut möglich, daß er sein Geburtsdatum tatsächlich nicht genau kannte. Jedenfalls zeigen spätmittelalterliche und frühneuzeitliche Quellen nicht selten solche Unsicherheit hinsichtlich des eigenen Lebensalters. Geburtstage wurden wenigstens in den unteren und mittleren Schichten der Bevölkerung nicht gefeiert. Ob sich darin Nachlässigkeit gegenüber dem kurzen Erdendasein andeutet? Immerhin erlebten damals die weitaus meisten

Abb. 5 Der kreuz-
tragende Christus.
Kolorierter Holzschnitt
aus Johannes Tauler,
Sermones, Augsburg
(Hans Otmar) 1508.
Augsburg, Staats- und
Stadtbibliothek
(2° ThPr. 226)

Menschen ihren ersten Geburtstag nicht. Vielen war schon das Kindbett Totenbahre. Kam erneut ein Kind auf die Welt, erhielt es nicht selten denselben Namen wie der zuvor gestorbene Bruder oder die dahingeschiedene Schwester – als glaubte man, daß die Seelen wanderten, um gleich im neuen Leib Wohnung zu nehmen. Das Subjekt, so scheint es, verlor sich damals leicht im massenhaften Sterben.

Den Tag der eigenen Geburt nicht zu wissen ist eine Leerstelle im Ich, jedenfalls empfänden wir das so. Zu Altenstetters Zeit mag es anders gewesen sein. Gewiß gibt es keinen Grund anzunehmen, daß die Menschen damals weniger empfindlich gegen Schmerz, weniger bekümmert um das eigene Schicksal gewesen wären. Doch bestand ein wesentlicher Unterschied: Altenstetter und seine Zeitgenossen wußten sich aufgehoben in kosmischen Bezügen. Das Kind wuchs hinein in eine Kultur, die tief vom Glauben geprägt war. Die große Erzählung vom Weg der Menschen zum Heil trat ihm in den Worten der Prediger, den Geschichten der Eltern und ganz wirklich in Holz geschnitzt, in Stein gehauen und aus Farbe gebildet gegenüber. Die Bilder prägten sich ein, formten Erinnerung (Abb. 5).

Wenn die Überlieferung an Kunstwerken nicht täuscht, hatte in der Bildwelt des 16. Jahrhunderts weniger der zürnende, der gewaltige Herr des Alten Testaments eine Hauptrolle. Vielmehr war es der Gottessohn, der gekreuzigte Mensch. Er lud zur Identifikation ein, war Verheißung absoluter Gerechtigkeit und ewiger Seligkeit. Man muß Werke wie Grünewalds Altar betrachten, um eine Vorstellung davon zu gewinnen, welche Kopfbilder sich die Menschen jener Zeit in Momenten religiöser Versunkenheit machten. Fluchtpunkt der Colmarer Kathedrale ist noch heute ein spätmittelalterlicher bemalter Kruzifixus aus Holz, flankiert von Maria und Johannes; Christus ist im Vergleich zu ihnen übergroß: Der Schnitzer wollte die Bedeutung des gemordeten Gottes hervorheben. Zum «Einfühlen» lud daneben die heilige Maria ein, von deren Leben und Leiden in der elsässischen Stadt unzählige Kunstwerke berichteten. Altenstetter mag vor der ebenfalls in St. Martin befindlichen «Jungfrau von Colmar» gestanden haben; sicher war ihm Martin Schongauers in Gold, Purpurrot und Blau leuchtende «Madonna im Rosenhag» in Colmars Dominikanerkirche, die «Sixtina» des Nordens, vertraut.

David dürfte buchstäblich im Schatten der Colmarer Kathedrale auf die Welt gekommen sein. Das Geburtshaus ist noch erhalten: ein mehrstöckiges, nicht allzu großes Gebäude am «Altpüsser-Gäßlein». Es ist die heutige Rue des Tourneurs, die früher «Drehergasse» hieß und direkt auf St. Martin zuführt. Wahrscheinlich wurde das Kind hier auch getauft. Es erhielt den Namen des biblischen Königs und Siegers über den Riesen Goliath, des Propheten und Dichters. David war ein mächtiger Namenspatron, auf den man bauen konnte. Aus der Bibel ließ sich die Hoffnung schöpfen, der König werde einst wiederkehren (Jer. 30,9). Er galt als der Gerechte, den der Herr aus höchster Gefahr errettet hatte (Ps. 17,18).

Besitzer des Hauses und mutmaßlicher Vater unseres Goldschmieds war ein gewisser Caspar Altenstetter. Das Colmarer Bürgerbuch nennt einen «Caspar Altenstetter der Schreiner», der «auf seinem Haus bei der Dornig» Bürger geworden sei.[9] Er habe es 1544 von dem Colmarer Bürger Hans Schell erworben.[10]

Der Name Altenstetter ist in Colmar sehr selten. Der Schreiner ist der einzige Träger des Namens, der einem in den Steuerbüchern der Stadt, den sogenannten Gewerf-Büchern, begegnet.[11] In den Totenfallregistern wird zum Jahr 1559 noch der Tod der «Frau von Gregorius Altstetter», dem Schulmeister, vermeldet.[12] Die Gewerf-Bücher verzeichnen jenen Gregorius nicht. Vielleicht war er ein Bruder des Schreiners und hatte an dessen Haushalt teil. Der Name könnte andeuten, daß die Familie altgläubig geblieben war; ein überzeugter Protestant hätte auch kaum einen Kirchenvater als Namenspatron seines Sohnes gewählt.

AUSBILDUNG

David wird eine Schule – wohl die von St. Martin[13] – besucht haben; oder hat ihn zu Hause der mutmaßliche Onkel, Schulmeister Gregorius, unterrichtet? Er konnte lesen und schreiben, soviel ist sicher. Dann, er muß mindestens zwölf Jahre alt gewesen sein, begann die Lehrzeit. Es dürfte für Caspar Altenstetter nicht schwer gewesen sein, den Sohn einem guten Lehrherrn zu vermitteln. Als Schreiner war er – mit allen möglichen anderen Handwerkern wie Maurern, Zimmerleuten, Steinmetzen, Zieglern, Waffenschmieden, Keßlern und Kupferschmieden – in derselben Zunft wie die Goldschmiede. Sie trug den schönen Namen «Zum Holderbaum».[14] Das Colmarer Goldschmiedehandwerk hatte übrigens eine alte Tradition. Der Vater des berühmten Malers Martin Schongauer war ein aus Augsburg stammender Goldschmied; Martin selbst dürfte in diesem Handwerk seine erste Ausbildung erhalten haben.

Ob David Altenstetters Spezialisierung auf Emailornamente damit zu tun hatte, daß er schon als Kind in der väterlichen Werkstatt zusehen konnte, wie dort kunstvolle Intarsien geschnitten wurden? Ein einfacher Tischler war Caspar Altenstetter kaum. Er muß wohlhabend gewesen sein, sein Haus befand sich in bester Lage, im Herzen der Stadt (Abb. 6): Der Steuerbezirk «Dietrich Walchs Ort», zu dem das Anwesen gehört, erstreckte sich zwischen Kathedrale und Dominikanerkloster. Ein paar Meter weiter wohnte der bedeutendste Colmarer jener Zeit, der vorhin erwähnte Jörg Wickram.[15] Die Altenstetters könnten dem Dichter gelegentlich beim Kirchgang begegnet sein.

Caspar Altenstetter starb 1561 oder 1562;[16] wahrscheinlich war er da noch nicht sehr alt. Er hatte das Bürgerrecht ja erst 1545 erworben. Die Kinder wurden in der Nachbarschaft untergebracht.[17] Später schloß David seine Lehre ab. Ihre Dauer war in Colmar nicht genau festgelegt.[18] Normalerweise währte sie im Goldschmiedehandwerk mit seinen hohen technischen Anforderungen länger als in anderen Handwerken, nämlich vier, manchmal bis zu acht Jahre. Der Meister war in dieser Zeit Ersatz-

Abb. 6 Altenstetters mutmaßliches Geburtshaus an der Rue des Tourneurs in Colmar, Frankreich (Bildmitte). Aufnahme von 2009

vater des Lehrjungen, ihm gegenüber mit aller Gewalt – einschließlich der Lizenz zum Verprügeln – ausgestattet.

Die Pflicht, während der gewöhnlich weitere vier bis sechs Jahre dauernden Gesellenzeit auf Wanderschaft zu gehen, hatte sich in der zweiten Hälfte des 16. Jahrhunderts weitgehend durchgesetzt.[19] Es war eine kreative Migration, die «Hochschule des Handwerks».[20] Die Gesellen übten sich in Arbeitstechniken, kamen mit neuen stilistischen Trends in Kontakt, lernten Land und Leute kennen; dabei konnten sie auf die Unterstützung durch Kollegen zählen. In größeren Städten fanden sie Herbergen vor. Viele Gesellenvereinigungen führten eine eigene Kasse, die «Büchse», aus deren Inhalt arme und erkrankte Genossen unterstützt wurden.

Über Altenstetters Gesellenwanderung läßt sich nicht viel Konkretes in Erfahrung bringen. Gewiß konnte auch er sich auf das Gesellennetzwerk verlassen. In groben Zügen kennen wir allerdings die Route, die er nahm: Im Verhör erwähnt er, «danach», also nach den Anfängen im Elsaß, «in die Schweiz gekommen» zu sein. Da er die «Zwinglische Lehre», die dort gebräuchlich sei, erwähnt, ist anzunehmen, daß ihn die Reise nach Zürich mit seinem traditionsreichen Goldschmiedehandwerk geführt hat.[21]

Altenstetter mag also ein paar Jahre bei den Eidgenossen verbracht haben, vermutlich als Kostgänger im Haushalt eines Meisters. Vielleicht kehrte er nochmals nach Colmar zurück. Um 1565 aber hat er seine Vaterstadt verlassen, nach allem, was wir wissen, für immer.

Sich nach Augsburg zu wenden lag für einen angehenden Goldschmied nahe. Die süddeutsche Metropole war damals nach Köln und neben Nürnberg eine der drei größten Städte Deutschlands – Ort bedeutender Reichstage, Zentrum der oberdeutschen Hochfinanz und ein aufsteigendes Zentrum der Goldschmiedekunst. «Was ist erhabener als euer Augsburg? Was prächtiger? Was berühmter?» deklamierte 1585, leicht übertreibend, der einheimische Humanist Salomon Frenzel,[22] und der Philosoph Michel de Montaigne, der uns als wichtiger Zeitzeuge noch häufiger begegnen wird, schrieb, daß Augsburg die schönste Stadt Deutschlands sei.[23]

IM ZEICHEN DES PYR

Was erwartete ein junger Handwerker wie Altenstetter von Augsburg? Gewiß wußte er, daß die Stadt ein guter Ort für Goldschmiede war. Seit dem späten Mittelalter entstand hier Goldschmiedekunst auf höchstem Niveau. Spätestens 1529 war eingeführt worden, daß die Produkte der Prüfung durch Fachleute, die «Geschaumeister», unterworfen werden mußten.[24] Dabei wurden die Qualität der Arbeit und der Feingehalt der Legierungen überprüft. Entsprach das Werk den Anforderungen nicht, wurde es zerstört; dem Meister drohten empfindliche Strafen bis zu Einkerkerung und Verlust der Handwerksgerechtigkeit.[25] Hatte alles seine Richtigkeit, durfte zur Meistermarke das Stadtwappen, die Zirbelnuß – der «Stadtpyr» –, eingepunzt werden (Abb. 7). Der Pyr bedeutete «made in Augsburg». Er wurde im Lauf der frühen Neuzeit zu einer Weltmarke, zu einem Siegel, das für höchste Qualität bürgte. «Was man in Augsburg macht, das muß die Probe halten», sagte ein später Zeitgenosse des «Augsburger Geschmacks».[26] Augsburger Gold-

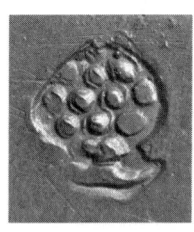

Abb. 7 Stadtpyr. Beschauzeichen der Augsburger Goldschmiede aus den Jahren 1585-1590

schmiede brachten es zu Lieferanten der Höfe und Residenzen zwischen Paris und St. Petersburg. Schon zu Altenstetters Zeit wanderte ihre Kunst an den Kaiserhof, wurde von Fürsten des Reiches, von Prälaten und Patriziern erworben. Die ersten und wichtigsten Auftraggeber der Goldschmiede waren die reichen Kaufleute und Patrizier der eigenen Stadt. Zugleich waren die Netzwerke der Kaufleute nützlich, wenn es um den Vertrieb der Pretiosen ging. Augsburg war ein kultureller Umschlagplatz ersten Ranges, mit Nürnberg die bei weitem wichtigste Kunststadt des Reiches. Die Goldschmiede suchten und fanden die Zusammenarbeit mit anderen Handwerkern, mit Kistlern und Plattnern, mit Gürtlern und Juwelieren; Maler und Holzschneider versorgten sie mit Entwürfen. Umgekehrt bedienten sich die Bronzebildhauer der Hilfe der Goldschmiede, wenn es ans Glätten und Ziselieren der Güsse ging. An einer Prunkuhr, die der Prager Kaiserhof 1584 als Tributgeschenk für den Sultan geordert hatte, waren nicht weniger als zehn Meister (und eine Handwerkerin, Anna Helmschmied) beteiligt.[27]

Für die erforderlichen Rohstoffe war gesorgt. Viele Augsburger Firmen waren ja im Montangeschäft und im Juwelenhandel engagiert. Ein weiterer wichtiger Standortvorteil war, daß Augsburg das Münzrecht besaß. Denn in der Münze ließ sich Bruchsilber erwerben; die Reichsprobierordnung gestattete es Goldschmieden, Geld einzuschmelzen und das gewonnene Metall weiterzuverarbeiten.

Die Reichsstadt hatte große Ohren. Sie lauschte nach Europa und in die Welt jenseits der Ozeane, war verwoben in ein dichtes Gespinst von Nachrichtenverbindungen. Man korrespondierte mit Venedig und Antwerpen, mit den Faktoreien zwischen Ofen, Lyon und Sevilla, mit den habsburgischen Höfen; neben Umsatzziffern, Metallpreisen und «Zeitungen», die über politische Entwicklungen berichteten, gelangte Wissen über jüngste stilistische Neuerungen an den Lech. Keine andere Stadt Deutschlands hatte ähnlich intime Beziehungen zu Italien, dem Land, das in den Künsten noch immer das Maß gab.

Die Goldschmiede bewegten sich an den Grenzen zwischen Handwerk und Kunst, zugleich zwischen solidem Mittelstand und großem Geld. Die Reichsten von ihnen pochten an die Tür zur Kaufleutestube, dem exklusiven, sinnfällig gegenüber dem Rathaus gelegenen Versammlungsort des höheren Standes. Überhaupt, so argwöhnten Kollegen anderer Gewerbe, fühlten sich die Goldschmiede als etwas Besseres, meinten, «künstlicher» zu sein als die übrigen Handwerker.[28] Sie waren sich nicht ohne Stolz der Tatsache bewußt, wie sie gegenüber dem Augsburger Rat betonten, daß sie, «wie man sagen mag, nicht mit Hobelspänen, sondern mit Gold, Silbermetall, Perlen, Edelsteinen und dergleichen» umgingen.[29] Es war nicht zuletzt das Material, mit dem sie hantierten, das ihren sozialen Status bestimmte.

VON LÄUSEN UND MENSCHEN

Zu Altenstetters Zeit hatten Augsburgs Zünfte keine politische Macht mehr. Nach seinem Sieg über den protestantischen Schmalkaldischen Bund, dessen Mitglied auch die Reichsstadt gewesen war, hatte Karl V. der Herrschaft der Handwerker ein Ende bereitet und ein patrizisches Regiment eingesetzt. Das war auf dem «Geharnischten Reichstag», der 1547 und 1548 in Augsburgs Mauern getagt hatte, entschieden worden. Die Zunftmeister wurden durch Vorgeher ersetzt. Im übrigen blieben die Organisationsformen der Handwerksgenossenschaften bestehen. Sie wachten über Qualität und Preise, legten fest, wie viele Lehrlinge und Gesellen ein Meister halten durfte, befanden über Ausbildungszeiten und die Modalitäten der Meisterprüfung. Ohne die Handwerksorganisationen oder an ihnen vorbei ging nichts.

Das Augsburger Goldschmiedehandwerk war ein ziemlich exklusiver Club, nicht zuletzt eine religiöse und gesellige Vereinigung. Man zechte auf der Zunftstube, blieb selbst im Tod vereint. Grablege der Zunft war seit dem Ende des 15. Jahrhunderts die Goldschmiedekapelle, ein kleiner, mit Fresken geschmückter Anbau der in der Oberstadt gelegenen Anna-Kirche, in der auch die Fugger ihre Familiengruft hatten.

Altenstetter mag, wie ein Jahrzehnt nach ihm Montaigne, seinen Weg nach Augsburg von Lindau aus durch das Allgäu mit seinen sanft gewellten Hügeln und saftigen Weiden genommen haben. Man lasse sich indes durch Montaignes Schilderung sauber gefegter Wirtsstuben und leinenbezogener Betten nicht täuschen, auch nicht von seinen genauen Aufzeichnungen der sublimen Gaumenfreuden, die er unterwegs genoß. Der

Abb. 8 Frühneuzeitlicher Schindanger. Kolorierter Holzschnitt aus Georg Braun und Frans Hogenberg, Civitates orbis terrarum, Köln 1572-1618 (Ansicht von Sevilla)

Franzose hatte Geld wie Heu, er konnte sich Krebse, edle Fische und goldfunkelnden Malvisierwein leisten; Pferde und Kutschen erledigten für ihn einen guten Teil des Reisegeschäfts. Für einen jungen Handwerksgesellen dürfte es oft bei einem harten Brocken Roggenbrot als frugalem Hauptmahl geblieben sein. Das Wandern war ihm gewiß alles andere als eine Lust: Sein Reisewerkzeug waren die Füße. Sie trugen ihn über im Sommer staubige, im Winter verschlammte oder von tiefem Schnee bedeckte Straßen. Der fahrende Geselle nächtigte kaum auf Leinenzeug, sondern auf Strohlagern, wo ihn nicht nach Rosenöl duftende Hetären erwarteten, sondern, womöglich neben einem Kollegen, mit dem das enge Bett zu teilen war, Heerscharen von Läusen und Wanzen – jene wimmelnde Tiere, die schon dem Alten Testament ein Greuel sind. Flöhe wurden zu dieser Zeit sogar zum Thema der Literatur, in Johann Fischarts «Flöh Haz, Weiber Traz» von 1573.[30]

Nicht wenige hatten den Hunger als Reisegefährten und als Tischgenossen fette Maden und Würmer, die sich im fauligen Fleisch räkelten und behaglich in den Innereien der Menschenkörper breitmachten. Der Arzt Levinus Lennius, der sich 1560 über die «verborgenen Wunder» der Natur ausließ, hielt das Gewürm für scharfsinnig, weil es sich aus den leeren Mägen Hungernder durch die Schlünde emporzuarbeiten verstand, um schließlich aus Mund und Nase zu kriechen.[31]

*Abb 9 Augsburg von Osten. Holzschnitt
von Hans Rogel, 1563, Neudruck von
Ulrich Hainly, Ende 16. Jahrhundert.
Augsburg, Kunstsammlungen und Museen,
Graphische Sammlung (700)*

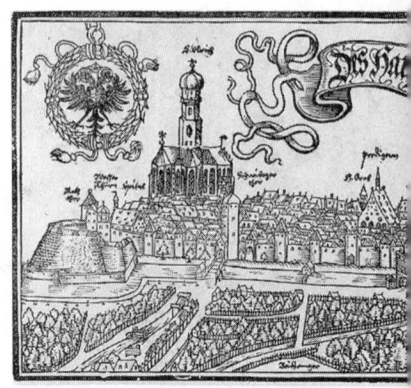

Dann der bestialische Gestank, von dem keine Chronik erzählt, den kein Genrebild atmen läßt. Da war der Geruch von Schweiß, eiternden Wunden und verfaulten Zähnen, den die Leute mit sich trugen, als wäre er ins Gewand gewoben; je nach Lokalität vermengte sich das mit den Schwaden, die in Kloaken und Sickergruben ihre Brutstätten hatten und aus Misthäufen aufstiegen, einer Melange von Ausdünstungen verfaulter Fleischreste, von Kot, Blut und abgestandenem Urin. Ein wahres Grauen an Geruch kam vom Richtplatz und vom Schindanger her, den die Kadaver verpesteter Kühe, erschlagener Hunde und verendeter Katzen als blutiger, schleimiger Brei von verwesendem Fleisch, Häuten und Fellen, aus dem Gestrüppe von Gerippen ragten, bedeckten (Abb. 8). Oft war der üble Dunst, der von dort herkam, der erste Willkommensgruß, wenn sich der Reisende der Stadt näherte, denn solche unreinen Orte wurden draußen vor den Mauern angelegt. Hatte der Wind den vom Galgen baumelnden Körper des Verbrechers nicht schon in Knochen und Dörrfleisch verwandelt, strahlte er den süßlichen Geruch des Todes aus. Der verwesende Leib verkündete zweierlei: daß man sich vor allen Verbrechen hüten sollte und daß die Herren des Ortes, dem man zustrebte, die Hochgerichtsbarkeit besaßen, Herrscher waren über Leben und Tod. Welchen Mut es erforderte, sich solchen Plätzen des Grauens nachts zu nähern, um den stinkenden Leichen Haare oder Nägel, die dann als Zaubermittel dienten, abzuschneiden, läßt sich denken.

Gestatten wir der Phantasie, ein wenig mit den dürren Worten der Quellen zu spielen! Die Zeitmaschine wird also angeworfen, um in die

Zeit um 1570 zurückzukehren,[32] als Altenstetter auf der Reichsstraße dem Ziel seiner Wanderung zustrebte.

Sie dürfte ihn auf der alten, seit der Römerzeit vielbefahrenen Italienroute nach Norden geführt haben. Da kam er an strohgedeckten Bauernhäusern und satten Klöstern vorbei und passierte kleine Reichsstädte – Wangen, Isny, Kempten –, über deren schimmernden Dächern sich der blaue Rauch der Feuerstellen zu dunstigen Schleiern verwob; der Geruch von verbranntem Holz muß in der frühen Neuzeit allgegenwärtig gewesen sein. In Schongau erreichte der Reisende das Gebiet des Herzogs von Bayern. Von hier ging es den Lech entlang nach Landsberg und dann, über das weite Lechfeld, auf Augsburg zu.

Je näher er der Reichsstadt kommt, desto dichter wird der Verkehr. Zu Hunderten strömen sie der Metropole zu: Da sind Bauern, den Rücken gebeugt unter Bündeln von Reisig und Säcken mit Rüben, von denen auch noch ein Kranz toter Hennen hängt; Rad an Rad drängen sich Fuhrwerke, die mit Getreide, Holz oder italienischem Wein beladen sind, es folgen schwankende Planwagen mit Glas, Gemälden und in Fässer geschlagenen Büchern aus Venedig. Man treibt Ziegen und Kühe vor sich her, dazwischen fahren Kutschen, ein Postreiter galoppiert vorüber. Landsknechte, ihre Hellebarden, Piken und Musketen geschultert, ziehen mürrischen Blicks des Wegs. Ihre bunten Pluderhosen und Wämser setzen Farbpunkte in der langen Prozession. Die meisten Leute, die Handwerksgesellen, Bauern, Bettelmönche und Tagelöhner, tragen graue, erdfarbene Gewänder. Unter die Menge drücken sich auch Bettlerinnen und Bettler, mumienhafte Gestalten, «runzlig vor Hunger, bleich vor Schmerz, gelb vor Mühe», wie der Verfasser einer «Abhandlung über den Hunger» von 1591 schreibt.[33] Die Skyline der alten Reichsstadt (Abb. 9), die wir nun am Horizont auftauchen lassen, bietet sich heute schon lange nicht mehr unverstellt dem Blick des Reisenden dar. Längst dominieren Fabrikschlote und ein paar graue Hochhäuser das Bild. Daran gemessen nimmt sich die mächtige Ulrichskirche wie ein Spielzeugmodell aus. Als Altenstetter sich der Stadt, in der er sein Leben verbringen wird, nähert, war ihr Turm noch nicht das Ausrufezeichen, das von Süden kommende Reisende noch heute als erstes Monument des historischen Augsburg bemerken. Erst 1594 wird das Zwiebeldach des schlanken Oktogons geschlossen. Das Schiff der spätgotischen Basilika aber überragte schon damals in Grau und strahlendem Weiß die Bastionen um das Haunstetter Tor, damals Augsburgs südliches Haupttor.

Über eine Brücke erreicht man ein Vortor, an dessen Front, in Stein gehauen, das von den Säulen des Herkules flankierte Wappen Karls V. prangt: Augsburg ist eine Stadt des Kaisers, sagt es dem Fremden, sie ist Reichsstadt, keinem Fürsten untertan. Darunter staut sich der Zug der Menschen, man schwatzt und streitet, Rufe sind zu hören, Geschrei, das Wiehern eines ungebärdigen Gauls. Die Holzbrücke dröhnt unter den Hufen der Pferde, ihr Atem dampft in der Morgenluft. Drunten, auf dem Wasser im Stadtgraben, ziehen Schwäne ihre Bahn; ein wenig oberhalb grasen Hirsche. Sie werden auf Veranlassung des Rats hier gehalten.

Langsam schiebt sich die Menge auf die Zollstelle zu. Hier werden Papiere und Gepäck kontrolliert, die Subjekte gewinnen Objektivität als Tinte und Papier, sie werden fixiert, dingfest gemacht, zahlen Paßgebühren und Zölle. Dem zerlumpten Bettlergesindel wird der Zugang zur Stadt verwehrt; der eine oder andere versucht, sich in der mit Morgengrauen andrängenden ersten Welle von Leuten und Fuhrwerken – in den Quellen heißt es: «der erste Rausch von Volk und Wägen»[34] – hereinzustehlen. Altenstetter indes weist wohl einfach seinen Lehrbrief vor, zeigt eine Urkunde mit dem Nachweis, daß er frei und ehrlich geboren ist, und teilt mit, er wolle sich bei einem Meister verdingen und das Bürgerrecht erwerben. Die Wache läßt ihn passieren. Vermutlich führt der erste Weg den jungen Mann zum Haus seines Meisters, wo eine Mahlzeit und ein Strohlager seiner harren. Alles Weitere würde sich finden.

III
GOLDSCHMIED IN EISERNER ZEIT

Abb. 10 Jäger im Schnee. Gemälde von Pieter Breughel d. Ä., 1565.
Wien, Kunsthistorisches Museum

WOLKENPHANTASIEN

er Maler Pieter Breughel war um 1565 einer der ersten Chronisten des dramatischen Wetterumschwungs, der Altenstetters Leben den düsteren Begleitakkord (Abb. 10) gibt. Breughel ließ Seen zufrieren, und er schuf Schnee, viel Schnee, häufte Schnee auf steile, gezackte Felsmassive, breitete ihn über Wiesen und Felder, wirbelte die Flocken selbst in eine Darstellung der «Anbetung der Könige». Wir sehen auf seinen Gemälden, die zu den ersten großformatigen Winterbildern der Kunstgeschichte zählen, den letzten bis heute nicht geschmolzenen Schnee der «Kleinen Eiszeit». Das Klimatief machte sich in ganz Europa bemerkbar, in Gestalt langer, klirrend kalter Winter und zu kühler Sommer. Polarlichter flackerten 1560, zu Beginn der Kälteperiode, selbst am Himmel Mitteleuropas.[1]

Die ganz große Kälte kam zehn Jahre später. Es schien, als erstarre die Welt. Ununterbrochen fiel der Schnee, bedeckte das Land wie ein gewaltiges Leichentuch. 1573 schneite es in Bayern so heftig, daß man im äußeren Hof der Burg Trausnitz in Landshut ein ganzes Schneeschloß errichten konnte; 29 Tagwerker waren damit beschäftigt, Prinz Wilhelm den vergänglichen Winterspaß zu bereiten.[2] Selbst große Gewässer wie der Zürichsee und der Bodensee froren zu. Ein Memminger Chronist notierte, es sei ein so «grausamer, schneeiger, windiger, kalter, strenger und unveränderlicher Winter gewesen, desgleichen kein Mann gedenket.»[3] Im Schnee seien viele arme Leute, Kinder und Wandergesellen erfroren. Aus den Wäldern kamen die Wölfe, fielen, vom Hunger getrieben, selbst Menschen an.[4]

Die zweite Hälfte des 16. Jahrhunderts wird wohl auch deshalb zur Zeit der schauerlichen Werwolfsgeschichten (Abb. 11). Die hybriden Wesen kamen im Dunkel: «Des Nachts verlassen sie das Haus, ahmen in allem Wölfe nach, und bis der Tag erscheint, streifen sie meistens um die Grabmäler herum», schreibt Paulus von Ägina 1566. Ihre Kennzeichen seien ein «bleiches Gesicht, kraft- und tränenlose Augen zum Sehen»; sie hätten eine völlig ausgetrocknete Stimme, keinen Speichel im Mund, und sie seien maßlos durstig.[5] Der Augsburger Drucker Johann Negele hoffte mit einem Traktat über den Werwolf Heinrich, der 1589 im Kölnischen gefangen und getötet worden war, sein Geschäft zu machen.[6] Die Darstellung der Exekution des Wolfsmenschen – er wurde mit glühenden Zangen gezwickt und dann aufs Rad geflochten – mag widerspiegeln, dass der Verfasser Augenzeuge bei der genau gleich verlaufenen Hinrichtung des Mörders Ostermaier war, von der eingangs erzählt wurde. Dessen Exekution war ja gerade im Jahr zuvor erfolgt.

Während vieler Sommer der Kleinen Eiszeit drücken bleierne Himmel, der Regen fällt unablässig, schnürt, senkt sich in weiten Schleiern zu Boden, stürzt dann, vom Sturm gepeitscht, nieder als verderbliche Flut. Aus Bächen werden Flüsse, Flüsse schwellen zu Strömen, die Menschen und Vieh mit sich reißen und Erde fressen. Die Flut ertränkt die dürren Ähren, setzt Rübenfelder unter Wasser, verwandelt grüne Weiden in übelriechende Sümpfe. Dann ziehen eitergelbe, mit Hexengift geladene Wolken auf, aus denen der Hagel in Kaskaden übers Land bricht, das Getreide zerschmettert, Hühner und Gänse erschlägt. Es ist, als wolle Gott die Menschheit durch eine neue Sintflut reinigen. Die Chronisten erzählen von «erschröcklichen» Gewittern, schreiben von Regen aus Blut, vom Donner, der die Säulen der Erde erzittern läßt, als hätte die Hölle sich zuoberst gekehrt. Sie berichten von Wolken aus schwarzer Milch, Brutstätten feuriger Schlangen, die todbringend durch die Luftregionen zucken. Es sind Wolkenphantasien: Im Abendlicht flammende wilde Heere jagen über den Horizont, riesige Dämonen erheben sich, blutige Schwerter drohen. Schließlich beruhigen sich die Elemente, ein «überwunderbarer» Schein – so staunt ein Augsburger Chronist – liegt über dem abendlichen Land. Sehnsüchtig erhofften sich die Zeitgenossen solche Zeichen der Versöhnung. Die Vulgata hatte die Verheißung «post tenebras lux» verkündet, «nach der Finsternis kommt das Licht». Dieser

Wahlspruch der verfolgten Protestanten (Job. 17,12) war nicht zufällig eine eiszeitliche Weisheit.

BRUDER HUNGER

Die Folgen der Klimakatastrophe waren schwerwiegend. Durch die Winterkälte und die Nässe im Sommer blieben die Feldfrüchte kümmerlich. Es war nicht daran zu denken, Getreidevorräte anzulegen.[7] Kaum war das Korn gewachsen, rissen die Hungernden es von den Halmen, verkochten es zu Brei, buken Brot daraus. Die Preise erklommen astronomische Höhen.[8] Viele konnten sich kein Brot mehr leisten. Es nutzte wenig, wenn man vom Weizen auf Roggen und vom Roggen auf Hafer umstieg und sich mit Mutterkorn zu behelfen suchte: Die Menschen wurden blöd davon, wie betrunken, schlugen sich gleich Verrückten die Köpfe an der Mauer wund. Das Vieh auf den versumpften Weiden siechte dahin.

Auch das Holz wurde knapp. Europa erlebte damals, in der zweiten Hälfte des 16. Jahrhunderts, die erste Energiekrise seiner neueren Geschichte. Selbst Italien überzog sich mit Reif. Eine in Bologna niedergeschriebene «Wehklage der Armut über die äußerst große Kälte des gegenwärtigen Jahres 1587» spiegelt den Mangel an Holz: «Viele verbrennen ihre Bettstatt, ihre Stühle und Schemel, ihre Taschen und Körbe, ihre Kisten und Kasten ...»[9]

Vom Land draußen drängten die Hungernden in die Stadt, in der Hoffnung, Almosen zu ergattern. In keinem Steuerbuch sind die Namen jener Abertausenden verzeichnet. Unter dem unbarmherzigen Himmel der Eiszeit müssen sich furchterregende Bilder geboten haben: auf armseligem Stroh liegende Kranke und delirierende Sterbende, durch deren zerquälte Köpfe die Gespenster des Hungers spukten; bleiche, hohlwangige Gestalten mit flackernden Augen, armselige Geschöpfe, um deren eckige Knochen sich graue, manchmal mit bläulichen Flecken übersäte Haut spannte; eine finstere Armee wandelnder Skelette, lebender Toter in zerfetzten Lumpen, die um Brot wimmerten, flehten, man möge sie nicht sterben lassen, die auch trotzig fluchten und «böse Spott- und Schmähwort'» ausstießen.[10] Ein paar Quellennotizen deuten unsagbares, buchstäblich namenloses Elend an. Wir lesen von einem Schneider, der seit

Abb. 11 Die Hinrichtung des Werwolfs Heinrich 1589. Kolorierter Holzschnitt mit Typendruck, verlegt von Johann Negele, Augsburg. Augsburg, Staats- und Stadtbibliothek (2° S, Einblattdrucke nach 1500–13) (vermißt seit 2008)

dem Schicksalsjahr 1571 an der Richtstätte, «am Rad», lag, zusammen mit seiner Frau und vier Kindern. In demselben Text wird berichtet, die Hungernden lungerten vor der Stadtmauer in Haufen von 40, 50 Leuten herum und versuchten immer wieder, in die Stadt zu gelangen.

Augsburgs öffentliches Almosen konnte den Andrang kaum bewältigen. Die Handwerksgesellschaften gaben den Notleidenden ihre letzten Reserven an Getreide, die Stadt ließ Brot verteilen. Den Gassenknechten und Beauftragten des Almosens wurden Kopfprämien für die Ermittlung fremder Bettler bezahlt, die kein Armenzeichen – einen Stadtpyr aus Blech – vorweisen konnten. Sie wurden aus der Stadt geschafft oder ins Gefängnis geworfen. Aus dem Hungerjahr 1572 sind zwischen Januar und Oktober fast 10 000 Fälle überliefert. Viele mögen sich allerdings mehrmals durch ein Stadttor gestohlen haben und entsprechend oft in der Statistik auftauchen. Solchen Rückfälligen drohte, an die «ungarische Grenze» – die Militärgrenze, die das «christliche Abendland» vom Osmanenreich schied – geschickt zu werden oder auf Kriegsgaleeren, die im östlichen Mittelmeer gegen den roten Halbmond zogen. Indes, schon der

Stadtverweis konnte in solchen Zeiten einem Todesurteil gleichkommen. Ohne Verwandte und Freunde, abgeschnitten vom Netz des städtischen Armenwesens, das eine gute Zahl der «ehrbaren Armen» auffing – hier sollen zeitweilig 4000 Bedürftige aus öffentlichen Mitteln versorgt worden sein[11] –, waren die Betroffenen vollständig auf milde Gaben der Vorübergehenden angewiesen.

Bruder Hunger war so ein düsterer Begleiter, der sich nicht abschütteln ließ. In Teuerungszeiten hämmerte die Sorge um Brot in den Köpfen. Hunger nagte wie die omnipräsenten Würmer an den Innereien, wurde Herr von Körper und Geist, trieb fieberhaft voran zur Suche nach einer Schale Brei, nach einer milden Gabe. Manche wurden verrückt vor Hunger, und Gespenster drängten sich in ihre Köpfe. Daß die Hexen Töchter auch des Hungers sein konnten, eine im Delirium entstandene Phantasmagorie, diese Idee ist alles andere als abwegig.[12] Manche träumten dagegen den Traum vom Schlaraffenland, in dem auf der Linde heiße Fladen wachsen und gebratene Tauben die Münder suchen. Derselbe Breughel, der die Eiszeit malte, hat diese Gegenwelt zur kalten Wirklichkeit in einem gefeierten Gemälde vorgeführt.

Die Sterberegister spiegeln in der alten Gesellschaft oft die Entwicklung der Getreidepreise. Fehlte es an Korn, hatten die Totengräber zu schaufeln. Nicht immer war es allein der Hunger, der die Menschen umbrachte. Wer vom Goldenen Augsburg fabuliert, dabei Geschmeide, leuchtende Bilder und die im Morgenlicht blitzenden Kupferdächer des Fuggerpalasts vor Augen hat, sollte auch an die apokalyptischen Reiter denken, die immer wieder übers Land und durch die Städte preschten. Womöglich noch verheerender als der Hunger wirkten Infektionskrankheiten, Masern, Cholera und Typhus, auch der «Englische Schweiß», eine Art Grippe. Die Götter der Pest hielten unter der geschwächten Bevölkerung reiche Ernte. Und sie kehrten, oft im Verbund mit Bruder Hunger, zurück, schlugen wieder und wieder mit erbarmungsloser Härte zu, verschonten weder Alte noch Junge. Wenn die Vergänglichkeit alles Irdischen nun große Themen der Künste wurden, hat das darin einen Grund. «Alle Menschen sind wie Gras / und ihr Ruhm überschwenglich / der ihnen wohnt auf Erden bei / ist wie ein Blum' vergänglich» – so reimt der Augsburger Notar und Meistersinger Johannes Spreng, der uns als Freund Altenstetters noch begegnen wird.[13]

Allerdings reichten die Verluste nicht hin, das anhaltende Bevölkerungswachstum zu brechen; Augsburg wird es bis zum Ende des 16. Jahrhunderts auf gut 45 000 Einwohner bringen. Der demographische Leib des alten Europa war erstaunlich zäh. Nach jeder Krise scheint er sich zu verjüngen, er reckt und streckt sich, neue Menschen winden sich aus seinem fruchtbaren Schoß. Tatsächlich wurde, kaum daß die Leichen begraben waren, geheiratet und geheiratet, als gelte es, dem Knochenmann den Fehdehandschuh vors Gebein zu werfen. Im züchtigen Abstand von neun Monaten nach den Hochzeiten kamen die Kinder zur Welt. Die graphischen Darstellungen der Demographiehistoriker zeigen immer wieder steile, spitze Ausschläge nach oben, stets zwei in Folge, erst einer für das Sterben, dann einer für die Geburten. Auf jeden Gipfel der Totenstatistik folgten die Höhen des Lebens. Dahinter wirkte kein geheimnisvolles Gesetz; die Sache war einfacher. Die Toten hatten den Lebenden Platz gemacht. Sie ließen Frauen, die geheiratet, Wohnungen, die bewohnt, Vermögen, die geerbt werden konnten, zurück; und sie gaben Meisterstellen frei. Altenstetters Biographie folgt ziemlich genau diesem Rhythmus.

HEIRAT

Allerdings, die Augsburger Goldschmiedeordnung war streng. Bevor Auswärtige wie Altenstetter zur Meisterprüfung zugelassen wurden, sollten sie mindestens sechs Jahre bei einheimischen Meistern gearbeitet haben – und zwar bei nicht mehr als dreien, der Rat wollte Stetigkeit.[14] Außerdem mußte der Geselle frei geboren sein.[15] Und er mußte heiraten. Am geschicktesten war es, sich die Witwe eines Meisters zur Frau zu nehmen. Vom erotischen Standpunkt aus mochte das nicht immer die wünschenswerte Option sein, vom ökonomischen her war sie es. Für den Mann einer Goldschmiedewitwe verkürzte sich die Wartezeit bis zur Meisterprüfung um zwei Jahre.

Altenstetter ging einen anderen Weg. Er heiratete eine gewisse Katharina Jäger, deren Name auf die Augsburger Goldschmiedesippe Jäger zu verweisen scheint.[16] Doch führt dieser Gedanke in die falsche Richtung. Darüber gleich.

Normalerweise galt es für einen Zugereisten wie Altenstetter zunächst, das Bürgerrecht zu erwerben. Dazu hatten die Zuwanderer eine Handwerksgerechtigkeit anzugeben, also den Beruf zu nennen, in dem sie tätig sein wollten. Meist kauften sie sich in ein Handwerk ein, das für die Aufnahme Berufsfremder offen war, etwa in die Gesellschaft der Salzfertiger. Altenstetter hatte es leichter. Durch seine Eheschließung mit einer Bürgerin hatte er das Bürgerrecht zugleich «mitgeheiratet».

Der Hochzeit müssen Gespräche und Verhandlungen zwischen den beteiligten Sippschaften und «Freunden» vorausgegangen sein.[17] Man zog Erkundigungen ein. Heiraten war – auch – ein Geschäft, bei dem es um Geld ging, bei dem Fäden miteinander verknüpft werden mußten. Heirat, das hieß Menschen tauschen: die Tochter, den Sohn herzugeben, sich dafür Kapital und Beziehungen zu verschaffen, einen Sozialverband zu flechten, der in der harten Wirklichkeit einer Risikogesellschaft Schutz gewähren konnte. Katharina Jäger hatte keinen Vater mehr, aber eine kluge, energische Mutter und zwei Brüder, Gilg und Clement. Als letzterer im Jahr darauf Anna Maria Thenn, die Witwe eines Metzgers, heiratet, wird Altenstetter ihm gemeinsam mit Schwager Gilg als «Beistand» zur Seite stehen.[18] So flog das Weberschiffchen hin und her, das Beziehungsnetz flocht sich dichter und dichter. Die Ehe mit Anna Maria erweiterte es um die Sippschaft des wohlhabenden Metzgers Caspar Thenn, des verstorbenen ersten Gatten Anna Marias. Einige Thenns sollten es durch den Ochsenhandel zu großen Vermögen bringen.[19]

Die Feier von Altenstetters Eheschließung im Sommer 1573 dürfte den traditionellen Formen einer Augsburger Bürgerhochzeit gefolgt sein. War alles besprochen, wurde die Heiratsabrede mit dem «Stuelfest» gefeiert. Schon jetzt wurden Geschenke ausgetauscht, auch opulente «Fressereyen» waren angesagt. Ein paar Monate darauf wurde das eigentliche Hochzeitsfest begangen. Es war eine Folge genau abgezirkelter Gesten und Riten, ein rechtlich und religiös bedeutsamer «Text», der für die Augen der Öffentlichkeit bestimmt war. Die Trauung erfolgte vor der Kirchenpforte. Einige Kirchen hatten zu diesem Zweck ein eigenes Hochzeitstor an der Längsseite. Man tauschte Gaben, gab sich die Hand und den Friedenskuß und zog dann in die Kirche.[20] Katharina Jäger könnte mit einem Kränzlein von Maseron – Majoran, zugleich einem gegen Hexerei und bösen Zauber wirkenden Apotropäum – und Nelken geschmückt gewesen sein. Altenstetter, falls er sich an die vom Rat dekretierte Kleiderordnung hielt, trug ein schmuckloses schwarzes Wams ohne Goldschnüre, Perlen oder Juwelen.

Nach der Messe begab man sich zur Tafel. Frauen und Männer absolvierten das Mahl züchtig voneinander getrennt. Es mag drei oder vier Gänge gegeben haben; vielleicht leistete man sich Braten und Fische statt der üblichen Würste und Breie und Wein statt des faden Dunkelbiers. Teuer war ein solches Gelage allemal, manche ruinierten sich damit. Außer den Brautführern, «Kränzlejungfrauen», Tanzladern und Kindern durften 60, 80 Gäste eingeladen werden. Am Abend des Hochzeitstages und am Tag darauf, an dem die Gesellschaft den «Nachhof» feierte, wurde getanzt, wofür man Spielleute engagierte. Sollen wir Altenstetter den Luxus gönnen, fünf oder sechs Stadtpfeifer aufspielen zu lassen, was die Hochzeitsordnung gestattete? Dürfen Lautenisten die neuesten Stücke aus Venedig intonieren, Kompositionen, die sie bei Melchior Neusidler, dem Bahnbrecher der italienischen Lautentabulatur, gelernt hatten?[21] Vielleicht gaben sich auch die Meistersinger ein Stelldichein; zu einigen von ihnen pflegte Altenstetter gute Beziehungen.

Beim Tanz hatten die Geschlechter Gelegenheit, einander näherzukommen. Berührungen waren sonst in die Heimlichkeit verdrängt. Montaigne beobachtete im Augsburg jener Zeit, daß die Herren beim Tanz zunächst die eigene Hand küßten, sie dann den Damen unter die Achsel legten und diese an sich preßten.[22] Kein Wunder, daß das den Argwohn der Religiösen erweckte. Geiler von Kaysersberg eiferte sich in einer seiner Predigten über die «Unzucht», die beim Tanz geübt wurde: «Darnach findet man Klötze, die tanzen so säuisch und unflätig, daß sie die Weiber und Jungfrauen dermaßen herumschwenken und in die Höhe werfen, daß man ihnen hinten und vornen hinaufsieht in die Weich und haben es bisweilen die Jungfrauen fast gern, wenn man sie also schwenkt, daß man von ihnen ich weiß nicht was sieht.»[23]

Die Augsburger Hochzeitsordnungen wetterten heftig gegen solche wilden Tänze. Was Altenstetter und seine Hochzeitsgesellschaft betrifft, ist es eher unwahrscheinlich, daß sie allzu ausgelassen feierten, womöglich die Grenzen des Schicklichen überschritten – nicht nur, weil damals keine guten Zeiten für ausschweifende Feste waren. Wir werden den jungen

Hochzeiter noch als ernsten, religiösen Menschen kennenlernen, der den Zorn des Herrn gewiß nicht leichtfertig herausforderte.

Ob man den traditionellen «Ansingwein» trank, während das Paar von den Gästen zum Beilager geleitet wurde? Vermutlich folgte darauf die «benedictio thalami», der Segen des Schlafgemachs.[24] Dann hatten die beiden Gatten vor Zeugen das Bett zu besteigen, sonst galt die Eheschließung als nicht vollzogen.[25] Erst jetzt zog sich die Gesellschaft zurück. Die Nacht blieb, endlich, dem jungen Paar allein.

Einige Tage nach dem Fest hatte sich das frischgetraute Paar im Rathaus zu präsentieren, wo das Faktum der Heirat im Protokoll vermerkt wurde. Das Hochzeitsbuch verrät, daß Altenstetters Eheschließung ein Unternehmen mit Hindernissen gewesen sein muß. Ein erstes Mal, am 6. Juli 1573, war das Aufgebot schon einmal vergeblich bestellt worden, weil Papiere, die das ordentliche Absolvieren der Gesellenzeit bestätigten, fehlten.[26] Man kann sich die Aufregung vorstellen – und vielleicht den ersten Ehekrach im Hause Altenstetter. Eine Woche später, am 2. August, hatte alles seine Richtigkeit. Katharina Jäger und «David Alltenstetter von Kollmar» wurden als Ehepaar registriert. Im selben Jahr gab der Ehemann sein Colmarer Bürgerrecht auf.[27]

Selbstverständlich war die Aufnahme in das selbstbewußte Handwerk der Goldschmiede, die Altenstetter noch im Jahr seiner Eheschließung gewährt wurde, keineswegs, schon gar nicht für einen Zuwanderer aus dem fernen Elsaß. Im Fall Altenstetters liefern die Quellen einige Indizien, warum der junge Geselle mit seinem Ansuchen Erfolg hatte: Unser Goldschmied war, soviel läßt sich sagen, gut vernetzt.

Da ist zunächst die Ehefrau. Nun finden sich in den Augsburger Quellen des 16. Jahrhunderts viele Leute, die den Namen «Jäger» trugen; durch einen Zufall können wir Katharinas Herkunft aber genauer bestimmen. Im Steuerbuch von 1583 ist nämlich vermerkt, daß Altenstetter eine Zahlung von 45 Kreuzern «von wegen Clement Jegers Witib» leistete.[28]

DIE ZÖLLNERIN

Es ist also wieder die Bürokratie mit ihren «kleinen Handgreiflichkeiten der Schrift und der diskursiven Praktiken»,[29] die Spuren eines sonst verlorenen privaten Lebens bewahrt, in schwarzer Tinte auf gelblich-grauem Pergament. Ein paar Buchstaben in einem der mächtigsten Aufschreibesysteme der Reichsstadt öffnen unversehens die Aussicht auf das weitere Umfeld Altenstetters.

Der im Steuerbuch genannte Clemens Jäger muß der Vater von Altenstetters Angetrauter gewesen sein. Ihre alte Mutter, eben «Clement Jegers witib», wurde im Haushalt des Goldschmieds, der als ihr Beistand auch die Steuer für ihren Besitz entrichtete, mitversorgt.[30] Clemens Jäger nun ist alles andere als ein Unbekannter. Um 1500 geboren, gilt er als eine Art Augsburger Hans Sachs.[31] Schuster von Beruf, hatte er sich durch Selbststudium zum Historiker und Poeten emporgearbeitet. Er trat als Meistersinger und Autor von Gedichten zu geschichtlichen Themen hervor, absolvierte eine beachtliche politische Karriere – er wurde Zunftzwölfer und Ratsherr und übernahm 1541 das Amt des Ratsdieners –, ordnete das städtische Archiv und schrieb historische Werke, die ihn zunächst als Lobredner der Zünfte und eingefleischten Protestanten ausweisen. Andererseits verstand er es, sich auch bei den Katholiken beliebt zu machen. Er schrieb für einige Augsburger Familien «Ehrenbücher», prächtig illustrierte genealogische Werke, unter denen das «Geheim Ehrenbuch des Fuggerischen Geschlechts» hervorragt. Johann Jacob Fugger (der ein schlechter Bankier, dafür ein guter Gelehrter war) regte ihn dazu an, auch für das «löbliche Haus Österreich» ein solches Geschichtswerk zu erarbeiten. 1547 verfaßte Jäger in Fuggers Auftrag eine Schmähschrift gegen seinen eigenen Stand und trug so dazu bei, den Sturz des Zunftregiments vorzubereiten.

Der Lohn für so viel Wendigkeit war eine einträgliche Pfründe gewesen. Der Rat verlieh dem schusternden Historiker den Zoll am großen Nordtor der Stadt, dem Wertachbrucker Tor.[32] Er mußte dafür Pacht bezahlen, konnte aber die Überschüsse einstreichen. Jäger starb 1561. Tatsächlich hatte den Dienst wohl von Anfang an seine Ehefrau Sara versehen; und wahrscheinlich[33] verbirgt sie sich hinter unserer «Witib».

Der Pferdefuß bei ihrem Amt war, daß nur ein paar Schritte vom reichsstädtischen Zollhäuschen entfernt ein zweiter Zöllner auf Reisende lauerte, nämlich der Beauftragte des Bischofs. Denn durch das Wertachbrucker Tor erreichte man auch bischöfliches Gebiet, das der Hoheit der Reichsstadt nicht unterworfen war. Da war Streit vorprogrammiert. Ein

Ratsherr urteilte indes über die Tätigkeit der Jägerin, daß sie «ein gutes Lob hab'» – sie richte mit «guten Worten mehr aus dann man zuvor viel Zank und Uneinigkeit gehabt hat.» Wolle der Zöllner des Bischofs eine «Neuerung» machen, bleibe sie fest und streng und wolle das «mitnichten gestatten.»[34]

PATEN

Altenstetters frischgebackene Gattin Katharina, die Tochter der Diplomatin im Zollhaus, war, was man eine «gute Partie» nennt. Sie brachte das Beziehungsnetz der Jägers in die Ehe mit. Unser Mann hatte jedenfalls hilfreiche «Paten», deren sanfte Regie die Aufnahme ins Goldschmiedehandwerk erleichtert haben könnte. Das Hochzeitsbuch nennt drei Bürgen, die ein wenig nähere Aufmerksamkeit verdienen, da sie etwas über Altenstetters Augsburger Welt verraten.

Beginnen wir mit dem Schuster Gilg Jäger, Katharinas Bruder. Er betrieb das väterliche Handwerk weiter,[35] und außerdem hatte er das Zöllneramt am Wertachbrucker Tor geerbt.[36]

Interessanter ist der Name Joachim Forster. Forster war ein wohlhabender Bildhauer und Goldschmied.[37] Um 1505 in Augsburg geboren, hat er um 1516 bei dem Bildhauer Johann Murmann gelernt. Um 1525 ging er auf Gesellenwanderung und arbeitete in Bern als Goldschmied. Nachdem er für verschiedene Fürstenhöfe tätig gewesen war, ließ er sich 1554 in seiner Vaterstadt nieder, wo er 1579 starb. Möglich, daß Altenstetters Kontakt zu ihm durch die gemeinsame Schweizer Erfahrung zustande gekommen war. Vielleicht auch stand eine ältere Beziehung zwischen Altenstetters Familie und der Forsters im Hintergrund.

Forster hatte, das ist mit Blick auf die späteren Schicksale unseres Helden von Interesse, einen prominenten Bruder, den Theologen und Hebraisten Johann Forster (1496-1556). Der Schüler Luthers hatte sich gemeinsam mit dem Straßburger Reformator Martin Bucer um einen Ausgleich zwischen Augsburgs Lutheranern und Zwinglianern bemüht. Wieder führt die Spur also ins Elsaß, in Altenstetters Heimat. Im Haus seines Bürgen Joachim Forster könnte unser Mann mit dem Protestantismus Bucerscher Prägung in Berührung gekommen sein.

Abb. 12 Zunftpokal der Augsburger (?) Goldschläger. Georg Siebenbürger, spätes 16. Jahrhundert. Ulm, Ulmer Museum (906)

Der dritte im Hochzeitsbuch genannte Zeuge ist ebenfalls ein Goldschmied, nämlich Georg Siebenbürger. Um 1545 in Augsburg geboren und damit fast genauso alt wie Altenstetter, muß Siebenbürger ein einflußreicher und wohlhabender[38] Mann gewesen sein. Er lebte in der Nachbarschaft Altenstetters. Seit 1589 übernimmt er einige Male das Amt des Vorgehers, später fungiert er als Geschaumeister.[39] Ein Zunftpokal, den er für Augsburgs oder Ulms Goldschlager fertigte, dokumentiert seine Fähigkeiten (Abb. 12).

Das waren also die Menschen, die Altenstetter bei seiner Eheschließung beistanden: durchweg wohlhabende, hochangesehene Handwerker und «Künstler»; einige Verbindungslinien ziehen sich zur humanistischen Elite und zum Patriziat Augsburgs. Mag sein, daß Katharina Jäger ihrem Mann Zugang zu diesen Kreisen verschafft hat. Auch Elsässer Landsleute könnten Wege ins Handwerk geebnet und geholfen haben, Auftraggeber zu finden.

UM ARBEIT UND BROT

Um die Ehe schließen zu können, mußte Altenstetter über ein Heiratsgut von mindestens 50 Gulden verfügen – daß dem so war, vermerkt das Hochzeitsbuch ausdrücklich – und das 25. Lebensjahr erreicht haben. Begründet wurden diese Beschränkungen, die seit 1563 galten, mit der schwierigen wirtschaftlichen Lage. «Und geschah solches aus der Ursache, daß diese Stadt mit allerlei Handwerkern, Künstlern und Dockenkrämern so gar überbesetzt war, daß etliche kaum das trockene Brod dabei gewinnen, der mehrere Teil aber sich gar kümmerlich des Bettelns erwehren können.»[40] Hinter diesen Problemen stand die bereits skizzierte demographische Entwicklung. Auch am Lech mußten sich immer mehr Menschen das knappe Gut Arbeit teilen. Die Klagen, es gebe zu wenig Arbeit, vor allem an öffentlichen Aufträgen herrsche Mangel, rissen nicht ab.

Während des 16. Jahrhunderts stiegen die Lebenshaltungskosten langsam, aber spürbar an. Verantwortlich dafür waren in erster Linie wiederum das Bevölkerungswachstum und ferner die Klimakatastrophe. Zusätzlich wurde die Teuerung durch das aus Amerika nach Europa strömende Edelmetall angefeuert. Wehe, wenn die Ernten schlecht ausfielen, das Brot kleiner und kleiner wurde (man hat nicht die Preise verändert, dafür das Brotgewicht variiert)! Rasch stellten die Kosten für das «liebe Getreide», so wurde die Speise aller Speisen ehrfürchtig genannt, alle anderen Ausgaben in den Schatten. Oft ließ sich nur auf dem Schwarzmarkt Eßbares finden. Wer kein Geld hatte, dem blieb allein das Almosen – oder es drohte der Hungertod.

Auch die Goldschmiede hatten mit Schwierigkeiten zu kämpfen.[41] Die Korrespondenzen mit dem Rat durchzieht ein Dauerlamento über steigende Preise für Silber und Gold. Vor allem aber war das Goldschmiedehandwerk «überbesetzt»: Es gab einfach zu viele Goldschmiede. Um die 200 Meister dürften es um 1600 gewesen sein, gegenüber den 56, die 1529 die Goldschmiedeordnung unterschrieben hatten.[42] Im September des Krisenjahres 1571 drängte das Handwerk den Rat, die Zugangsbedingungen zur Meisterprüfung zu verschärfen. Das Handwerk sei überlaufen, die Meister wüßten kaum noch, wie sie Weib und Kinder erhalten sollten.⁴³ Aber erst 1582 wurde festgelegt, daß pro Jahr gerade noch sechs Gesellen zugelassen werden sollten, gegenüber der doppelten Zahl um die Mitte des Jahrhunderts.⁴⁴ Auch durfte ein Meister nur drei Gesellen und einen Lehrling beschäftigen. Es unterstreicht Augsburgs Rang als «Eliteschmiede», daß man hier rigider verfuhr als anderswo. In Straßburg etwa durften die Goldschmiede so viele Gesellen halten, wie sie wollten.⁴⁵

Die Akten zeigen ein ständiges Ringen um Abgrenzung, um die Verteidigung der ererbten Domänen.⁴⁶ Dabei wurde mit kräftigen Worten nicht gespart. Altenstetter selbst wird als Beauftragter seines Handwerks 1588 die «Messingschröter» – die Arbeiten aus vergoldetem oder versilbertem Messing fertigten – heftig attackieren, weil sie, ohne die entsprechende Handwerksgerechtigkeit zu besitzen, durch «Stümper» im geheimen silberne Uhrgehäuse fertigen ließen. Sie hätten, so klagte Altenstetter gegenüber dem Rat, vehement und gehässig gegen sein Handwerk gepocht und getrotzt und versucht, es zu unterdrücken.⁴⁷ Umgekehrt bekam Georg Forster, Altenstetters Beistand, Ärger, weil er neben seinem Goldschmiedehandwerk zugleich die Bildhauerei betrieb.⁴⁸

Abb. 13 Wappenpokal der Augsburger Goldschmiede. Jeremias I oder Jakob I Wildt, 1606–1610. Privatbesitz

Zu allem Übel entwickelte sich auch der lokale Markt ungünstig. Gerade zu der Zeit, als Altenstetter am Lech Fuß faßte, ging es der Kaufmannschaft nicht gut.⁴⁹ Allein zwischen 1556 und 1584 waren hier über 70 Firmen in Konkurs gegangen, darunter große Unternehmen wie Manlich, Herwart oder Rott; selbst der Fugger-Konzern wankte. Spanien und Portugal, dann auch die französische Krone sahen sich mehrmals außerstande, ihre Zahlungsverpflichtungen zu erfüllen. Es war die enge Bindung an den erwachenden Moloch «Staat», der Augsburgs Hochfinanz damals zum Verhängnis wurde: Zu viele faule Kredite, «böse Schulden», verhagelten die Bilanzen.

Freilich standen die Goldschmiede noch immer viel besser da als die meisten anderen Handwerker. Nicht ohne Grund hatten sie als Symbol ihres Handwerks Abundantia, die Göttin des Überflusses, gewählt; sie schmückt ihren Zunftpokal (Abb. 13). Bedeutend schlechter ging es den Textilhandwerkern und den Bauleuten. Letztere klagten darüber, daß es zuwenig Arbeit gebe, ihnen Armut und Elend drohten. Während am Vorabend des Dreißigjährigen Krieges gut drei Viertel der Weber keine Vermögenssteuer zahlten, waren es unter den Goldschmieden nicht einmal vier Prozent.[50] Viele Weber hätten ohne Unterstützung durch das Almosen kaum überlebt. Dagegen schafften es alle Goldschmiede, aus eigener Kraft auszukommen.

Was Altenstetter anbelangt, muß er in seiner Gesellenzeit hart gearbeitet, Geld auf die Seite gelegt haben. Bei Ablegung der Prüfung war ein kleines Vermögen, 24 Gulden, in die «Büchse» des Handwerks zu bezahlen. Dazu kamen die Kosten des üppigen Gelages, das für die am Examen beteiligten Handwerksgenossen auszurichten war (Abb. 22).[51] Vielleicht half das väterliche Erbe, das nötige Geld aufzubringen. 1572, im Jahr vor Davids Eheschließung, hatten die Altenstetters das Wohnhaus am Colmarer Altbüßergäßlein an einen gewissen Bastian Meyer verkauft.[52]

Die Meisterprüfung für Goldschmiede war in Augsburg schwierig, die Anforderungen waren höher als in Straßburg und in der Vaterstadt Colmar, wo man sich nach der Straßburger Ordnung richtete. In der Werkstatt eines Geschaumeisters oder eines Vorgehers, also unter strenger Aufsicht, hatte der angehende Goldschmied innerhalb von drei Monaten einen goldenen Ring mit eingelegtem Diamanten zu fertigen, außerdem ein Siegel und, nach Entwurf, ein Trinkgeschirr.[53] Unser Mann muß diese Pretiosen zur Zufriedenheit der gestrengen Geschaumeister gestaltet haben. Er wurde Meister. Damit war er rechtlich und wirtschaftlich selbständiger Chef einer Werkstatt, Herr des Materials, das er formte, und der Menschen, die unter seinem Dach lebten.

IV
DAS UNBEKANNTE MEISTERWERK

Abb. 14 Herzog Wilhelm V. Bergkristall-Intaglio von Valentin Drausch, um 1580. Wien, Kunsthistorisches Museum, Kunstkammer (KK 1587)

ERFOLG

ltenstetters Kunst scheint hoch geschätzt und vor allem gut bezahlt worden zu sein. Die Quellen erzählen denn auch eine ökonomische Erfolgsgeschichte. Auf Blatt 82 des Augsburger Steuerbuches von 1575 findet sich der folgende Eintrag (Abb. 15): «Dauidt Alttenstetter dt 30 d 1fl 45 6 d. p se Adi. 12 Jan A° 76».[1]

Was verbirgt sich hinter diesen Zeichen? «Dt» ist die Abkürzung für das lateinische Wort «dat», gibt»; «d» steht für «Denarii»: 30 Pfennig, das war die Kopfsteuer, die jeder, arm wie reich, entrichten mußte. Dazu kamen 6 Pfennige «Wachgeld».[2] Viele Bürger – um 1600 etwa die Hälfte – bezahlten nur diese 36 Pfennige; man nannte sie «Habnit», «Habenichtse». Das war mißverständlich, kannte doch die Steuerordnung Freibeträge. So waren Tiere und Vorräte für den Eigenbedarf steuerfrei, auch Silbergeschirr und Geschmeide, das nicht dem Erwerb – etwa in Gestalt von Geschirr in Gasthäusern – und dem Handel diente. Letztere Bestimmung begünstigte das Goldschmiedehandwerk. Versteuert werden mußte dagegen Barvermögen mit einem halben Prozent des Wertes, für Häuser und Grund lag der Satz bei 0,25 Prozent.

Das Augsburg des 16.Jahrhunderts erscheint als wahres Steuerparadies. Eine Progression kannte das System nicht; überhaupt begünstigte es die Reichen. Tycoons wie die Fugger hatten die Möglichkeit, sich durch Zahlung einer Pauschale in Höhe von 600 Goldgulden von der Pflicht, ihr Vermögen zu deklarieren, loszukaufen. Daß sie dabei ein gutes Geschäft machten, versteht sich.

Die Zahl zwischen Kopfsteuer und Wachgeld nennt die für liegende

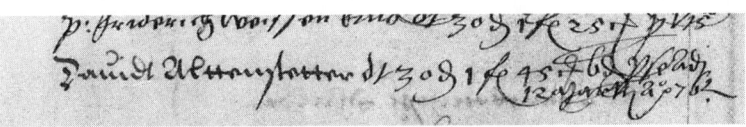

Abb. 15 Steuerbucheintrag zu David Altenstetter. Augsburg, Stadtarchiv, Steuerbücher, 1575 (fol. 82)

und fahrende Habe tatsächlich entrichtete Steuersumme. Im Fall Altenstetters beläuft sie sich auf «1 fl 45»; die Abkürzung steht für «Florin» oder «Gulden».[3] Unser Mann bezahlte also Steuern in Höhe von einem Gulden 45 Kreuzern. Leider wird nicht mitgeteilt, wie sich das Steuervermögen genau zusammensetzte. So läßt sich nur sagen, daß er 1575 ein Vermögen zwischen 320 und 640 «fl» besaß – wenn er denn seinen Besitz ordentlich deklariert hatte. Da ihm als Neubürger bei Steuerhinterziehung Stadtverweis drohte, dürfte er einigermaßen ehrlich gewesen sein. Die Buchstaben «p» und «se», «per se», deuten an, daß Altenstetter im Januar 1576 persönlich in der Steuerstube des Rathauses erschienen war, um seine Schuld zu begleichen.[4]

Ein paar hundert Gulden Vermögen – das war keine kleine Summe. Altenstetter dürfte mit seinem Besitz schon 1575 zu den «oberen Zehntausend» – genauer, zu den wohlhabendsten 25 Prozent – der Augsburger Bürgerschaft gezählt haben. Wieviel Geld 300-600 Gulden waren, zeigen Vergleiche. Ein Nürnberger Hausknecht verdiente 1567 ganze vier Gulden Bargeld im Jahr, dazu hat man ihm allerdings freie Unterkunft und Verpflegung gewährt und Kleidung gegeben.[5] Ungefähr dieselbe Summe gab das Almosen in den 1560er Jahren pro Jahr für den Lebensunterhalt eines Armen aus.[6] Ein Goldschmiedegeselle brachte es um 1590 auf einen Gulden Verdienst pro Woche.[7]

Die Zahlen im Steuerbuch zeigen: Altenstetter ist von Anfang an erfolgreich in seinem Beruf. Das Haus, in dem er zunächst wohnt, befindet sich im Steuerbezirk «Vom Diepoldt», nicht weit vom Dom. Es war, nahe dem kirchlichen Zentrum und dem Palast des Fürstbischofs, eine gute Gegend für Goldschmiede; in unmittelbarer Nachbarschaft wohnten und arbeiteten damals viele weitere Handwerkskollegen.[8] Die Goldschmiede hatten in dieser Gegend, bei der bischöflichen Fronwaage, auch ihr Zunfthaus.

Altenstetter reüssierte in Augsburg sicher nicht nur wegen seiner guten Beziehungen zu einflußreichen Meistern wie Siebenbürger und seiner zwischen dem deutschen Südwesten und Augsburg aufgespannten Familiennetzwerke. Von entscheidender Bedeutung für seinen Erfolg war, daß er sich den Marktgesetzen gefügt hatte. Er war der Parole «Spezialisieren!» gefolgt und hatte auf diese Weise offenbar eine Nische gefunden, in der man ihn unbehelligt arbeiten ließ: Aus Email fertigte er zarte Ornamente, Phantasiegebilde aller Art, vegetabile Formen. Damit wurden Gebrauchsgegenstände wie das schon erwähnte Service geadelt, Uhren, selbst Kronen und Altäre geschmückt. Altenstetters virtuose Ornamentkunst genügte den Marktanforderungen auf ideale Weise.

Wie andere Künstler seiner Zeit setzte er auf Teamwork. Das macht es oft schwer, seine Kunst von der seiner Kollegen abzugrenzen. Oft lieferte er Einzelteile für größere Werke, in Zusammenarbeit mit Schreinern, Bildhauern, Malern und anderen Goldschmieden, wohl auch mit Grafikern, die ihn mit Entwürfen versorgten.

DER AGENT DES HERZOGS

Schon in seinen frühen Augsburger Jahren muß Altenstetter einem elsässischen Landsmann und Kollegen begegnet sein, dem gebürtigen Straßburger Valentin Drausch. Der Goldschmied, Edelsteinschneider und «Kunstagent» hielt sich seit etwa 1570 immer wieder in Augsburg auf, wo er für seinen Herrn, den bayerischen Erbprinzen Wilhelm, Pretiosen erwarb und das örtliche Kunsthandwerk mit Aufträgen bedachte. Es ist gut möglich, daß dieser Drausch es war, der Altenstetter einen ersten Auftrag vermittelt hat. Altenstetter soll Emailapplikationen, die für einen Hausaltar Herzog Albrechts V. von Bayern bestimmt waren, geliefert haben.[9] Viel bedeutender muß ein weiteres Projekt für den bayerischen Hof gewesen sein, bei dem Drausch ebenfalls seine Hände im Spiel hatte. Der jüngere Paul von Stetten, ein Historiker des späten 18. Jahrhunderts, schreibt, Altenstetter habe dabei Matthias Fend, Elias Waldvogel, Christian Abt und Balduin Drentwett als Partner gehabt.[10] Es sei eine «sehr beträchtliche» Arbeit gewesen, die um 1578/79 entstanden sei.

Ein geheimnisvolles Dokument aus dem Jahr 1586 bestätigt diese An-

Abb. 16 Der Hausaltar
Herzog Albrechts V.
von Bayern. 1573/74.
München, Residenz,
Schatzkammer

gaben. Es ist ein «Memorial», das Abrechnungen über 5010 Gulden 31 Kreuzer mitteilt. In dieser Quelle wird Altenstetter genannt.[11] Sie berichtet von Forderungen Valentin Drauschs an Wilhelm. Drausch behauptete, hohe Summen für Zahlungen an den Silberhändler Bartholme Fesenmair und die bei von Stetten erwähnten Goldschmiede Elias Waldvogel und David Altenstetter vorgestreckt zu haben.[12] Mit großer Wahrscheinlichkeit bezieht sich das Papier auf den von Paul von Stetten erwähnten «beträchtlichen Auftrag» – leider erzählt der Historiker keine Einzelheiten. Unzweifelhaft handelte es sich um ein bedeutendes Projekt.[13]

Wer war jener Valentin Drausch, der das große Geschäft mit Altenstetter und seinen Kollegen eingefädelt hatte?[14] Die Beschäftigung mit ihm führt in die rauhe Wirklichkeit des Hofkünstlerdaseins im späteren 16. Jahrhundert. Altenstetters Landsmann lebte seit etwa 1573 in Landshut, wo sich der Herzog Wilhelm auf Burg Trausnitz mit allerlei kostbarem

Spielzeug, einer Menagerie, mit Zwergen, Mohren, Musikern und italienischen Komödianten die Zeit vertrieb. Drausch schien also dort angekommen zu sein, wo Altenstetter und seinesgleichen hinwollten: «bei Hofe», an einem Ort, wo die Verordnungen und Dekrete, die das städtische Handwerk wie Eisenbänder umschnürten, nichts galten; wo Geld lockte, elegante Kleidung, womöglich ein Adelstitel; wo buchstäblich die Musik spielte. Kooperationsprojekte wie das «unbekannte Meisterwerk» waren unter den Bedingungen der Zunftorganisation nur unter Schwierigkeiten zu verwirklichen: Es galt, Anträge zu formulieren, ob noch der eine oder andere Geselle mehr eingestellt werden durfte, man weitere Meister beschäftigen konnte. Da wiegten die Handwerksvorgeher regelmäßig bedenklich die Köpfe, ließen ihr «Nein!» verlauten; verhinderten, redeten dagegen, streuten Sand ins Getriebe. Bis am Ende die erwünschte Ausnahmegenehmigung vorlag, konnten Monate verstreichen. So ging mancher Auftrag verloren; kein Fürst schätzt es, wenn man ihn warten läßt. Der Hof erscheint in dieser Zeit als Paralleluniversum zur engen Realität des Stadthandwerks. Er war der Ort, an dem der Künstler im modernen Sinn geboren wurde.

Drauschs Landshuter Alltag war indes alles andere als der eines Höflings, dem sich alle Herrlichkeiten der Welt dargeboten hätten. Unten in der Stadt, im «Hinteren Haus» der Stadtresidenz, bewohnte er ein bescheidenes Logis, in dem er zunächst auch seine Werkstatt betrieb. Er klagte über schlechtes Essen und schmutzige Bettwäsche. Keine verführerischen Kurtisanen verwöhnten ihn. Zum Mißvergnügen seiner strengen Hauswirtin Anna Götlkofer behalf er sich mit dem örtlichen Angebot an Huren. Eine davon hinterließ ihm als Erinnerung an die gemeinsame Liebesnacht die «bösen Blattern», die Syphilis.[15]

Da man zum Edelsteinschneiden gutes Licht braucht, wechselte Drausch in eine Privatwohnung, wo ihm eine helle Stube zur Verfügung stand. Es muß eine unendlich mühsame Arbeit gewesen sein, Schalen, Vasen, Kugeln und Medaillons – wie das Porträt seines Gönners Wilhelm (Abb. 14) – aus dem harten Bergkristall zu schneiden. Bohrgeräte und Schleifstein hatte der Meister mit dem Fuß in Bewegung zu versetzen; als Schleifmittel diente mit Öl vermischter Diamantstaub. Obwohl der Elsässer Protestant war – ob er in Bayern um der Karriere willen zum Katholiken mutierte, ist zweifelhaft[16] –, gewann er rasch das Vertrauen des jungen Herzogs, der in der Einsamkeit seines Provinzdaseins für jede Art der Zerstreuung dankbar gewesen sein dürfte. Bald durfte Drausch stolz den Titel «fürstlich bayerischer Edelgesteinschneider» vor sich hertragen.

Drausch war ein kleiner, dicker Mann, aus dessen bärtigem Gesicht eine warzenbekrönte Knopfnase ragte.[17] Den Bayern fiel seine «schwäbische» Sprache auf. Der Straßburger, laut Wilhelm «ein gutes Männchen»,[18] scheint eine widersprüchliche Persönlichkeit gewesen zu sein. Er galt als seltsamer Kopf, der gerne ein breites Lachen aus dem mächtigen Gebiß entließ, sich manchmal aber auch als jähzornig und frech zeigte. Eine grobe Äußerung versetzte Wilhelms Hofmeister Dachsberg einmal so in Rage, daß er Drausch mit dem Rapier drei Streiche über den Kopf zog und ihm «also die Absolution gab».[19]

Seinem Prinzen fertigte der Edelsteinschneider nicht nur Pretiosen. Er tätigte für ihn alle möglichen Erwerbungen, verkaufte auch einmal das eine oder andere Stück aus herzoglichen Beständen – ob im Auftrag Wilhelms oder auf eigene Rechnung, ist nicht immer klar.[20] Umgekehrt blieb ihm der stets geldklamme Wilhelm oft Lohn und Bezahlung schuldig, fand ihn bei Gelegenheit mit Schmuckstücken ab, die er allerdings viel zu hoch bewerten ließ. Das konnte nicht gutgehen, zumal Drausch gelegentlich zur Selbsthilfe schritt und Kleinodien in den eigenen Sack packte oder versetzte.

MAGISCHE WAFFEN

Es ist nicht möglich, Altenstetter zu dieser Zeit in den «Hofzahlamtsrechnungen» der bayerisch-herzoglichen Verwaltung aufzuspüren, obwohl sicher ist, daß auch er mit Aufträgen bedacht wurde. Der Grund dürfte darin liegen, daß Wilhelm viele Kunstwerke aus seiner persönlichen, eigentlich üppig bemessenen Apanage zu bezahlen pflegte;[21] das Geld reichte aber bei weitem nicht hin, um die Bedürfnisse des manischen Sammlers zu befriedigen.

Blättert man die dicken Folianten durch, funkelt es unter Zahlen und Buchstaben oft von Gold, Silber, Juwelen und Email. Für Wilhelms Gattin Renata von Lothringen wurde Schmuck bezahlt, man beglich Rechnungen für Tafelsilber und immer wieder für Becher, die der Hof zu allen möglichen Gelegenheiten orderte, um sie zu verschenken. Es begegnen auch Namen von Augsburger Goldschmieden, etwa der von Altenstetters Beinahe-Namensvetter Andreas Attemstett, einem gebürtigen Friesen (der in der Forschung immer wieder mit unserem Mann verwechselt wurde). Altenstetter aber sucht man vergebens. Nur einmal werden ihm 38 Gulden ausbezahlt; wofür, ist unbekannt.[22]

Bis 1575 hatte Wilhelm den ungeheuren Betrag von 300000 fl. an Schulden angehäuft. Nach bürgerlichen Maßstäben wäre er bankrott gewesen. Die Summe entsprach ungefähr den jährlichen Gesamteinnahmen Bayerns. Reformen wie die Verkleinerung des Hofstaates reichten nicht aus, den Haushalt zu sanieren. Wilhelms überbordende Kunstpatronage diente der Feier der Magnifizenz des Prinzen, einer fürstlichen Kardinaltugend. Den Colliers, Uhren und Automaten, den goldenen Brillenetuis Wilhelms und Renatas von Lothringen und anderen Glitzerdingen sollte man ansehen, daß das letzte, woran man bei ihrer Herstellung gedacht hatte, Geld gewesen war. Man hat, um dieses scheinbar irrationale Verhalten zu kennzeichnen, von «conspicuous consumption», von augenfälliger Verschwendung, gesprochen. Ein wahrer Herrscher sparte nicht, es wäre seiner unwürdig gewesen. Die Pretiosen, auch die überdimensionierte Konzeption der Architektur, gehörten zum Habitus des Fürstenstandes. Sie waren für die Konstruktion des politischen und sozialen Ranges des Patrons von zentraler Bedeutung.

Der Glanz der Kunst war nicht einfach Schein, der ein geringeres Sein umgeben hätte, das sich einigermaßen brutal in den trockenen Abrechnungen der Hofkammer ausdrückte. In einer Welt, die an die tiefere Wahrheit der Zeichen und Symbole glaubte, verwies der Prunk, der den Fürsten umgab, auf das Eigentliche seiner Macht, auf deren Kern. Macht im grauen Gewand war nicht Macht. Sie mußte unübersehbar sein, golden schimmern, von Juwelen funkeln.

Immerhin wanderte ein Großteil der vorhandenen und geborgten Mittel in gottgefällige, gute Werke, die nicht nur soziales Kapital mehrten, sondern auch halfen, das ewige Konto mit Gott auszugleichen. Die eigentliche Passion Wilhelms von Bayern, dem schon Zeitgenossen den Beinamen des «Frommen» gaben, waren nämlich – außer dem Paille-Maille-Spiel, einem Ballsport, den Wilhelm leidenschaftlich betrieb –

Reliquiare: kostbare, kunstvoll gestaltete Behältnisse für die Überreste von Heiligen.[23] Geld, viel Geld dafür auszugeben mußte das Gewissen keineswegs belasten, im Gegenteil: Sie waren nicht nur eine Freude für die Augen des Auftraggebers und nutzten der herzoglichen Seele, sie trugen zum Schutz des Staates vor bösen Mächten bei. Die «Reiche Kapelle» der Münchner Residenz, die Wilhelms Nachfolger Maximilian als prächtigen Reliquienschrein gestalten ließ, war eine Art Arsenal magischer Waffen. Für die Sicherheit des Bayernlandes erschien ihr Inhalt wichtiger als Kanonen, Piken und Musketen. Auch Wilhelms aufwendigste Kunstunternehmung, die Jesuitenkirche St. Michael in München, hatte etwas von einem Zeughaus.

Viele der «Heiltümer» hat der Fürst den Patres der Societas Jesu anvertraut. Das Schatzbuch von St. Michael läßt ahnen, welche Herrlichkeiten ihr Gönner ihnen spendiert hatte. Kaum etwas davon ist erhalten. Auch das Museum der Münchner Residenz besitzt nur noch drei Reliquiare, allerdings Arbeiten von unvergleichlicher Pracht. Eine aus Diamanten, Rubinen, Smaragden, Perlen, Champlevé-Email und anderen edlen Materialien gebildete Statuette St. Georgs, ein Schlüsselwerk des europäischen Manierismus, ist Emblem der Gegenreformation und persönliches Denkmal des Fürsten (Taf. I): Das aus Lindenholz geschnitzte Antlitz des heiligen Ritters – hinter hochklappbarem Visier – zeigt die Züge Herzog Wilhelms. Das Design hat vielleicht der Hofmaler Friedrich Sustris geliefert. Bei der Ausführung wirkte eine ganze Equipe spezialisierter Meister zusammen: Goldschmied und Emailleur, Juweliere, Steinschneider, ein Holzschnitzer.[24] Allein der Materialwert des wahrhaft fürstlichen Kleinods muß eine vierstellige Guldensumme ausgemacht haben.

EIN VERLORENES WUNDER

Blenden wir zurück in den April des Jahres 1577. Eine Quelle verrät, daß Altenstetter und seine Handwerksgenossen damals besorgt und ungeduldig waren.[25] Viel Geld, womöglich Tausende von Gulden für Gold, Silber, für Edelsteine und Arbeitslohn war Wilhelm von Bayern ihnen schuldig. Sie hatten es für jenes unbekannte Meisterwerk vorgestreckt, das für den Hof entstehen sollte. Über Valentin Drausch drängten sie in Landshut und München auf Bezahlung. Angesichts der leeren Schatulle des «mäzenatischen» Prinzen war Abhilfe nur durch frische Kredite möglich. Ob, wie so oft, die Fugger helfen konnten? Mit Augsburger Geld und durch Augsburger Handwerk wurde ja ein Gutteil der Münchner Hofkunst der Spätrenaissance hergestellt. Als der Münchner Rentmeister Michael Schleich in die Reichsstadt reiste, um mit den Fugger-Brüdern Marx und Hans ein neues Darlehen auszuhandeln, sah er sich, kaum hatte er das Jakober Tor durchquert, von einigen Goldschmieden – unter denen auch Altenstetter gewesen sein dürfte – umlagert. Sie drängten heftig auf Bezahlung ihrer Rechnungen. Schleich vertröstete, begütigte; er traktierte die Fugger, die aber zunächst nicht daran dachten, gutes Geld schlechtem hinterherzuwerfen. So mußte der Rentmeister, ein Bündel unbezahlter Goldschmiederechnungen im Gepäck,[26] unverrichteter Dinge wieder abreisen. Es bedurfte eines persönlichen Schreibens von Wilhelm, damit Hans und Marx Fugger doch noch Geld gaben.

Welches Wunderwerk für die Schatzkammer Wilhelms, der zwei Jahre später die Regierung im Herzogtum übernahm, in der folgenden Zeit entstand, wird sich wohl nie klären lassen. Auch ob die Zahlungen tatsächlich *ein* Projekt betrafen und nicht etwa mehrere Arbeiten ist unsicher. Für die erstgenannte Möglichkeit spricht ein wichtiges Argument: die Rede des Historikers von Stetten von einem «beträchtlichen» Auftrag. Dazu kommt, daß in einer Quelle von 1578 genau die bei von Stetten angeführten Meister begegnen. Das Schreiben Drauschs an Wilhelm zeigt, daß die Goldschmiede Fend, Waldvogel, Abt, Drentwett und eben Altenstetter über einen «fuggerischen Diener» gehört hatten, ihr Geld sei eingetroffen, und nun den Edelsteinschneider bedrängten.[27] Nehmen wir von Stettens Ausführungen ernst, handelte es sich also tatsächlich um ein Team, das an einem größeren Projekt arbeitete. Bartholome Fesenmair, den von Stetten nicht erwähnt und der auch in dem Brief nicht genannt wird, dürfte der Lieferant von Silber, Gold, Edelsteinen und anderem Rohmaterial gewesen sein. Er war ein reicher Silberhändler, der seinerseits Aufträge an Dritte vermittelte.[28]

Drausch könnte die Zusammenarbeit organisiert, Teile aus Kristall oder Achat zum Gesamtwerk beigesteuert haben. Dazu paßt, daß er spätestens im Dezember 1577 in einer Nobelherberge unmittelbar neben dem Fugger-Palast – bei Seneca Schreiber, dem Lindenwirt, wo kurz danach Montaigne absteigen wird – seine Werkstatt aufgeschlagen hat.[29] Es gelang Drausch vor dem März 1578, Wilhelm davon zu überzeugen, daß die Augsburger Goldschmiede ohne Bezahlung ihre Arbeit nicht herausgeben würden. Über die Fugger-Bank wurden ihm 500 Gulden ausgehändigt, Geld, mit dem er Handwerker ruhigstellte und auch seine kleine Hofhaltung in der «Linde» finanzierte.

Vielleicht ist es kein Zufall, daß der künftige Bayernherzog im selben Jahr 1577, in dem wir die Anfänge des rätselhaften Werkes beobachten können, vom Papst die offizielle Erlaubnis zum Sammeln von «Heiltümern» erhalten hatte.[30] Man kann sich vorstellen, daß die Augsburger Meister ein kostbares, edelsteinbesetztes Reliquiar schufen, eine Arbeit, die den triumphalen Auftakt der Kollektion bilden sollte. Die Höhe der Summe, 5000 Gulden plus x, läßt den Schluß zu, daß die Materialkosten erheblich waren. Man mag sich ein von Gold und Email, Kristall, Chalzedon und Achat schimmerndes Objekt denken, ein manieristisches Wunderding, das mit kleinen Diamanten, mit Rubinen, Smaragden und Perlen übersät war. Jenes unbekannte Meisterwerk könnte das aufwendigste Unternehmen gewesen sein, an dem David Altenstetter überhaupt mitgearbeitet hat.

DIE HAND DES KAISERS

Im März 1578 scheint Drausch sich den Nachstellungen Altenstetters und seiner Kollegen durch eine kleine Flucht nach Landshut entzogen zu haben. Erst im Juli erhielt der «Agent» einen stattlichen Betrag, 2274 Gulden, und konnte so die drängendsten Wünsche der Goldschmiede befriedigen.[31] 789 Gulden von dieser Summe durfte Altenstetter behalten.[32] So hatten die Augsburger endlich Geld gesehen und arbeiteten weiter. Das war, wie sich bald zeigte, ziemlich unvorsichtig. Denn der Rest ihrer Forderung, wohl einige tausend Gulden, wurde ihnen noch vorenthalten.

Es fällt auf, daß Drausch, anders als sonst, im Spätherbst 1578 viel weniger Aufträge als zur Zeit des Nikolausfestes üblich – da bestellte der Hof gewöhnlich edle Geschenke in großer Menge – zu erledigen hatte.[33] Ob man das Geld für das große Augsburger Unternehmen zusammenhalten wollte? Trotzdem sahen Altenstetter & Co. keinen Kreuzer. Drausch verdrückte sich aus der Reichsstadt, in die er vermutlich nur für kurze Aufenthalte und inkognito ab und an zurückkehrte. Er folgte zunächst Wilhelm, der 1579 als Wilhelm V. seinen Vater Albrecht als Herzog beerbt hatte, nach München. Dann finden wir ihn in Dresden und am Prager Kaiserhof, im Gepäck Kleinodien aus der herzoglichen Schatzkammer.

Nach wie vor lebte Drausch auf großem Fuß: In Karlsbad kaufte er eine Kutsche und Pferde;[34] auch handelte er mit Schmuck und Juwelen, bei denen unklar war, wem sie gehörten. Im Sommer 1583 ließ ihn der kaiserliche Obersthofmeister in den «Weißen Turm» zu Prag werfen. Dort darbte er bis November. Auslieferungsbegehren der Bayern verfingen nicht, obwohl der Herzog höchstselbst mit dem Kaiser des Heiligen Römischen Reiches über den Fall Drausch korrespondierte.[35] Rudolf II. dürfte erst durch diese Intervention darauf aufmerksam geworden sein, welch seltener Vogel ihm da ins Netz gegangen war. Einen geschickten Edelsteinschneider konnte man in Prag immer brauchen. Außerdem war der Mann dem Kaiser sympathisch; er trage «ein große Affection zu diesem Drauschen», schrieb der Reichsvizekanzler nach München. Rudolf sorgte dafür, daß Drausch aus dem Gefängnis entlassen wurde. Der Elsässer blieb an der Moldau, mit der Arbeit an kaiserlichen Aufträgen beschäftigt und in allerlei Geschäfte verstrickt. Die Augsburger Goldschmiede mußten damals glauben, ihre Forderungen an Drausch und Wilhelm V. lösten sich in Rauch auf.

V
EINE WELT, GEGRÜNDET AUF DEN WIND

Abb. 17 Diana und groteske Fabelwesen. Kupferstich von Etienne Delaune, um 1560/70.
Hamburg, Museum für Kunst und Gewerbe, Ornamentstichsammlung

BILDER UND SCHATTEN

iest man in einem Buch, entstehen fortwährend Bilder von dem, was erzählt wird, Kopfbilder, die sich ungewollt und unkontrolliert formen, wenn nur die dürren Worte erscheinen: «Goldschmied», «Renaissance», «Prag» ... Tropen und Metaphern, also Sprachbilder, sind besonders geeignete Mittel, solche inneren Schauspiele hervorzurufen. Wir sprechen von der «Geburt» des Manierismus oder vom «zähen» demographischen «Körper» Europas, lassen einen «bleiernen» Himmel drücken und wecken damit Assoziationen. Wohl wäre es möglich, das Gemeinte sachlicher, «trockener» auszudrücken. Aber das gelänge meist nur um den Preis erheblicher Umständlichkeit. Das Sprachbild ist oft nicht einfach reines Ornament. Es kann verdichten, einen Sachverhalt rasch auf den Punkt bringen. Manchmal reicht ein einziges Wort, und die Geister nehmen Gestalt an. Bilder steigen auf, Figuren und Dinge gewinnen Umrisse, schon einmal Gesehenes drängt sich zu. Kaum daß die Phantome da sind, entschweben sie aber, machen neuen Bildern Platz, die sich am Ende zu einem übrigens reichlich diffusen Gesamtbild vereinen.

Es ist unmöglich, sich gegen solche Erscheinungen zu wehren, und eigentlich ist ja auch nichts Schlimmes daran, sich ihnen auszuliefern. Man pflegt eben vorwiegend in Bildern zu denken, erinnert sie besser als strohtrockene Buchstabenfolgen. Wir wollen uns vergegenwärtigen, *wie es war*, ohne uns immer dessen bewußt zu sein, daß die inneren Gebilde mit vergangener Wirklichkeit nicht viel zu tun haben. Die Phantasie wühlt sich weiter, bildet, was wir «Geschichte» nennen, während des Lesens und Denkens wieder und wieder neu. Geschichte ist ja nicht einfach ein unverrückbar gefrorenes Etwas, das betrachtet, abgeschrieben und so der Nachwelt überliefert wird. Sie ist in ihrer letzten Wirklichkeit – in jener Realität also, die sie in unserem Denken gewinnt – ein fortwährendes Entstehen und Vergehen von Vorstellungen. Sie erscheint als luftiges Gebilde oder, um eine präzisere Metapher zu bemühen: Sie ist nichts anderes als eine Art Neuronenfeuerwerk im Gehirn. Hier, und nirgendwo sonst, hat sie ihren realen Ort.

Den Artefakten, im besonderen Kunstwerken, kommt für die Entstehung der Kopfbilder besondere Bedeutung zu. Mag auch die Welt, aus der sie kommen, für immer zerfallen sein, in ihrer reinen Materialität haben sie doch Dauer. Sie sind handfeste, harte Zeugen der Geschichte, entfalten im Gedächtnis oft erhebliche suggestive Kraft. Und sie erzählen ihrerseits Geschichten, die sich nicht oder nur mit größter Mühe in Worte fassen ließen.

WERKSTATT-IDYLLEN

In Altenstetters Geschichte sind zwei Kupferstiche solche Kristallisationspunkte der Phantasie. Sie zeigen eine Silberschmiede- und eine Goldschmiedewerkstatt (Abb. 18, 19). Der Zufall will, daß sie, die in ihrer Detailgetreue in der Überlieferung einzigartig dastehen, nicht nur in Augsburg entstanden sind, sondern noch dazu die Verhältnisse der Zeit reflektieren, als Altenstetter sich dort niederließ. Überdies ist ihr Autor ein Mann, mit dem unser Goldschmied so gut wie sicher in Verbindung stand. Das verrät die Signatur, «STEPHANUS FECIT IN AVGVSTA». Jener «Stephanus» läßt sich identifizieren: Es ist Etienne Delaune, ein Goldschmied, Medailleur und Zeichner.[1] Die Stiche belegen, daß er sich 1576 in Augsburg, «in Augusta» eben, aufhielt; er war dorthin von Straßburg – wieder einmal Straßburg! – gekommen.[2]

Es ist weniger diese Elsässer Beziehung, die zu der These berechtigt, Delaune habe Altenstetter gekannt, als der Umstand, daß er einer der bedeutendsten Spezialisten für jene Ornamentik war, die auch Altenstetter fertigte (Abb. 17). Delaune produzierte Vorlagen, die zum Gebrauch durch Goldschmiede bestimmt waren.[3] Er war einer der wichtigen Agen-

Abb. 18 Silberschmiedewerkstatt. Kupferstich von Etienne Delaune, 1576. Stuttgart, Staatsgalerie, Graphische Sammlung (A 61 555)

ten des Kulturtransfers und half, die Formenwelt der französischen «grotesques» nach Deutschland zu transportieren.

Delaunes Stiche illustrieren, was die Schriftquellen über die Arbeitswelt Altenstetters mitteilen. Da ist zunächst die Silberschmiedewerkstatt. Wir blicken in eine Stube mit hölzerner Decke. An den Wänden ist ordentlich das Werkzeug aufgehängt, Zangen, Feilen, Blechscheren, Waagen, Mörser. Auf einem Brett sind fertige Produkte aufgestellt: Pokale, eine Schale, eine Schüssel. Man kann sie von außen, durch das Glasfenster, sehen. Die Werkstatt ist, wie es die Goldschmiedeordnung fordert, gut einsehbar und zugleich Verkaufsraum.[4] Durch das geöffnete Fenster unterhält sich der Meister mit einem Kunden. Ein Geselle traktiert den Blasebalg, feuert die Esse an. Am Tisch hämmert einer an einem Becher, sein Kollege zieliert eine Schale. Rechts steht eine Drahtziehbank.

Der andere Stich – er zeigt die Goldschmiedewerkstatt – läßt erkennen, daß an der Werkbank Ledertücher befestigt sind, die bei der Arbeit über die Knie gebreitet werden. Darin soll sich der Goldstaub fangen. Abfall ist einem Handwerk unbekannt, das eben nicht mit Hobelspänen

Abb. 19 Goldschmiedewerkstatt. Kupferstich von Etienne Delaune, 1576. Stuttgart, Staatsgalerie, Graphische Sammlung (A 61554)

umgeht! Zwei Gesellen arbeiten an Schmuckstücken. Einer hat einen Spiegel vor sich, um alles genau sehen zu können. An der Esse schmilzt ein Geselle Metall oder Email. Der Meister am großen Arbeitstisch trägt eine Brille, auch er leistet Feinarbeit; mag sein, daß er Ornamente in das Silber oder Gold schneidet.

Delaune bietet, so wirklichkeitsnah die Stiche wirken, nicht einfach Schnappschüsse aus der frühen Neuzeit. Man kann bezweifeln, daß eine richtige Werkstatt tatsächlich so säuberlich aufgeräumt war, wie er behauptet. Auch dürften die Handwerker bei der Arbeit kaum wie Edelleute gekleidet gewesen sein – mit spanischer Hose, feinem Wams und Stehkragen, mit Barett und hinter den Rücken geschnalltem Dolch. Delaune will ein vornehmes Handwerk, in dem man sich die Hände nicht schmutzig macht, präsentieren. Seine Stiche sind Manifeste: Sie plädieren für einen besonderen Status des Goldschmiedehandwerks. Ihr Argument ähnelt dem Leonardo da Vincis, der die Malkunst schon deshalb für vornehmer hielt als die Bildhauerei, weil man sie im vornehmen Gewand betreiben konnte. Leonardos idealer Künstler agiert in kostbarer Kleidung, während ein Lautenspieler angenehme Hintergrundmusik liefert. Auf das Atelier des Schwerstarbeit leistenden, schwitzenden Bildhauers, in dem alles von weißem Marmorstaub überzogen ist, blickt Leonardo mit Verachtung herab (un d denkt dabei an den Konkurrenten Michelangelo).

Ein anderes Detail auf Delaunes Bildern hat mit der Wirklichkeit mehr zu tun: die Zahl der Gesellen. Delaune zeigt deren drei, nebst jeweils einem Lehrjungen. Das entsprach genau den Bestimmungen der Augsburger Handwerksordnung.[5] Im übrigen geben die Stiche ein Idealbild calvinistischer Arbeitsethik. Im hellen Tageslicht, das durch große Glasscheiben strömt, wird eifrig gewerkelt. Der Blasebalg faucht, die Hämmerchen klingen, das brennende Holz knistert, das Feuer verbreitet wohlige Wärme. Alles ist Arbeit und Sauberkeit. Die Welt draußen war indes so wohlgeordnet und angenehm nicht.

VANITAS

Etienne Delaunes Lebensgeschichte wirft Schlaglichter auf die allgemeinere Geschichte des letzten Jahrhundertdrittels. Sie zeigt einen sich bedrohlich verdunkelnden politischen Horizont.

Der Franzose hatte ein bewegtes Schicksal hinter sich, als er sich in Augsburg als Reporter der Goldschmiede betätigte. In Mailand um 1518 geboren, hatte es ihn nach Paris verschlagen. Dort arbeitete er seit 1545 als Goldschmied. Daß es ihm gelang, sich der Protektion Heinrichs II. von Frankreich zu versichern und Aufträge vom Hof zu erhalten,[6] spricht für seine handwerklichen Fähigkeiten – oder für sein Geschick, seine wahren Anschauungen zu verhehlen –, denn er war Calvinist.[7] Paris war allerdings damals ein gefährliches Pflaster. Das Volk, der «menu peuple», stand fest zur alten Religion, während sich der Hof um Katharina von Medici und Karl IX., der 1560 König geworden war, zu einer lavierenden Politik genötigt sah. An offensivem Vorgehen gegen die Hugenotten hinderte den König damals vor allem die Furcht vor der spanischen Supermacht, dem ungeachtet der konfessionellen Bruderschaft natürlichen strategischen Feind Frankreichs. Der König wagte es umgekehrt auch nicht, die aufständischen Niederländer in ihrem Kampf gegen Spanien offen zu unterstützen. Spaniens Philipp II. stand auf der Höhe seiner

Macht, und es schien, als ob Gott seine Waffen segnete. Der Sieg, den seine mit Venedig und einigen anderen katholischen Staaten verbündete Flotte bei Lepanto über die Türken erfochten hatte, wurde im katholischen Europa als Triumph der Gegenreformation gefeiert, allerdings auch von Protestanten erleichtert kommentiert.

1572 war Delaune aus Paris geflohen und so den Massakern entkommen, die der Mob nach der Bartholomäusnacht unter den Protestanten anrichtete. Daß er, nach einem Aufenthalt in Straßburg, den Weg nach Augsburg suchte, mag mit der offenen konfessionellen Struktur dort zu tun gehabt haben. Was Calvinisten betraf, waren indes nicht alle Augsburger tolerant. Manche trauten ihnen alles erdenklich Böse zu. Ein Chronist meinte zu wissen, daß sie ihre Predigten nachts hielten. Ihre Lehre gestatte es ihnen, Unzucht mit den eigenen Frauen und Töchtern zu treiben, auch mehrere Frauen zu heiraten.[8]

Delaune ging schon 1577 wieder nach Straßburg (wo er 1583 starb). Er hat hier eine Serie von Stichen, die Gedichte seines Glaubensgenossen Antoine de Chandieu illustrieren, publiziert.[9] Sie handeln von der Eitelkeit und Unbeständigkeit der Welt. Einer dieser «Octonaires» nimmt die Arbeit des Goldschmieds als Metapher. Es ist gut möglich, daß er als Kommentar zu den beiden Augsburger Bildern gelesen werden kann. Chandieus Text spiegelt den melancholischen Grundton der Epoche und das Erlebnis der Verfolgung mit ihrer blutigen Eskalation im Massaker der Bartholomäusnacht:

> Goldschmied, schneid' mir eine Kugel, schön gerundet,
> hohl, von Luft gefüllt, das Bild der Welt;
> und daß eine große Schönheit sie bekleidet –
> gleich wie Dein Stichel täuschen, lügen kann –
> zeig' Früchte aller Art auf ihr
> und schreib' um sie dann diesen Spruch:
> Ebenso bewegt sich täglich diese betrügerische Welt
> die ... auf den Wind gegründet ist.[10]

KALENDERSTREIT

1582 beherbergte Augsburg zum letzten Mal einen großen Reichstag in seinen Mauern. Nochmals zeigte sich das Imperium in seinem ganzen altertümlichen Prunk. Kaiser Rudolf II. hielt am 27. Juli seinen Einzug; vom Rathauserker aus nahm er die Huldigung der Bürgerschaft entgegen.

Die Türkengefahr ließ die Christen zusammenrücken. Der Reichstag beschloß, dem Kaiser eine Militärhilfe in Höhe von gut fünf Millionen Gulden zuzusagen. Wie brüchig die christliche Solidarität in Wirklichkeit war, zeigte sich jedoch schon im Jahr nach dem Augsburger Tag. Im Kölnischen brach ein Krieg aus, der wie ein Wetterleuchten des großen Dreißigjährigen Krieges erscheint.

Der Kölner Kurfürst, Erzbischof Gebhard Truchseß von Waldburg, wollte seine Liebschaft, die schöne Stiftsdame Agnes von Mansfeld, heiraten. So beschloß er, die Mitra an den Nagel zu hängen, den Zölibat Zölibat sein zu lassen und Protestant zu werden. Nach einem umstrittenen Artikel des Augsburger Religionsfriedens von 1555, dem «Geistlichen Vorbehalt», hätte er daraufhin auf seine Besitz- und Herrschaftsrechte verzichten müssen. Die Vorstellung, ausgerechnet im «heiligen Köln» einen lutherischen Ketzer als Bischof zu haben, war für die Katholiken schlimmer als der Gedanke, ein Türke sei Papst geworden. Die Folgen wären weitreichend gewesen: ein altgläubiges Bollwerk in strategisch wichtiger Lage verloren, die katholische Mehrheit im Kurfürstenkollegium dahin, in naher Zukunft womöglich ein Protestant Kaiser! Angesichts dieses Schreckensszenarios machten Spanien und Bayern mobil. Nach kurzem Waffengang sah sich der verliebte Bischof abgesetzt. Ein bayerischer Prinz nahm Platz auf seinem Stuhl. Die Gegenreformation konnte einen neuen Sieg an ihre Fahnen heften.

In Augsburg scheint zu dieser Zeit nicht Konfrontation, sondern stilles Arrangement das Klima bestimmt zu haben. Glaubensstreit wurde nach Möglichkeit vermieden; tatsächlich hatten Katholiken die meisten Schlüsselpositionen der Stadtpolitik besetzt, doch spielten sie ihre Macht nicht wirklich aus. Michel de Montaigne beobachtete, daß Heiraten zwischen Katholiken und Protestanten täglich stattfänden; der Teil, «der am meisten Verlangen habe», nehme den Glauben des anderen an: «Solche Ehen bestehen zu Tausenden», erzählt er. «Unser Wirt zum Beispiel war Katholik, seine Frau Protestantin.»[11]

Der Philosoph hatte nur wenige Tage in Augsburg verbracht. So war ihm entgangen, daß unter der Asche eine gefährliche Glut glimmte. Zum Windstoß, der sie entzündete, wurde die Einführung eines reformierten Kalenders durch Papst Gregor XIII. Es ging darum, das Kalenderjahr dem Sonnenjahr anzugleichen; durch Überspringen von zehn Tagen und eine neue Schaltjahrregelung sollten die Verschiebungen, die sich seit der Einführung der Kalenderrechnung zur Zeit Caesars ergeben hatten, ausgeglichen werden. Die Maßnahme war sinnvoll. Aber sie hatte den Nachteil, daß sie aus Rom kam und sich in ihr der universale Anspruch des Heiligen Stuhles auszudrücken schien. In Augsburg verfügte der Rat die Annahme der Reform. Im Austausch mit dem katholischen Europa hätte sich sonst ein heilloses Chaos ergeben. Die Protestanten aber, aufgestachelt von ihrem Superintendenten Dr. Georg Müller, lebten unverdrossen dem alten Kalender nach. Um den Widerstand zu brechen, wies der Rat Anfang Juni 1584 den Scharfmacher aus. Daraufhin kam es zu schweren Unruhen, ein paar tausend Handwerker rotteten sich zusammen, Schüsse fielen, es gab Verwundete. Nur um Haaresbreite konnte eine blutige Eskalation vermieden werden. Einige besonnene Prediger wiegelten ab, zähmten die «große Furie» des gemeinen Volkes. Wie so oft erwies sich die große Bedeutung der Prediger als «Kommunikatoren» nicht nur in religiösen Dingen. Sie erscheinen als Meinungsführer, die den Menschen Orientierung vermittelten.

Wie im Blitzlicht läßt der Kalenderstreit für einen Augenblick die komplexen Strukturen der städtischen Gesellschaft scharf umrissen hervortreten. Als Hefe der Unruhen erweist sich die wirtschaftliche Not. So befanden sich viele arme Weber unter dem revoltierenden «Pöbel». Auch die Steuerordnung mit ihren die Reichen begünstigenden Klauseln bot Anlaß zu Gerede.[12] Ins Zentrum der Kritik gerieten die Fugger. Man warf ihnen vor, sich ihren Steuerpflichten zu entziehen und ohne Rücksicht auf die Wohnungsnot Häuser abbrechen zu lassen, um an deren Stelle Lustgärten anzulegen.

Zum die Krise verschärfenden Faktor wurde, daß die katholische Seite aufgerüstet hatte. Fuggersches Geld bildete das Fundament des Jesuitenkollegs St. Salvator, dessen Kirche gerade im Mai 1584 geweiht worden war. Damit hatten auch die «Papisten» ihre Kaderschmiede, eine höhere Schule, die nun Gegengewicht zum ruhmreichen protestantischen Gymnasium bei St. Anna wurde.

Konfessionelle Ressentiments und Unzufriedenheit mit den sozialen Verhältnissen bildeten ein explosives Gemisch. Der Rat ergriff Maßnahmen, um ein erneutes Aufflackern der Unruhen zu verhindern. Widerspenstige Prediger wurden durch loyale Leute ersetzt; man warb Söldner an, verlegte das städtische Waffenarsenal in die Innenstadt. Indes boykottierte ein harter Kern der Evangelischen noch lange die Gottesdienste der «Mietlinge», wie die neuengagierten Prediger verächtlich genannt wurden. Der Bierbrauer und Chronist Jerg Siedeler meinte, sie seien «teils Flaxianer, Calvinisten, Schwenckfelder etc. und weiß' nicht was für Rotten und Secten» gewesen.[13]

Noch überdeckte eine maßvolle, von sozialen Aktivitäten flankierte Ratspolitik die wachsenden konfessionellen Spannungen, die zur Formierung der Identität der Glaubensgemeinschaften beitrugen; doch waren die Dinge im Fluß. So unterscheiden die damaligen Quellen «Katholiken» und «Protestanten» kaum – ungeachtet der Hetze mancher Prediger und der Dispute der Kontroverstheologen. Im Alltag spielten konfessionelle Dinge eine untergeordnete Rolle. Es gab noch wenige spezifisch protestantische oder katholische Vornamen. Man arrangierte sich und pflegte, was eine «Toleranz der praktischen Rationalität» genannt worden ist.[14] Aber der Wind hatte sich gedreht. Er wehte allmählich schärfer und kälter, und er trieb dunkle Wolken übers Land. Der Kalenderstreit erwies sich im nachhinein als Wendepunkt, als ein tiefer Einschnitt in Augsburgs Religionsgeschichte.

IM ZEITALTER DER ANGST

Tatsächlich wird in den Chroniken der Zeit zusehends eine gedrückte, ja angstvolle Stimmung faßbar. Da waren zunächst beunruhigende Nachrichten aus dem Westen Europas: Man las vom Angriff der spanischen Armada auf England, registrierte ihren Untergang, je nach Konfession mit Furcht oder mit Erleichterung. Gerüchte gingen um, der Papst und seine Bundesgenossen planten einen Vernichtungskrieg gegen die Protestanten.[15] In Frankreich überstürzten sich die Ereignisse. Der vom Papst exkommunizierte und abgesetzte König Heinrich III. wurde am 1. August 1589 von einem Dominikanermönch ermordet. Es war das Ende der Dynastie der Valois, mit dem Nachfolger Heinrich von Navarra saß nun ein Protestant auf dem Thron. Frankreich schien im Bürgerkrieg, in dem Spanien kräftig mitmischte, unterzugehen. Tatsächlich mußte einem Beobachter der Zeitläufte um 1590 scheinen, die Welt berste, es brenne an allen Ecken und Enden. Heinrichs Konversion zum katholischen Glauben ein paar Jahre später verwirrte die Dinge noch mehr und kostete ihn auch in Augsburg die Sympathie protestantischer Chronisten.[16]

Am bedrohlichsten erschien der teuflische Widersacher des Abendlandes, «der Türke», dem Habsburg einen harten Abwehrkampf lieferte. Mit Flugschriften und Predigten wurde die Öffentlichkeit mobilisiert. Die Prediger forderten zum Türkengebet auf, über die Dächer der Städte dröhnte der Klang der Türkenglocken.[17] Auf den Reichstagen ging es fast nur noch um die osmanische Bedrohung, «eilende» Hilfen waren «Hauptwerk»; entlang der Militärgrenze, die von Oberungarn bis Kroatien reichte, konnte nur durch regelmäßige Tributzahlungen und «Verehrungen» an den Sultan – oft in Gestalt von Uhren und Automaten Augsburger Produktion – ein brüchiger Frieden aufrechterhalten werden.

Am Vorabend des «langen Türkenkrieges», der von 1593 bis 1606 andauerte, erfaßte den «gemeinen Mann» tiefe Furcht. Eschatologische Erwartungen und Hoffnungen auf eine umfassende Erneuerung der Welt waren in ganz Europa verbreitet.[18] Ängstlich, aber auch mit Hoffnung versuchte man, Gottes Zeichen zu entziffern. Man beobachtete die Sterne, betrieb Chiromantie, las die «Signaturen»[19] des Körpers und der Welt, die als Gottes Buch gelesen werden konnte. Die Logik solcher Auslegungen kam aus der Überzeugung, Gott habe die Welt sinnvoll geordnet. In den Augen der Menschen war die letzte Ursache allen Übels, der tiefste Grund von Krankheit, Hunger und selbst Krieg moralischer Natur. Sogar das Wetter erschien als vom Herrn gesandtes Verhängnis.

Und Satan? Gewiß, die «Fachleute» behaupteten, der Böse aller Bösen liege angekettet in den tiefsten Klüften der Hölle (Abb. 20). Droben in der Menschenwelt habe er keine Macht, was dort an Schlimmem vor-

Abb. 20 Der Engel fesselt Satan und stößt ihn in den Abgrund. Illustration zur Apokalypse des Johannes (Offb. 20,1-3). Holzschnitt aus Desiderius Erasmus von Rotterdam, Paraphrasis, Übersetzung von Leo Jud, Zürich 1542. Zürich, Zentralbibliothek, Alte Drucke (III D 9, fol. DLXIIIr)

komme, geschehe allein mit Zulassung des Herrn. Ganz sicher war man sich aber nicht, wie eng die Fesseln um Beelzebub geschlungen waren. «Der Teufel ist / mit seiner List / von uns Menschen nicht weit», reimte Notar Spreng.[20]

Gelegentlich zeigen sich Spuren eines Weltbildes, in dem der Teufel wirkliche Macht hatte (Abb. 21).[21] Wie er aussah, meinten manche genau zu wissen. Der englische Landadelige Reginald Scot beschrieb ihn als Dämon mit Hörnern und Schwanz, mit Feuer im Mund, riesigen Augen, die Waschschüsseln glichen, mit Hundezähnen, Bärenklauen, schwarzem Balg und einer Stimme wie der eines Löwen.[22] Er näherte sich Frauen, um sie zu verführen, als auf den ersten Blick gutaussehender Galan. Sein Glied und sein Samen, wurde gemunkelt, waren jedoch kalt wie Eis. Männer umgarnte Luzifer in Gestalt eines schönen Weibes.

Manche der imaginären Wirklichkeiten jener Epoche waren wie Alpträume. Die Menschen wußten sich in einer von magischen Kraftfeldern durchwirkten Welt, in der furchterregende Geschöpfe ihr Unwesen trieben. Auf mit Salbe beschmierten Gabeln rauschten Hexen zur Mitternacht über die Hausgiebel, trafen sich auf Bergen, Waldlichtungen oder Wiesen. Die bösen Weiber küßten dem Fürsten der Finsternis das Hinterteil, Unterteufel trieben Unzucht mit allem, was über Körperöffnungen verfügte. Schlangen wurden gefressen und Kröten, Hostien geschändet, und es wurde getanzt, bis der Morgen graute. Tagsüber machten die Unholde Hagel und Gewitter, ließen Menschen krank werden, verhexten das Vieh.

Abb. 21 *Der Teufel entführt eine Pfaffenmagd.* Kolorierter Holzschnitt, Einblattdruck, Straßburg 1550/1555. Zürich, Zentralbibliothek, Graphische Sammlung (PAS II 12/31)

Der Augsburger Chronist Kölderer weiß, daß Hexen Kindsleichen ausgraben, sie kochen und verspeisen.[23] Nach seiner Schätzung gab es allein in Augsburg 8 000 Hexen. An einer «Rumpelmesse», so berichtet er, hätten nicht weniger als 29 400 teilgenommen. Er kommt auf die Zahl, weil er gehört hat, der Spielmann habe 70 fl. erhalten; jede der Hexen habe ihm einen Heller geschenkt, wobei Kölderer einen Gulden zu 420 Hellern rechnete. Es ist ein merkwürdiges Beispiel für verrückte Rationalität, zugleich ein Hinweis darauf, in welchem Maß man sich von gefährlichen Dämonen umgeben, ja belagert wähnte. Das Buch «Lucifers Königreich und Seelengejaid» des bayerischen Hofratssekretärs Aegidius Albertinus ist ein neurotisches Elaborat, eine Schrift voll finsterer Dämonen, Nymphen und Gespenstern aller Art. Dazwischen spukten die Geister der Toten, etwa jener, die mit ihren irdischen Familien und Freundschaften haderten, weil die keine Messen für ihr Seelenheil lesen ließen und die Fürbitten vergaßen.[24]

Um sich vor der wilden Horde zu schützen, wurden Gegenkräfte mobilisiert, Engel, Heilige, Gott selbst; half das nicht, blieben die Möglichkeiten der Magie, die nicht mehr bittet, sondern Natur und Dämonen zwingt. Von der Religion läßt sie sich kaum scharf abgrenzen. Magische Praktiken, denen oft christliche Gebete untergemischt wurden, waren in allen Schichten im Gebrauch. Gelegentlich begegnen einem Pfarrer, die nicht nur die Riten ihrer Kirche anzuwenden wußten, sondern zugleich Zaubersprüche beherrschten, sich auf astrologische Prognosen, Schatzsuche und Teufelsbeschwörungen verstanden.[25]

Hexen waren reine Kopfgeburten – Ausformungen perverser Phantasien, die in gelehrten theologischen Texten, allen voran dem berüchtigten «Hexenhammer», Anknüpfungspunkte fanden. Darin traf man auf Indizienkataloge, die sich auf konkrete Personen anwenden ließen. Oft ging den Anklagen jahrelanges Gerede in der Nachbarschaft voraus. Am Ende genügte ein nebensächliches Mißgeschick, um aus einem alten Weib eine Superverbrecherin zu machen: Das Kind oder die Kuh erkrankten, die Gicht jagte einen Stich durch den Leib, die Milch wurde sauer … hatte nicht die Alte von nebenan im Vorbeigehen gestern ein paar Flüche gemurmelt? War es die Rache der Bettlerin, der die Gabe verweigert worden war? Und das unerträgliche Kopfweh, der höllische Schmerz in den Gliedern, hatte die der Teufel angehext?

In den Hexen schienen Ursachen für Unglück, das man nicht verstand, gefunden. Ihre bloße Existenz entlastete die Gesellschaft von eigener Schuld. Mit den Hexenbränden vollzog sie ihre Reinigung. Hatten die Hexen sich doch, so meinten die Theologen, aus freiem Entschluß dem Bösen ergeben, aus reiner Lust den Beischlaf mit ihm vollzogen. Während sich gegen das schlechte Wetter nicht viel ausrichten ließ – gegen jene Agentinnen und Handlanger des Bösen konnte man vorgehen. Die Vorstellung vom Sabbat, der die Hexenbrut zum bacchantischen Tanz vereinte, hatte fatale Folgen. Sie war Voraussetzung der Massenprozesse, die Europa im 16. und 17. Jahrhundert erlebte. Nach seriösen Schätzungen forderten sie 80 000, vielleicht 100 000 Opfer. Die Folter sollte ans Licht bringen, wer am schaurigen Ritual des Sabbats teilgenommen hatte. Sie war es, die einen Großteil der Hexen produzierte. Name um Name wurde aus den Opfern gepreßt, die Daumenschrauben drückten das Blut unter den Nägeln hervor, der Streckgalgen zog die Knochen aus den Gelenken. Wer noch dabei gewesen sei? wurde gefragt. Und wer noch? Wer noch …? Am Ende konnten es in einem einzigen Prozeß Hunderte und mehr sein.

VI
JENSEITS DES CHAOS: ALLTAGE UND FESTTAGE

Abb. 22 Zunftmahl. Zunftscheibe der Reutlinger Metzger, Glasmalerei von Endris Dittwerdt, 1586. Reutlingen, Heimatmuseum (806)

TAGESLÄUFE, NACHTGEFAHREN

treit, Folter, Verfolgung, Krieg und Hexenbrände waren nicht alles im konfessionellen Zeitalter. Selbst in jenen wilden Tagen lebten Menschen, die schwatzten und lachten, die Karten spielten und unter Bauchweh litten, die aßen, zechten, sich Witze erzählten. Sie schminkten und parfümierten sich, in ihren Köpfen schwebten Träume und drückten Sorgen. Sie stritten sich, lausten einander und schnitten sich gegenseitig die Haare, wenn das Geld für den Barbier gespart werden sollte. Es waren Leute, die Wünsche hegten und Begierden; die Sex hatten und unter Tränen ihre Lieben begruben ... kurz, die Menschen waren wie wir, deren Lebenswelt und Alltag sich indes von dem unseren in vielem unterschied.

Den Arbeitstag hat Altenstetter vermutlich mit dem Morgengrauen begonnen. Nach der «Morgensuppe» ging es ans Werk; das Mittagessen wurde früh (oft schon um zehn Uhr nach unserer Stundenzählung) eingenommen. Er dürfte mithin im Winter kürzer, im Sommer länger gearbeitet haben. Sein Speisezettel war eintöniger als unserer. Kraut, Rüben und Brei standen häufig darauf, auch Würste, ein wenig Fisch, Waldfrüchte und Obst. Oft wurden Suppen geschlürft, Suppen über Suppen: Apfelsuppen, Kohlsuppen, Reis- oder Quittensuppen,[1] Wasser- und Biersuppen. Fleisch, das wegen seines Preises selten auf den Tisch kam, mußte kräftig gewürzt werden, damit einsetzende Fäulnis nicht durchschmeckte. Der «gemeine Mann» aß schweres Roggenbrot, es konnte mit Koriander verfeinert, mit Fenchel oder Kümmel belegt sein. Wein galt als Delikatesse, jedenfalls wenn man fern der Anbaugebiete lebte. Getrunken wurden dunkles, etwas abgestanden schmeckendes Bier, Wasser, Obstsaft und Milch, seltener Wein, Met und Branntwein. Jene herrlichen Menus, die sich Montaigne genehmigte, konnte sich ein Handwerker kaum leisten; dem Philosophen reichte man Wild aller Art, Pasteten, Flußkrebse, edle, mit den Gängen abgestimmte Weine, Pfefferkuchen, Konfekt und andere Köstlichkeiten mehr. Obwohl, auch unser Altenstetter mußte als Vorgeher der Goldschmiede manches üppige Mahl über sich ergehen lassen, bei dem der Zunftpokal die Runde machte, man sich die Wänste mit Speck, Fischen und Kapaunen stopfte. Aus den Quellen, die von seinem Leben berichten, geht hervor, daß er mehr als einmal einen guten Schluck genossen haben dürfte.

Ein solcher Trunk gehörte damals zum Handwerkeralltag, zum Ritual von Vertragsabschlüssen. Er markierte den Punkt, von dem an eine geschlossene Vereinbarung gültig war.[2] Als der Augsburger Rat dem Uhrmacher Heinrich Frey Kneipenverbot erteilte, meinte der Gemaßregelte frech, er wolle lieber im Gefängnisturm verfaulen, als daß er sich die Wirtshäuser versperren lasse. Dieses Schicksal hätte den Frey um ein Haar ereilt: Man steckte ihn für acht Wochen in den Turm. Er mag ungeachtet seines diffizilen Handwerks ein Säufer vor dem Herrn gewesen sein. Doch ging es ihm wohl nicht einfach ums Zechen. Trinken zu dürfen war eine Frage der Ehre und außerdem nötig fürs Geschäft.

Gewiß legte Altenstetter den Stichel erst beiseite, wenn sich die Abendsonne in den schlierigen Fensterscheiben seiner Werkstatt brach. Dann ging es nach einem frühen Nachtmahl ins mit Gänsefedern oder Stroh versehene und vom «Leilach», einem Leinentuch, bedeckte Bett. Die Nacht – die geheimnisvolle frühneuzeitliche Nacht, die «Mutter der Angst»[3] – war damals noch nicht erobert. Sie gehörte dem kalten Mond mit seinen gefährlichen Wirkungen und den Melancholikern mit ihrem «lunatischen» Temperament. Sie gehörte den spießbewehrten Scharwachen auf den Stadtmauern, dem Türmer und den «Nachtkönigen», Arbeitern, die verkotete Aborte ausräumten; gehörte, wie zu allen Zeiten, den dämonischen Katzen, die lautlos durch die Gassen schnürten und an verborgenen Orten ihren dunklen Geschäften nachgingen.

Auch den Gespenstern, den wie Nebelhauch die Finsternis durchstreifenden Geistwesen, den schweigenden Heeren der Dämonen gehörte die Nacht. Man wußte von Wiedergängern und Werwölfen und fürchtete sich. In Italien wurde von schwertbewehrten Engeln erzählt, Boten des Todes, die nachts die Stadt durchstreiften. Die Bäuerinnen pflegten bei sinkender Sonne zu beten, daß nicht die Nachthexe komme und die Kinder aussauge, daß nicht Gespenster die Kreuzwege querten. Es läßt sich denken, welche Überwindung es kostete, sich zum Kräutersammeln in diese Nacht hinauszuwagen.

TRAUMZEIT

Wie immer war die Nacht auch in den Tagen der Kleinen Eiszeit die Zeit der Träume, oft schwerer, trauriger Fantasmen, in denen der Alp drückte und böse Vorahnungen nährte. Man hat jedenfalls beobachtet, daß der Tod, der auch am Tag hinter allen Ecken lauernde Mörder, in frühneuzeitlichen Träumen eine Hauptrolle spielte.[4] Giulio Cesare Croce erzählt in seinen «Sogni fantastici della notte», den «Phantastischen Träumen der Nacht» (1629), von Grotten, von Gesprächen mit dem Tod. Croce sitzt auf dem Buckel eines Bocks, balanciert auf einem Delphin, reitet auf Elefanten und Löwen und träumt davon zu fliegen. Dann wird er von Störchen in eine dunkle Höhle getragen, unter Tierkadavern begraben, ist im Herzen der Finsternis und in den Verliesen des Gestanks. Oder er findet sich wie ein Lepröser, verstümmelt, ohne Nase, mit verkrüppelten Füßen, daß er kriechen muß: Es sind Bilder wie vom «Höllen-Breughel» gemalt – literarische Erfindungen vielleicht, womöglich aber doch Spiegelungen der Wirklichkeit der Träume.[5] Giovanni Cardano publizierte 1563 eine Anleitung zur Auslegung von Träumen, die, wie er meinte, künftige Geschehnisse anzeigten; im elisabethanischen England war Thomas Hills Wegleitung für die Traumdeutung verbreitet – allesamt nützliche Anleitungen zur Beherrschung der Zukunft.[6]

Auch der Augsburger Chronist Kölderer suchte in seinen Träumen verschlüsselte Prophezeiungen.[7] In seiner Kindheit, um 1560, hatte er geträumt, es laufe eine große, dicke Sau in die Stadt. Nicht ganz rot und nicht ganz weiß sei sie gewesen, und ein Mann habe sich an sie gelehnt, als wolle er sie stützen. Erst im nachhinein, so sagt er, sei ihm klar geworden, daß die Erscheinung auf die Wirren des Kalenderstreits vorausgewiesen habe, auf das «Gewühl und Sauleben», das daraus erfolgt sei. Dann sieht er Bewaffnete am Heumarkt, die, als er passiert, die Waffen niederlegen und ihn zum Weberzunfthaus gehen lassen. Dort wird eine Botschaft verlesen. Er habe aber nicht verstanden, worum es ging, schreibt er: nur die Worte «Stättlein» und «Änderung». Veränderung, Wandel – diese Erfahrung einer Gegenwart, in der sich das Rad der Zeit rascher und rascher drehte, könnte sich also selbst in die Träume gestohlen haben.

HERZARBEIT UND GÄNSEMORD

In einem halbwegs wohlhabenden Haushalt waren die Bereiche, wo gewohnt, geschlafen und gespeist wurde, wo man sich Bücher vorlas oder sich liebte, vom Raum der Arbeit getrennt. Zum Essen ließ die Familie sich auf Sitzbänken nieder, die an den Wänden befestigt waren, und bockte den Tisch davor auf. Alle bedienten sich aus einer großen Schüssel, die in der Mitte des Tisches stand, fischten mit Hilfe eines Messers und der Finger nach Kraut, Fleisch und Rüben. Im Haus Altenstetter versammelten sich sieben, acht Personen um die Tafel: nebst Hausherrn, Ehefrau, Tochter und Magd die Lehrjungen und ein oder zwei Gesellen, dazu anfangs noch die alte Jägerin. Ob die Altenstetters Hunde und Katzen besaßen, womöglich weiteres Nutzvieh hielten, etwa Schweine, wie es in der Vorstadt üblich war?

«Freizeit» im modernen Sinn war noch unbekannt.[8] Müßiggang mischte sich mit Arbeit; anders wäre der lange, am Tageslicht orientierte Arbeitstag kaum zu bewältigen gewesen. Symbolisch dafür steht der Lehrbub auf Delaunes Stich, der, während alles um ihn herum arbeitet, in seinen Apfel beißt. Dafür war der Montagnachmittag gewöhnlich frei[9], dazu gab es viele Feiertage. Sie gehörten dem Gottesdienstbesuch, der frommen Erbauung – dem, was man «Herzarbeit» genannt hat.[10] Natürlich vergnügte man sich auch mit Tanz und Spiel. Montaigne berichtet von einem Schaufechten mit Dolch, Bihänder und Breitschwert; auch sah er einem Preisschießen mit Armbrust und Bogen zu, wahrscheinlich auf dem Katharinenfeld beim Stadtgraben, nordwestlich der Ulrichsbasilika.[11]

Gelegentlich wurden die Augsburger Zeugen patrizischer Lustbarkeiten. So berichtet die Chronistik zu 1590 vom Fastnachtstreiben der Jeunesse dorée auf dem Weinmarkt. Es waren derbe, «grobianische» Vergnügen, die sich die in Seide gewandeten Herren erlaubten. Sie ritten mit Spießen gegen einen hölzernen Mann, der sich, am richtigen Punkt getroffen, drehte und dem Reiter, preschte der nicht rasch weiter, eine Ohrfeige versetzte. Dann wurde eine lebende Gans kopfunter aufgehängt: Es galt, dem zappelnden, angstvoll schnatternden Vogel den Kopf abzureißen.[12]

Die Quellen deuten auch auf allerlei Bräuche hin, die zu besonderen Gelegenheiten zelebriert wurden und den Jahreslauf gliederten. Um Neujahr ließen sich Katholiken zur Nacht die Häuser ausräuchern, mit geweihten Kräutern oder Weihwasser. So sollte alles Böse gebannt werden, auch der «moralische Unrat» des abgelaufenen Jahres verwehte. Im Haus Octavian Secundus Fuggers wurden Anfang 1583 gleich drei solcher «Rauchnächte» gehalten.[13] Vom burlesken, gefährlichen Karneval des 16. Jahrhunderts, der die Welt auf den Kopf stellte, haben sich in Augsburgs Quellen kaum Spuren erhalten. Ab und an ist von «Mummereien» die Rede. Der Rat schätzte sie nicht, mochte sich doch hinter den Masken zwielichtiges Gesindel, das an Mord und Umsturz dachte, verbergen.[14] Am Palmsonntag schenkte man dem Nachwuchs Spielzeug – «Dockenwerk» – und zu Ostern rote Eier, die mit heiligen Szenen bemalt waren. Und zu Pfingsten besuchten Bauern Octavian Fugger, überreichten ihm Käse und sangen dazu. Am Nikolaustag schließlich erhielten die Kinder wiederum Spielzeug und Äpfel.

Was Altenstetter in seinen freien Stunden tat, wissen wir genauer als von anderen Handwerkern. Er kegelte mit Freunden im Garten, zechte, spielte am Brett.[15] Wir lesen von sonntäglichen Spaziergängen, die er, wenn das Wetter mitmachte, in und um Augsburg in Gesellschaft von Freunden oder Verwandten unternahm. Auch werden wir sehen, daß er, «jenseits» der Arbeit, religiöse Schriften las.

«UNDERN WESCHEN»

Konkret ist über sein Alltagsleben sonst wenig bekannt. Unsere Phantasie darf ihn vorerst in seiner Werkstatt lassen, wo er sich in Ruhe der Kunst des Emaillierens widmet und eine wachsende Zahl von Aufträgen erledigt. Er zieht um, in den nahen Bezirk «Undern Weschen», der in der Jakober Vorstadt liegt, aber zur Dompfarrei gehört.[16] Der Zufall fügt es, daß sich genau rekonstruieren läßt, in welchem Haus er nun für anderthalb Jahrzehnte wohnen wird. Das Gebäude, in dem er sich 1576 oder 1577 niederließ, ist im Steuerbuch vermerkt – «der Herren Fugger New Holzhaus», ein nicht mehr erhaltenes Gebäude an der heutigen Henisiusstraße. Es war ein zweigeschossiger, von Gärten umgebener Bau mit kleinem Vorhof, der auf Wolfgang Kilians detailgetreuer Vogelschauansicht Augsburgs gut identifizierbar ist (Abb. 42).[17] Vor dem von einem Dreiecksgiebel bekrönten Eingangsportal rauschte der «Lauterlech», einer der unzähligen Kanäle, die Augsburgs Handwerker mit Wasser versorgten. Nicht weit davon klapperte die Stadtgrabenmühle. Hinter dem Haus und in

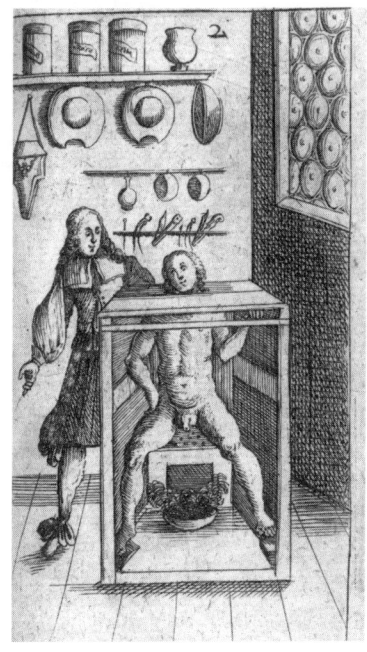

Abb. 23 Räucherkasten zur Behandlung der Syphilis. Kupferstich aus Joseph Schmid, Kurtzer, jedoch gewisser Bericht dreyer Erblicher kranckheiten, alss da sein, die Pest, Frantzosen und Scharbock, Augsburg 1702, Taf. 13, nach S. 364. Augsburg, Staats- und Stadtbibliothek

seiner Umgebung befanden sich Ziergärten. Man kann sich hier eine lichte Werkstatt, wie Delaune sie zeigt, gut vorstellen.

Anscheinend paßt eine solche komfortabel wirkende Wohnumgebung zur Stellung eines jungen Goldschmieds, der sich bereits ein ordentliches Vermögen erwirtschaftet hat. Und doch wirft der Umzug ein Rätsel auf. Die harmlose Bezeichnung «Holzhaus» verweist nämlich auf eine wenig anheimelnde Funktion des Gebäudes: Es sollte offenbar dazu dienen, mit den «bösen Blattern» infizierte Bürger und Untertanen der Fugger zu behandeln. In seinem dritten Testament vom 26. Juli 1560 hatte Anton Fugger die Summe von 28 000 fl. dafür und für den Bau eines «Schneidhauses», einer Art chirurgischer Klinik, hinterlassen. Das Holzhaus wurde in der Tat 1571 errichtet.[18] Daher erscheint es im Steuerbuch zu Recht als «neu».

Die Bezeichnung des Gebäudes, das, wie der Augenschein zeigt, aus Stein gebaut war, kam daher, daß zur Behandlung des Leidens Holz vom südamerikanischen Gujakbaum benutzt wurde.[19] Die Kranken mußten einen Sud des Guaiacums, das dank der Fuggerschen Handelsverbindungen leicht zu beschaffen war, trinken und wurden mit rabiaten Schwitzkuren traktiert (Abb. 23). Erst wenn der Zustand des Patienten besorgniserregend war, wandten die Ärzte Quecksilbertherapien an und schickten sie «in den Rauch» in eine Stube im Untergeschoß des Holzhauses. Dort mußten sie die Dämpfe einer infernalischen Mischung aus Zinnober, Kräutern und Gewürzen wie Myrrhe, Weihrauch und getrockneten Muskatblüten inhalieren.[20]

Warum hielt sich ein gutsituierter Goldschmied in der Gesellschaft von Menschen auf, die unter einer als ansteckend geltenden, zudem moralisch anrüchigen Krankheit litten? Dazu fällt auf, daß Altenstetter keine besonders gute Wohngegend gewählt hatte. Das städtische Blatterhaus war nahe; nicht weit vom «Holzhaus» wohnte der Henker, ein Mann, mit dem man jeden Kontakt zu vermeiden suchte, galt er doch als infam, als ein Paria. Die meisten Leute im Steuerbezirk «Undern Weschen» waren im übrigen arme Teufel. Viele arbeiteten im Weberhandwerk, einem notorisch notleidenden Berufsstand.[21]

Wüßten wir es nicht besser, wir würden Altenstetter selbst für einen Außenseiter halten. Oder gab es dunkle Flecken in seiner Vita, die wir noch nicht kennen und die diese Widersprüche auflösen könnten? Daß er selbst an den Blattern litt, ist unwahrscheinlich. Nebenbei bemerkt, könnte seine Wohnsituation einen Hinweis darauf liefern, wie der Kontakt zu Valentin Drausch zustande gekommen war, der sich – wir erinnern uns – die Lustkrankheit in Landshut eingefangen hatte.

Ökonomisch ging es mit Altenstetter bergauf. Schon 1578 wird im Steuerbuch vermerkt, daß der Goldschmied und seine Frau sich nun eine Dienerin leisten konnten. Der Vermerk «per [= für] seine Dienerin» oder «per Magd» taucht von nun an häufig hinter dem Namen des Hausherrn auf. Er muß bald noch über weiteres Gesinde verfügt haben.[22] Auf Altenstetters häusliche Ökonomie wirkte sich außerdem günstig aus, daß endlich die Rechnung mit München gemacht werden konnte.

VII
FREUNDE, FEINDE, AUFTRAGGEBER

Abb. 24 Wappen David Altenstetters. Aus der Wappentafel der Vorgeher und Geschaumeister der Augsburger Goldschmiede, 1548-1660. Augsburg, Kunstsammlungen und Museen, Maximilianmuseum (2693)

DRAUSCHS RÜCKKEHR

Eskortiert von dem kaiserlichen Furier Gregor Bönl und dessen Diener war Valentin Drausch im Juni 1585 endlich aus Prag abgereist und nach München zurückgekehrt. Vermutlich zog er mit gemischten Gefühlen in der Residenzstadt ein, sollte es doch an die große Abrechnung mit dem Herzog gehen. Wider Erwarten nahm Wilhelm den Edelsteinschneider zunächst gnädig auf. An das Zahlenwerk konnte man sich ja später machen. Angenehmer war es, von Kunst zu reden. Und Wilhelm V. hatte wie üblich zwar erheblichen Mangel an Barem, nicht aber an Ideen und Wünschen. Drausch scheint seinem «Mäzen» in einem Punkt ähnlich gewesen zu sein: Beide waren in finanzieller Hinsicht Chaoten. Mit der Zeit war ein heilloser Abrechnungswirrwarr entstanden, dessen Entflechtung selbst der hartgesottenen bayerischen Hofbürokratie nicht gelingen sollte.

Heikel war es für Drausch, nach Augsburg zu fahren. Zwar gab es nur hier Handwerker, die in der Lage waren, Kunst in der von Wilhelm gewünschten Qualität zu liefern. Doch lauerten am Lech eben auch unangenehme, zornige Gläubiger. Rentmeister Schleich wußte ein Lied davon zu singen, zu was um ihr Geld bangende Schwaben fähig waren. Drausch wird froh gewesen sein, Bönl an seiner Seite zu wissen.

Der Quartiermeister des Kaisers hatte eigentlich den Auftrag, seinen Schützling möglichst rasch wieder zurück nach Prag zu lotsen. Doch scheint er die Reise in Gesellschaft des lustigen Elsässers dem Hofdienst entschieden vorgezogen zu haben. Im September fand sich das Duo in der Reichsstadt ein, wieder kein Geld, dafür ein großes Projekt im Gepäck. Drausch sollte einen Kunstschrank aus Ebenholz, der einen Altar und eine Uhr enthielt und zudem als Schreibtisch taugte, anfertigen lassen. Als Goldschmied wurde derselbe Elias Waldvogel engagiert, der schon an dem ominösen, noch nicht ganz bezahlten Großunternehmen der Zeit um 1578 mitgewirkt hatte.[1] Es war ein 700-Gulden-Auftrag, der das Klagelied des Waldvogel vorerst zum Verstummen gebracht haben dürfte. Die anderen Gläubiger wurden auf klassische Weise ruhiggestellt. Eine Abrechnung verrät, daß zwischen September und Dezember 57 Gulden 47 Kreuzer an «Extraordinari»-Wirtshausrechnungen angefallen waren. Drausch, so wurde die Ausgabe gerechtfertigt, habe eben mit vielen Handwerksleuten zu tun gehabt, sie «nothalber» zum Essen einladen, wenigstens einen Trunk tun müssen. Der Augsburg-Aufenthalt Drauschs und Bönls muß so zeitweilig zur veritablen Sauftour entartet sein. Vorerst lautete das Motto jedenfalls «zechen statt zahlen»; allein Waldvogel wurde abgefunden, aber vorerst erhielt auch er nur Geld für den neuen Auftrag.

Im kalten Januar 1586 kehrten Drausch und Bönl samt der fertigen Ebenholztruhe nach München zurück. Hier ging es endlich an das Auseinanderdividieren von halbseidenen und plausiblen Forderungen und Gegenforderungen. Im ersten Schwung wurde entschieden, die offenen Rechnungen Altenstetters, Waldvogels und Fesenmairs zu begleichen. Die drei wurden in das Fuggersche Geschäftshaus am Augsburger Rindermarkt bestellt, ins Herz der Konzernverwaltung. Es war ein legendärer Ort. Hier hatten sich früher die Schicksale von Kaisern und Königen entschieden. Da standen die drei Goldschmiede nun in gespannter Erwartung in der legendären Goldenen Schreibstube; etwas beklommen gewiß kneteten sie ihre Kopfbedeckungen in den Händen. Tatsächlich wurde ihnen ihr Geld ausbezahlt.[2] Altenstetters Anteil belief sich auf genau 1623 Gulden 7 Kreuzer. Ihm dürfte ein Stein vom Herzen gefallen sein, daß er überhaupt Geld sah; da war zu verschmerzen, daß er wie seine Kollegen die Forderung nach Verzugszinsen – insgesamt 639 fl. – fallenlassen mußte.[3]

Und Drausch? Er hatte für den Augsburger Großauftrag 1715 Gulden ausgelegt, das gestanden selbst die Rechner Wilhelms V. ein. Dazu kamen weitere Summen in bald fünfstelliger Höhe. Ohne rechte Aussicht, Geld aus München zu erhalten, machte Drausch Schulden über Schulden, versetzte Schmuck und Juwelen bei Günzburger Juden.[4] Selbst die Wirtshausrechnungen wurden nicht mit Barem, sondern mit goldenen Halsbändern beglichen. Aufpasser Bönl entwickelte sich immer mehr zum getreuen Eckehard und versuchte, die leidige Abrechnung mit dem Herzog voranzubringen, denn die Erledigung der Angelegenheit war Voraussetzung dafür, daß sein Schützling nach Prag zurückkehren konnte. Drauschs Forderungen addierten sich am Ende auf über 43 000 fl., nach Meinung Bönls sogar auf 56 279 fl.

Die Chancen, dieses Geld zu erhalten, standen nicht gut, zumal in den Sternen stand, in welchem Umfang die Forderungen berechtigt waren oder nicht. Auch die 1715 Gulden, die er für die Bezahlung der Augsburger vorgestreckt hatte, sollte er niemals wiedersehen. 1587 stand Bayern am Rand des finanziellen Zusammenbruchs. Seit dem Kölner Krieg waren die herzoglichen Finanzen zerrütteter denn je. Die Schulden kletterten unaufhaltsam, sie sollten in den neunziger Jahren auf nahezu 5 Millionen Gulden ansteigen. Darin lag der Grund dafür, daß Wilhelm V. schließlich abdanken und die Herrschaft seinem Sohn Maximilian abtreten mußte.

Augsburger Gläubiger, denen Drausch über 14 000 Gulden schuldete, erreichten, daß der Elsässer in Haft genommen wurde; die herzoglichen Bürokraten machten gegenüber seinen Forderungen die Gegenrechnung auf. Unversehens verlangte auch noch Bönl aus unklaren Gründen eine hohe Summe. Der Augsburger Rat schob den unliebsamen Gefangenen schließlich nach München ab, wo er zunächst im Falkenturm landete, dann unter Hausarrest gestellt wurde. Da kam, im Januar 1589, nochmals Kaiser Rudolf zu Hilfe: Er verlangte von Wilhelm V., den Edelsteinschneider ausgeliefert zu bekommen. Auch den Augsburgern gebühre es keineswegs, ihn, einen kaiserlichen Diener, ins Gefängnis zu stecken.[5] Trotzdem wurde er wieder in die Reichsstadt gebracht, wo man ihn in den Schuldturm warf. Das war zuviel. Drausch fiel in geistige Umnachtung. Seiner Familie gelang es, den Goldschmied in aller Stille nach Straßburg zu holen, wo der damals erst 45jährige fortan im Haus seines Bruders Ambrosius lebte. Um das Geld, das durch seine Hände gegangen war, wurde zwischen Augsburg, Prag, Straßburg und München noch über zwei Jahrzehnte lang gestritten. Drausch selbst starb 1610.

VORGEHER

Altenstetter war also einigermaßen ungeschoren aus dem komplizierten Geschäft hervorgegangen. Um seine Finanzen blieb es gut bestellt. Zudem reüssierte er im Handwerk. 1587 wurde er zum ersten Mal Vorgeher.[6] In dieser Funktion vertrat er gemeinsam mit einem Kollegen – zeitweilig war es der Freund und Trauzeuge Siebenbürger – die Goldschmiede gegenüber der Obrigkeit. Namens der Korporation bezahlte er Steuern für ihr Stiftungsvermögen;[7] auch verantwortete er die Abrechnung von Strafgeldern. Wichtigste Aufgabe der Vorgeher war es, die Einhaltung der Handwerksordnung zu überwachen. Ihr Eid verpflichtete sie darauf, bei Verstößen «den Reichen wie den Armen, und den Armen wie den Reichen» zu strafen, niemanden zu verschonen, «unangesehen Verwandtschaft, Freundschaft, Feindschaft, Neid, Haß und aller anderen menschlichen Affection». Wer die Vorgeher beschimpfte, konnte in den Eisen darüber nachdenken, was das Wort «Respekt» bedeutete.[8]

Altenstetter wird sein Amt, wie üblich, für ein Jahr innehaben;[9] bis 1595 wurde er fünfmal wiedergewählt.[10] Spuren seiner Würde finden sich auf dem Pokal der Goldschmiede und der Wappentafel der Vorgeher: Er durfte sein Meisterzeichen dort zeigen, einen gekrönten Adlerkopf (Abb. 24).[11] Auch wurde er in den Großen Rat berufen. Dies war für einen Goldschmied nicht ungewöhnlich; sein Handwerk war in diesem Gremium überproportional vertreten.[12] Ein «Zugereister» dürfte es aber doch als Ehre empfunden haben, zum Mitglied dieser Honoratiorenversammlung bestimmt worden zu sein. Neben Patriziern und Kaufleuten gehörten ihr in erster Linie wohlhabende Mitglieder angesehener Handwerke an. Die eigentliche Macht lag beim «Kleinen Rat» und bei den «Geheimen», fünf Ratsherren und den beiden «Stadtpflegern».[13]

HAMMER, NICHT AMBOSS: DER «UHRENSTREIT»

Dann ist es doch wieder ein Streit – im Spätherbst 1588 –, der Licht auf das Alltagsgeschäft unseres Goldschmieds wirft und Vorstellungen davon vermittelt, wie er zu seinem Vermögen kam. Es ging darum, daß Altenstetter bei Augsburger Uhrmachern Uhren erwarb, diese mit aufwendig verzierten Gehäusen versah und dann erheblich teurer weiterverkaufte.[14] Welchen Rang die so entstandenen Pretiosen hatten, zeigt ein noch erhaltenes Hauptwerk Altenstetters, eine für den Kaiserhof in Prag bestimmte Tischuhr (Taf. II, III). Auch ein winziges, nur etwas über acht Zentimeter hohes Ührlein, das sich heute in London befindet, könnte von Altenstetter geschmückt worden sein (Abb. 25).[15]

Der Streit hat die schwierige wirtschaftliche Situation des späten 16. Jahrhunderts als Hintergrund. Er zeigt nebenbei ein Stück Realität im arbeitsteiligen Augsburger Kunsthandwerk. Aus dem alten Papier, auf dem die Kontroverse verzeichnet ist, klingt ein deftiger Handwerkerdisput in unsere Zeit hinüber, gelegentlich ist die Sprache von Wirtshaus und Gasse zu hören.

Das Schmiedehandwerk, dem die Uhrmacher angehörten, wollte Altenstetter bestrafen lassen, weil er gegen ihre Handwerksordnung verstoßen habe. Zum «Gespött und Frohlocken» habe der Goldschmied ganz offen gesagt, er könne Uhren machen lassen und sie nach Belieben verkaufen. Tatsächlich habe er erst vor wenigen Tagen eine solche Uhr um ungefähr 200 Gulden verkauft. Die Schmiede forderten, er müsse deshalb die gebührende Buße, nämlich jeden «dritten Pfennig» – also ein Drittel des Wertes –, entrichten. Nur wer die Schmiedegerechtigkeit besitze – und der Altenstetter besitze sie nicht –, dürfe Uhren und dergleichen Ware verkaufen und damit «hausieren». Tatsächlich war Zwischenhandel frühneuzeitlichen Obrigkeiten ein Greuel. Durch «Fürkauf», wie man das nannte, verteuerten sich die Waren, die Handwerker wurden um verdienten Lohn, der Staat um Steuern gebracht. Deshalb war es den Goldschmieden verboten, Ware außerhalb ihrer Werkstätten zu verkaufen.[16]

Altenstetter hatte Glück, daß er gerade zum Vorgeher seines Handwerks ernannt worden war. So konnte er namens der Korporation antworten und einen Notar, Georg Danbeck, beschäftigen, der die Replik mit lateinischen Formulierungen spickte. Der Jurist war wie sein Kollege Spreng Meistersinger. Er ist als Schöpfer der «süßen Klagweis» bekannt, praktizierte im Streit mit den Schmieden aber ziemlich rauhe Töne.[17] Vehement widersprach Altenstetter der Anklage, Fürkauf betrieben zu haben. Die Goldschmiede veredelten die Uhrgehäuse «mit Gold, Edelgesteinen, Silber und Anderem», so daß sie am Ende wertvoller seien als die

Abb. 25 Miniaturtischuhr.
Gehäuse: Silber, vergoldet
und emailliert, Uhrwerk:
Eisen, Höhe 8,2 cm,
Augsburg, 1595-1605.
London, The British
Museum, C. O. Morgan
Collection (88, 21-1, 130)

Uhr selbst.[18] Warum sollte redlichen Meistern verboten sein, solche Gehäuse zu fertigen, und wieso sollten sie dieses Geschäft irgendwelchen «Stümpern» überlassen? Die Uhrmacher sollten froh sein, daß die Goldschmiede bei ihnen einkauften – Schaden hätten sie davon nicht! Der Kern der Argumentation war, daß letztlich weniger die Uhr als die sie umfassende Goldschmiedearbeit verkauft werde.

Wir werden Altenstetter noch als feinsinnigen Mann kennenlernen, als ernsthaften Grübler, der sich in schwierige theologische Fragen vertieft. Im Streit mit den Uhrmachern zeigt sich, daß er, wenn es not tat, auch kräftig austeilen konnte. Was seine, Altenstetters, Person, die diesen unruhigen Leuten vor allem «im Maul liege», betreffe, lägen die Dinge folgendermaßen: Vor dem Laden des Schwertfegers Hieronymus Braun sei er mit Thoma Geiger, dem Vorgeher der Schmiede, in Streit geraten. Der Geiger habe gesagt, ehe er hinnehme, daß die Goldschmiede mit Uhren handeln dürften, wolle er sein Hab und Gut gegen ihn, Altenstetter, verprozessieren. Man merkt bei der Lektüre des Schriftsatzes, daß Altenstetter nun der Kragen geplatzt sein muß. Er sei nicht seine Obrigkeit, so habe er Geiger angeherrscht, habe ihm «weder anzuschaffen noch zu gebieten». Eigentlich sei er, so meinte Altenstetter entschuldigend, nicht hochmütig, doch sei er halt von dem Geiger provoziert worden. In der Tat habe er aber eine Uhr für 200 Gulden verkauft, schon um zu demonstrieren, daß die Goldschmiede sich nicht scheuten, ihr Recht wahrzunehmen. Der Vorwurf, er habe mit Uhren hausiert, sei dagegen erdichtet. Die Uhrmacher würden ihn «zu ewigen Tagen» nimmermehr beweisen können, denn er habe die Uhren bei sich zu Hause und nicht, wie sie sich «einbildeten», im geheimen verkauft. Darum hätten sie sich ihren Angriff wohl ersparen können, aber der Neid lasse sich im Herzen nicht verbergen, er müsse am Ende durch Zunge und Feder herausbrechen. Kurz, der Rat möge diesem «gräuslichen Unfug» wehren.

Die Schmiede blieben ihrem Widerpart nichts schuldig. Der Altenstetter sei «dieser Neuerung und Unruhe Anfänger» und Ursache der Zerrüttung zwischen den Handwerken, die bisher in Freundschaft und «aller Friedsamkeit» zusammengelebt hätten. Schon lange habe er Uhren verkauft, sei auch mit ihnen hausieren gegangen. So möge der Rat ihn auch für den Verkauf der 200-Gulden-Uhr strafen.

Altenstetter bestritt in einem neuen Schriftsatz nicht, von einem «vornehmen Herrn» vor einem Jahr angesprochen worden zu sein, ob er ihm nicht gute Ührlein verschaffen könne; der habe ihm auch die gewünschte «Facon» angegeben, also einen Entwurf geliefert. Daraufhin sei er, Altenstetter, zu dem Uhrmacher Niklaus Schmid, dem damaligen Vorgeher, gegangen und habe fünf Uhren gekauft, um sie zu überarbeiten. Vier davon habe sein Auftraggeber erworben. Schmid habe sich das Geld bei jenem Herrn selbst abgeholt, sich bei ihm «höchlich bedankt» und ihn mit einem «Trunk» beehrt.

Zum Schluß wird Altenstetter grundsätzlicher. Er weist darauf hin, welche Folgen ein Verbot für die Goldschmiede, Uhren zu kaufen und umzugestalten, haben müßte. Sie könnten dann zum Beispiel auch keine Waffen, Dolche oder Messer mehr mit Silber beschlagen – genau solche Arbeiten hat er selbst gelegentlich gefertigt. Dasselbe Problem ergebe sich bei der Herstellung von Schreibtischen. Würde man den Goldschmieden den Kauf der Tische untersagen, müsse der Auftraggeber getrennt mit Kistler, Schlosser und Uhrmacher verhandeln; das waren alles Handwerke, die bei der Produktion solcher Luxusmöbel zusammenwirkten. Das aber wäre widersinnig, meinte Altenstetter, «absurtissimum». Verböte der Rat den Goldschmieden den Kauf von Uhren in Augsburg, würden sie diese eben anderswo erwerben. Die Schmiede sollten ruhig lamentieren, schreien und pochen, wie sie wollten, kein Unparteiischer könne ihr Begehren billigen. So sei es sinnlos, noch eine weitere mündliche Verhandlung anzusetzen, habe man die Schmiede doch inzwischen mit ihren langen und unnützen Schriftsätzen zur Genüge gehört.

Die deutlichen Worte verfehlten ihre Wirkung nicht; Altenstetter hatte auf der ganzen Linie Erfolg. Der Rat stellte fest, er habe sich keine Verfehlung zuschulden kommen lassen.

KUNST FÜR DIE FUGGER

Daß Altenstetter «höheren Orts» wohlgelitten blieb, zeigt eine Notiz in den städtischen Ausgaberechnungen. 1589 wird er dafür bezahlt, daß er Silberbecher mit dem Stadtwappen schmückt.[19] Im Jahr darauf wird er für die berühmteste Familie Augsburgs, die Fugger, tätig. Im Auftrag Hans Fuggers bearbeitet er gemeinsam mit einigen Kollegen[20] Bronzefiguren, die für den Mars-Venus-Brunnen Hubert Gerhards im Park von Schloß Kirchheim, einem Fuggerschen Landsitz im Südwesten Augsburgs, bestimmt sind.[21] Die Hauptgruppe des Werks sind Mars und Venus bei handfestem erotischen Spiel (Abb. 26).

Den Guß hatten Martin Frey und Peter Wagner in Augsburg gemacht. Welcher Kunst – im Wortsinn «technischen Geschicks» – es bedurfte, die Figuren herzustellen, läßt sich leicht ermessen. Sollte das Werk den Meister loben, mußte mit größter Umsicht gearbeitet werden. Die Ausflußkanäle für das Wachs, mit dem die Figur vorgebildet wurde, und die Entlüftungsröhren waren sachgerecht anzusetzen; dann wurde die von Ton umschlossene Rohform in die Dammgrube gesenkt. Es galt, zentnerweise Bronze zu bereiten: Für die Monumentalfiguren mußte vielleicht 10, 15 Stunden lang Metall gekocht, dabei klafterweise Holz verfeuert werden.[22] Dann folgte der dramatische Moment, in dem die 1200 Grad heiße Legierung in die Gußröhren gestürzt wurde, darauf der nicht weniger

Abb. 26 Mars, Venus und Amor. Bronzeskulptur von Hubert Gerhard, 1590. München, Bayerisches Nationalmuseum (R 6986)

spannende Augenblick, wenn der tönerne Mantel abgeschlagen wurde und sich zeigte, ob der Guß gelungen war. Erst jetzt kam die Stunde der Goldschmiede. Sie mußten die rauhen Oberflächen abfeilen, polieren, ziselieren. Es war eine schwierige, mühevolle Arbeit, die oft nicht schlechter entlohnt war als die kreative Kunst des Bildhauers.

Einen direkten Beleg dafür, daß Altenstetter auch künstlerisch anspruchsvolle Aufträge vom Hause Fugger erhielt, gibt es bisher nicht, wohl aber einige Spuren. So fertigte um 1600 ein unbekannter Künstler eine Zeichnung, die sich heute in der Sammlung des Fürsten zu Waldburg-Wolfegg befindet. Sie wird dem «Umkreis» David Altenstetters zugeschrieben (Taf. XVI).[23] Es ist die außerordentlich sorgfältig ausgeführte Darstellung eines Goldpokals, der tatsächlich den Stil unseres Meisters erkennen läßt.[24] Die Ornamente könnte Etienne Delaune erfunden haben.

Der Besitzer des prächtigen Stücks muß mit Bergwerken oder Metallgeschäften zu tun gehabt haben. Den Ständer des Pokals macht ein kniender Bergknappe, auf dem Deckel steht ein vornehmer Herr, der ein Stück Edelmetall, die Frucht des Bergbaus, in der Rechten hält. Auch die Ornamente spielen auf das Thema Bergbau an. Vielleicht gehörte die Zeichnung Philipp Eduard Fugger, aus dessen Nachlaß weitere Objekte nach Wolfegg gelangten. Der Prunkpokal hätte jedenfalls gut in den Palast eines Fugger gepaßt, war doch ein guter Teil Fuggerschen Reichtums aus dem Berg gegraben worden.

Octavian Secundus, gemeinsam mit seinem Bruder Chef des Handelshauses «Georg Fuggerische Erben», war ein großer Kunstsammler. Daß er Altenstetter kannte, ist so gut wie sicher. Octavian war damals einer der beiden «Baumeister» Augsburgs, hatte demgemäß mit den kleinen städtischen Aufträgen zu tun, die in den Ausgaberechnungen der Stadt verzeichnet sind.[25] Nach Ausweis seines «Hauptbuches» ließ er 1589 zu einem «silbernen Ührlein» in silbernem Gehäuse ein «silbernes geschmelztes Plättlein» machen.[26] Ob Altenstetter hier im Spiel war – solche Applikationen waren ja seine Spezialität –, wissen wir nicht. Daß sich hinter dem «vornehmen Herrn», den Altenstetter im Streit mit den Uhrmachern erwähnt, ein Fugger verbarg, ist aber alles andere als ausgeschlossen.

Freunde und Schwäger, die als Vermittler des Kontakts zum Haus Fugger in Frage kommen, finden sich in seiner Umgebung in Fülle: Neben dem Jäger-Clan mit seinen alten Beziehungen zu den Fuggern ist da Elias Schemel, eine Art «Hausmaler» in Diensten des Octavian Secundus Fugger. Er begegnet uns mit Altenstetter gemeinsam als Bürge eines Freundes oder Bekannten, des Arztes Dr. Tobias Kneulin. Und da ist der Notar Dr. Johannes Spreng, zu dessen prominentesten Klienten die Fugger zählten.

ALTENSTETTERS FREUNDE: HANDWERKER, ÄRZTE UND EIN SINGENDER NOTAR

Um 1596 leistet sich Altenstetter den Luxus, einen Garten zu mieten, ein «bestand gärtle», wie man damals sagte. Inzwischen muß sein Vermögen weiter gewachsen sein, denn er zahlte nun zwei Gulden Steuern. Auch persönliches Glück stellte sich ein. Im Steuerbuch von 1591 wird erwähnt, daß er für «sein Töchterlein» Steuern bezahlte.[27] Wahrscheinlich ist es jene Katharina Altenstetter – sie trägt denselben Namen wie die Mutter –, die 1602 den Arzt Dr. Adolph Occo heiraten wird.[28] Übrigens standen auch die Occo mit den Fuggern in besten Beziehungen, obwohl sie fest im Luthertum verwurzelt waren.[29] Überhaupt sind die weiteren Netzwerke unseres Goldschmieds zum Staunen.

Einer von Altenstetters ältesten Freunden war der schon erwähnte «Notari» Dr. Johannes Spreng, ein hochgebildeter Mann.[30] 1524 geboren, hatte er in Wittenberg studiert, danach an Augsburgs protestantischer Kaderschmiede, dem Anna-Gymnasium, unterrichtet. Darauf setzte er sein Studium fort, diesmal im calvinistischen Heidelberg, wo er auch den Doktortitel erwarb. Als kaiserlicher Notar wirkte er fortan in Augsburg. Sprengs noch erhaltenes Archiv ist ein Stoß Erinnerungsschachteln von erstrangiger Bedeutung. Viele der aus schwerem Pergament gefertigten Dokumente zeigen sein Signet, ein «sprengendes», geflügeltes Roß, dazu das Motto: «Mortalia facta peribunt», «Die sterblichen Taten werden vergehen». Aus dieser Einsicht wandte er sich gelegentlich dem Unsterblichen zu: dem Gesang und der Dichtkunst.

Wie Georg Danbeck und Clemens Jäger war Spreng Meistersinger. Er hat nicht weniger als 306 Meisterlieder verfaßt, dazu neben anderem lateinische Gedichte und Übersetzungen antiker Autoren. Das Urteil des Theologen und Barockpoeten Erdmann Neumeister, Spreng sei nur ein «Krächzer», ist ein wenig hart.[31] Ein neuerer Autor schreibt, er füge sich keinem Klischee: «Als Meistersinger steht er den Handwerkern nahe, die seine Lieder singen und abschreiben, als Notar arbeitet er Notariatsinstrumente für die Fugger und Welser aus, und als Magister wagt er sich übersetzend und auslegend an Spitzenwerke antiker Literatur, an Vergils Äneis, Ovids Metamorphosen und Homers Ilias.»[32] Die «Metamorphosen» Ovids brachte er 1563 heraus, ein Jahr darauf folgte eine deutsche Übersetzung. Sprengs Übertragungen der «Ilias» und der «Aeneis» dann sind die ersten gereimten deutschen Versionen der beiden Epen. Die Übersetzung der «Metamorphosen» publizierte der Frankfurter Verleger Siegmund Feyerabend. In zweiter Auflage erschien sie 1571. Sie enthielt 178 Holzschnitte, die Virgil Solis nach dem Vorbild einer französischen Ausgabe von 1557 gestaltet hatte.[33] Kunsthandwerker fanden hier Muster für ihre Arbeit. Spreng schreibt, er habe Ovids Werk übersetzt, daß es dem «gemeinen Laien» zugänglich werde, «daneben auch vielen Handwerksleuten, besonders den Goldschmieden, Malern, Formschneidern [...] der Figuren halben, dienlich» sein möge.[34]

Spreng hat sich wie andere Autoren seiner Zeit bemüht, aus dem heidnischen Werk eine christliche Moral zu ziehen; tatsächlich seien solche Lehren, so meinte er zu wissen, «auf verdeckte Weise» darin enthalten. Seine Kommentare, die auf eine französische Vorlage zurückgehen, stehen in der Tradition des «Ovide moralisé», des «moralisierten» Ovid. Wieder und wieder wird die Leserschaft ermahnt, Laster und Sünden zu hassen, Satan zu widerstehen, ein gottgefälliges Leben zu führen.[35] Der Teufel lauert fast in jeder Zeile. Spreng greift eine alte theologische Tradition auf, wenn er in den heidnischen Göttern, in Apoll oder Jupiter, Maskeraden des Bösen sieht. Er mahnt, die «Mittelstraß der Tugend zu wandeln», um nicht als «grimme wilde Tier, Stöck' und Blöck', harte Stein' und rauhe Felsen» zu enden.[36]

Altenstetter selbst hat nicht bei den Meistersingern mitgewirkt. Danbeck ging ihm wohl nur als Notar zur Hand. Mit Spreng war er dagegen, wie wir noch sehen werden, enger verbunden. Ein weiterer Freund Altenstetters war der Arzt Dr. Carl Widemann – auch über ihn später mehr –, dann der 46jährige Glaser Potiphar Kneulin. Mit ihm stand er seit seinen Augsburger Anfangsjahren in Beziehung. Zusammen mit Wilhelm Heckenauer erscheint der «ehrbare und vornehme» David Altenstetter 1584 als Testamentsvollstrecker von Kneulins Frau Regina Trost; beide Männer werden in diesem Dokument ihre «vertrauten, lieben und guten Freunde» genannt.[37]

Kneulin muß ziemlich wohlhabend gewesen sein. Er wohnte am Perlachberg, in einem Bezirk mit dem altertümlichen, ein wenig unheimlich klingenden Namen «Vom Mordigel».[38] Sein Bruder, Dr. Tobias Kneulin, war ein angesehener Arzt. Anscheinend versah er seinen Dienst zeitweilig in der Fuggerei, der von Jakob Fugger dem Reichen begründeten Sozialsiedlung.[39] Auch mit den Kneulins hatte Altenstetter nicht nur lose Kontakte. Er bürgte nach Dr. Kneulins Tod für Maria Hacker, dessen Witwe, als sie das Augsburger Bürgerrecht erwarb.[40] Die Hackerin hatte gut geerbt: Sie gab an, ein Vermögen von 3500 Gulden zu besitzen.

Schließlich der Kürschner Martin Küenle, mit dem Altenstetter seit langem befreundet war. Auch Küenle findet sich unter den Zeugen des Testaments von Potiphar Kneulins Frau Regina. Seine Steuerleistungen – 1597 sind 11 Gulden verzeichnet – zeigen, daß er zu den wohlhabendsten Meistern seiner Zunft zählte.[41] Um 1533 geboren und damit eine Generation älter als der Goldschmied, wird er eine zentrale Rolle in der Affäre spielen, in deren Strudel Altenstetter 1598 geriet. Jetzt, endlich, kommt unsere Urgicht wieder ins Spiel.

VIII
AUF MESSERS SCHNEIDE

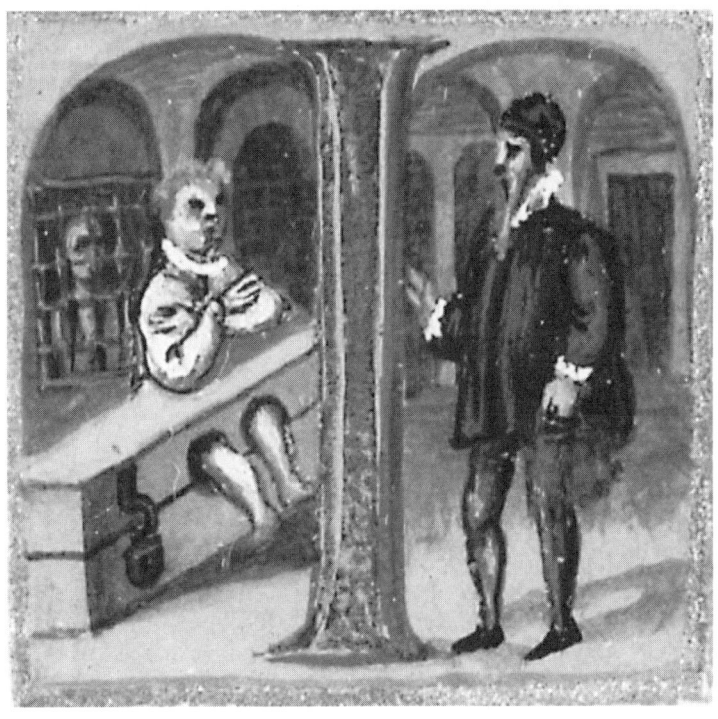

Abb. 27 Der Eisenmeister und Gefangene. Miniatur auf Pergament von einem unbekannten Künstler (Kaspar Brinner?), vor 1583. Augsburg, Stadtarchiv (Schätze, 194a)

UNTER VERDACHT

emand mußte David A. verleumdet haben. Er war bei den Amtsbürgermeistern[1] denunziert worden: Der Altenstetter gehe nicht zum Gottesdienst, treffe sich statt dessen mit anderen zu geheimen Versammlungen – zu Hause, im Garten, in Wäldern außerhalb der Stadt.[2] Wer ihn angezeigt hatte, wissen wir nicht. Allerdings verfügte der Rat über ein dichtes Netz von «Kundschaftern», besoldeten Spionen, die ihn auf dem laufenden darüber hielten, was in der «Gemain» vorging.[3] Auch die Nachbarschaft und die Gassenhauptleute trugen ihrer Obrigkeit Informationen zu. Altenstetter selbst wunderte sich, in Verdacht geraten zu sein, meinte nur hintersinnig, er «könne aber einigermaßen wohl erachten, woher dieses fließe».[4] Mag sein, daß er damit auf Neider und Konkurrenten anspielte, womöglich auf seine Gegner im Streit mit den Uhrmachern.

Die Phantasie mag sich nun Bilder von einem späten Winternachmittag machen, es war Freitag, der 4. Dezember 1598. Es sei der Einbildungskraft überlassen, ob sie Schnee fallen lassen will, sich eines heftigen Sturmes als dramatischen Accessoires bedienen oder einfach die kraftlose Sonne still zum Horizont sinken lassen möchte ... Man zählt die siebte Stunde des Tages,[5] es wird schon dämmrig. In Altenstetters Werkstatt beim Fuggerschen Holzhaus ist die Arbeit beendet. Das Feuer in der Esse glüht noch, Meister und Gesellen haben sich um den Kamin geschart: Draußen ist es eiskalt, man freut sich der Wärme, die noch von der Feuerstelle strahlt, plaudert, scherzt; vielleicht wird ein Trunk getan, während die Magd in der Küche das Abendessen bereitet. Da unterbricht hartes Klopfen an der Tür den Frieden. Zwei mit Schwertern bewehrte Stadtknechte verlangen Einlaß. Der Lehrbub öffnet. Meister Altenstetter wird aufgefordert mitzukommen, er stehe unter schwerem Verdacht. Es setzt Reden und Widerreden, schließlich bleibt dem Hausherrn nichts anderes übrig, als sich zu fügen. Er streift den Mantel über, drückt das Barett aufs lichte Haupthaar. Eskortiert von den Knechten geht er fort, unter den Augen von Ehefrau Katharina. Sie hat Angst; ahnt sie doch, was man dem Gatten vorwerfen wird, und fürchtet das Ende. In jenen aufgeregten Zeiten war ihre Sorge durchaus angebracht.

Der Weg führt die drei am zugefrorenen Stadtgraben entlang zur Barfüßerbrücke. Einige Handwerker haben ihre Läden noch geöffnet, aus den «Dunken», halb unterirdischen Arbeitsräumen der Weber, hört man das Klappern der Webstühle, manche trällern dazu Psalmenmelodien vor sich hin.[6] Hinter dem einen oder anderen Fenster schimmert schon warmes Licht. Der Duft von Kohlsuppe und gebratenen Würsten zieht durch die Gassen,[7] mischt sich mit dem Geruch von brennendem Holz und Kohle; es ist Zeit für das Nachtmahl. Vom Kloster St. Stephan her klingt das Ave-Maria-Läuten über die verschneiten Dächer, vom Dom der «Garaus».[8] Ein paar alte Frauen kommen des Wegs, sie streben der Abendmesse bei den Sternfrauen zu. Auf blitzenden Kufen gleitet eine Kavalkade wappengeschmückter Schlitten vorüber,[9] die silbernen Schabracken der Pferde klirren im Rhythmus des Galopps. Die Schlitten tragen eine Schar in Zobelpelze gehüllte Patriziersöhne, die sich ein Vergnügen daraus machen, mit lautem Hallo durch die Vorstadt zu fahren.[10] Bald verliert sich der fröhliche Lärm in der Ferne. Altenstetter und die Stadtknechte eilen weiter. Hinter der «Kreßlesmühle», deren Räder gerade noch klopfend und klatschend ihr Werk taten, um nun unvermittelt zu verstummen – der Müller macht Feierabend –, biegen der Goldschmied und seine unerwünschten Begleiter von der Hauptstraße ab, nehmen den Weg zum Gefängnis unter dem alten Rathaus (Abb. 27).

Dort erwarten Altenstetter die Eisenherren, zwei Mitglieder des Rats: Herr Bernhard Reihing – ein Patrizier und vermutlich Katholik[11] – und der Steuerherr, Jacob Küelmueß, ein Kesselschmied.[12] Seine Konfession kennen wir nicht. Es läge in der Logik des Augsburger Herrschaftssystems, wenn er Lutheraner gewesen wäre. Ob Küelmuß der Denunziant gewesen ist, der die Nachforschungen gegen Altenstetter initiiert und vorangetrieben hatte? Er war ja Mitglied des Schmiedehandwerks, mit dem unser Goldschmied sich so rauhbeinig angelegt hatte.

Wir stellen uns ein von flackernden Kerzen beleuchtetes Gewölbe vor, dazu die Ratsherren im schwarzen Wams mit weißen Halskrausen: Spanien beherrscht damals die halbe Welt, und es diktiert auch Europas Mode. An seinem Pult kauert der Protokollant, der Büttel der Erinnerung, der eigentliche Konstrukteur dessen, was man «Geschichte» nennt. Was er nun niederschreibt, eröffnet einzigartige Einblicke in die geistige Welt eines Handwerkers in verwirrten Zeiten.

Sicher weiß Altenstetter, worum es geht. Gleichzeitig hat man seinen alten Freund Martin Küenle, dazu den Glaser Potiphar Kneulin abgeholt. Die Ratsherren werden ihnen dieselben Fragen stellen wie Altenstetter, die drei aber getrennt verhören. Den Angeklagten ist klar, daß die Sache gefährlich für sie werden kann. Im Fall seines Zunftgenossen Kaspar Kraus hatte Altenstetter aus nächster Nähe erfahren, daß mit der Obrigkeit nicht zu spaßen war.

Die Befragung wird nicht spontan erfolgen. Der Schreiberling hat die «Fragstücke» vorher säuberlich notiert. Ihre Folge läßt eine Strategie erkennen: Ganz offensichtlich waren umfangreiche Ermittlungen angestellt worden, man hatte dies und das gehört, nachgefragt; Namen wurden genannt, von seltsamen Vorgängen war gemunkelt worden. Natürlich fallen die Frager nicht mit der Tür ins Haus. Die Delinquenten sollen scheibchenweise, von Fragstück zu Fragstück, damit konfrontiert werden, wieviel ihre Obrigkeit wirklich weiß – auch wenn sie nur argwöhnt, vermutet, Verdacht hegt. Die drei sollen nervös werden: Man wisse ohnedies alles, sagen die Ratsherren, wolle es nur von ihnen selbst auch noch hören. Das mochte unvorsichtige Äußerungen provozieren, vielleicht würden weitere Namen preisgegeben. Wenn nicht, würde es Mittel und Wege geben, sie zum Reden zu bringen ...

«... DER RELIGION HALBEN FREI»

Am Anfang stand die Frage – spätestens jetzt wußte Altenstetter, wohin der Hase lief –, welche Religion er habe. Darauf hatte er eigentlich nur zwei Antworten zur Auswahl: Er konnte sich entweder als Katholik oder als Lutheraner präsentieren. Nur diese beiden Konfessionen hatte der Religionsfrieden von 1555 anerkannt. Andere Bekenntnisse zu machen wäre gefährlich gewesen. Alles, was nicht gut lutherisch oder katholisch war, galt als Aberglauben oder Ketzerei und damit nicht nur als geistliches Delikt, sondern auch als Auflehnung gegen die Obrigkeit. Solchen Abweichlern drohte Ausweisung, womöglich Schlimmeres.

Der Goldschmied drückt sich freilich um eine eindeutige Antwort. Was er dann zu Protokoll gibt, ist riskant. Er sei, sagt er, «der Religion halben bisher frei» gewesen. In einem katholischen Ort geboren – das wissen wir bereits –, sei er später in die Schweiz, wo die zwinglianische Lehre im Brauch sei, gekommen. In Augsburg habe er bisweilen die katholischen Prediger gehört, vor allem und meist, zusammen mit Meister Johann Spreng, den Herrn Gregorius, derzeit Domprediger. Er hänge weder der einen noch der anderen Religion an; wenn er sich denn zu einer bekennen solle, dann wolle er die katholische annehmen. Doch müsse er zuvor «notdürftig» in ihr unterwiesen werden.

Der «Religion halben frei»: Diese Worte wird Altenstetter noch mehrmals gebrauchen. Er nahm sich das Recht heraus, sich *nicht* zu bekennen. Diese Chance eröffnete sich ihm allein in einer gemischtkonfessionellen Gesellschaft. Der Augsburger Religionsfrieden sah einen solchen «dritten Weg» nicht vor. Die katholische Taufe hielt Altenstetter offensichtlich nicht für entscheidend, vielmehr verwies er auf die Orte unterschiedlichen Glaubens, an denen er sich während seiner Wanderzeit aufgehalten hatte.

Allerdings war der Obrigkeit zu Ohren gekommen, daß der Altenstetter es überhaupt versäumt hatte, den lutherischen Gottesdienst zu besuchen. So wird gefragt: «Wie es komme, daß er seit vielen Jahren die Kirchen der Augsburgischen Konfession nicht besucht habe? Und was er daran für Mängel habe?» Der Goldschmied wiederholt, er sei im Glauben frei geblieben, habe mal den einen, mal den anderen Gottesdienst besucht: Er sei bisweilen in die Kirchen der Augsburgischen Konfession, öfter aber ins Domstift gegangen, weil ihm die katholische Religion etwas anmutiger sei und ihm auch der Domprediger besser gefallen habe als die Prediger der Augsburgischen Konfession. Die Ratsherren sind mit dieser Antwort nicht zufrieden und bohren nach: «Aus welchen Ursachen er die Kirchenlehre und die Zeremonien der Augsburgischen Konfession wie auch das hiesige Ministerium nicht für gut halte, sondern verachte?» Die Frage zielt auf mögliche Ressentiments gegenüber den vom Rat eingestellten Predigern, die von Augsburgs «harten» Protestanten verächtlich «Mietlinge» genannt wurden. Zu gut erinnerte man sich an den Kalenderstreit. Wer am Sonntag nicht in die Kirche ging, lebte ja womöglich noch nach dem alten Kalender! Die Angst vor dem «gemeinen Mann» steckte den Eliten des 16. Jahrhunderts seit dem großen Bauernkrieg von 1525 in den Knochen. Da hatte «Herr Omnes» gezeigt, daß er über kräftige Muskeln verfügte ...

Natürlich wies Altenstetter den Gedanken, er lasse es am nötigen Respekt vermissen, weit von sich. Er blieb bei seiner Linie neutraler Distanz: «Er lasse die Kirchen, Lehre und Zeremonien der Augsburgischen Konfession bei ihrem Wert und Tun bleiben, wolle auch das hiesige Ministerium weder loben noch schelten.»

Mit der nächsten Frage nimmt das Verhör eine neue Wendung. Allmählich zeigt sich, welchen Verdacht man gegenüber dem Goldschmied tatsächlich hegt: «Was er von den Heiligen Sakramenten, insbesondere von der Taufe halte?» Nun ist es heraus: Er sieht sich dem Verdacht ausgesetzt, ein «Täufer» zu sein! Alles kam nun auf Klugheit und Geistesgegenwart an. Für «Wiedertäufer» – wie die Täufer von ihren Gegnern genannt wurden – sah das Reichsrecht die Todesstrafe vor. «Dieser Zeit und bis daß ihm Gott ferner Gnade und Erkenntnis gibt», antwortet Altenstetter, «glaube er, daß zwei Sakramente seien, nämlich die Taufe und das Nachtmahl, und sonderlich, daß das Sakrament der Taufe zu Erlangung der Seligkeit hoch vonnöten sei.» Er habe die Taufe in seiner Jugend einmal und sonst nie empfangen; hätte ihm «unser Herrgott» Kinder beschert,[13] so wollte er sie an denselben nicht unterlassen haben. «Und insgemein», so fügt er hinzu, «glaube er auch, daß die heiligen Sakramente Geheimnisse Gottes seien.»

Mit dem Hinweis, er habe die Taufe nur «einmal», und zwar «in seiner Jugend», empfangen, wirkt Altenstetter allem Verdacht entgegen. Sein Sakramentsverständnis erscheint wie das Küenles wenigstens auf den ersten Blick als gut lutherisch – wenn er denn die Wahrheit sagte.[14] Trotzdem blieb das Faktum verdächtig, daß er nicht beim Gottesdienst gesehen worden war: «Weil er keine Kirchen, noch Predigt besuche, was er dann an Sonn- und Feiertagen tue? Oder wo er Predigen höre?» Altenstetter antwortet schlagfertig, fast ein wenig frech. Es sei schon wahr, sagt er, «daß er an Sonn- und Feiertagen bisweilen weder die eine, noch andere Kirchen besucht». Statt dessen sei er «entweder daheim geblieben oder inner- und außerhalb der Stadt, nachdem er etwa Gesellschaft angetroffen, spazieren gegangen, welches dann zu Sommerzeiten viel geschehen».

Doch verfügen seine Verhörer noch über weitere Informationen. Sie hatten gehört, daß Altenstetter und einige andere seit vielen Jahren an fast allen Sonn- und Feiertagen in dessen Haus, manchmal auch im Garten, «morgens zwischen 7 und 8 Uhr» «Conventicula», geheime Versammlungen, hielten. Die Ratsherren meinen auch zu wissen, daß sich die Gruppe alljährlich im April oder Mai und im Herbst in Wäldchen außerhalb der Stadt treffe, wo von den Bäumen herab «sonderbare» – also geheime[15] – Predigten gehalten würden. Ob nicht auch «Jungfrauen und Weibspersonen» dabei gewesen seien?

Altenstetter bestreitet alles mit größter Entschiedenheit. Von solchen geheimen Treffen «in Hölzern», in Gehölzen der Umgebung, wisse er nichts. «Er wiss' und könnt' mit dem Eid beteuern, daß er keine solche Gesellschaft bei sich hab' […] und da es sich anders befinde, wolle er Leib und Leben verloren haben.» Gewiß habe er sich mit Dr. Spreng und dem Küenle an einem Sonntagmorgen getroffen, aber einfach deshalb, um Sprengs Testament vorzulesen und es dann zu bezeugen. Das Verlesen habe im Garten stattgefunden, «von wegen sein Hausgesinde teils um die Weg und daheim zu Haus gewesen».

Auch ein weiteres Treffen mit Spreng und Küenle am folgenden Tag habe nur den Zweck gehabt, «im Gärtle» zwei Testamente zu verlesen und zu unterschreiben. Danach habe man noch «einen Trunk getan» – wieder also wurde die Sitte des «Vertragstrunks» gepflegt.[16] Altenstetter nennt Namen: Christof Zeiler, Balthasar Kotritz, Georg Danbeck, den Kürschner N. Koler, den Goldschmied Philip Endres und dazu noch einen oder zwei, die ihm, sagt er, jetzt nicht einfielen. An andere Zusammenkünfte erinnere er sich nicht. Er habe sich allenfalls gelegentlich mit guten Bekannten im Gärtlein getroffen, zur Kurzweil, um zu kegeln, zu zechen oder «im Brett» zu spielen. Jedenfalls hätten sie weder «gepredigt, gelesen noch Zeremonien gebraucht». So bat er um «gnädige und förderliche Erledigung», habe er doch für die Kaiserliche Majestät gerade einen Auftrag unter den Händen.

TÄUFER?

Zwischen Religion einerseits, Aberglauben und Ketzerei andererseits gab es in der alten Gesellschaft einen wesentlichen Unterschied: Erstere kann öffentlich ausgeübt werden, sie ist Sache von Institutionen, die ihre Inhalte und Riten definieren und festlegen, was erlaubt und was ein womöglich todeswürdiges Verbrechen sein soll. Alles, was im geheimen geschah, das Tageslicht scheute, war verdächtig. Sekten, aber auch «weise Frauen» und Magier – von denen nicht wenige auch in Augsburg umgingen – praktizierten ihre Riten im Zwielicht, auf Dachböden, in Kellern oder eben draußen vor der Stadt. Womöglich, so argwöhnte der Rat, verschafften sie Satan Zugang zur Stadt, verschworen sich gegen die Herrschaft.

Die Obrigkeiten wurden hellhörig, wenn erzählt wurde, daß sich ihre Bürger im stillen zu Hause oder im «Gärtlein» versammelten, auch wenn es nur zum Lesen war. Auslegungen der Heiligen Schrift sollten den von Kirche oder Staat kontrollierten Priestern und Theologen vorbehalten sein, nicht von ungelehrten Handwerkern versucht werden. Tatsächlich waren mit der Reformation zum ersten Mal in der Geschichte massenhaft Laien als «Subjekte theologischer Meinungsbildung» aufgetreten.[17] Der «gemeine Mann» konnte leicht auf gefährliche Gedanken kommen, ermöglichte doch der Bibeltext unzählige, auch einander widersprechende Deutungen. Wenn er aus privater Auslegung der Heiligen Schrift die falschen Schlüsse zog, war sein Seelenheil und, schlimmer noch, die Herrschaftsordnung bedroht. In England verbot seit 1543 ein Gesetz gewöhnlichen Laien ausdrücklich die Lektüre der Bibel.

Aber traf die Vermutung zu, daß Altenstetter, Küenle und Kneulin versprengte Anhänger der «Wiedertaufe» waren? Die Ratsherren, die den Goldschmied und seine Gefährten verhörten, waren für diese Frage sensibilisiert. Augsburg war in den Anfangsjahren der Reformation ein Zentrum der Täuferbewegung gewesen. 1527 hatten sich hier zahlreiche Täufergruppen zu einem Treffen versammelt, das als «Märtyrersynode» in die Geschichte einging.[18] Für viele der von hier ausgesandten Missionare hatten nämlich die Versuche, Anhänger zu werben, mit dem Tod geendet. Ihr charismatischer Anführer Hans Hut war unter mysteriösen Umständen im Gefängnis – wohl demselben, in dem sich jetzt, sieben Jahrzehnte später, Altenstetter wiederfand – ums Leben gekommen.

Da man den Täufern Umsturzpläne nachsagte, gingen die Obrigkeiten des Reiches – unabhängig von ihren konfessionellen Ausrichtungen – mit zunehmender Härte gegen sie vor. Ein Grund des Eifers war die traumatische Erfahrung des Bauernkrieges. Der Aufstand hatte gezeigt, welchen politischen und sozialen Zündstoff Luthers Reform barg. Hans Hut scheint mit seiner Leidensmystik, mit seinen Aufforderungen zur Buße und seinen apokalyptischen Prophezeiungen gerade unter den Veteranen des Bauernkrieges Sympathisanten gefunden zu haben.

Des Täufertums Verdächtigte wurden gefoltert, enthauptet, verbrannt, geviertelt. Auch in Augsburg hatte man nach der Märtyrersynode durchgegriffen. Die Quellen berichten von Stadtverweisen, von nicht weniger als zwölf Hinrichtungen und schweren Verstümmelungen. Einigen wurde die Zunge abgeschnitten, anderen – darunter fünf «schönen Weibern» – ließ der Rat mit glühenden Eisen «durch die Backen» brennen.[19] Vollends diskreditiert hatte sich die Bewegung durch das bizarre Münsteraner «Täuferreich», eine brutale Terrorherrschaft fundamentalistischer Sektierer. Nach kurzer Dauer war dem Regiment 1535 durch ein Fürstenheer der Garaus gemacht und die Anführer hingerichtet worden.

In Wirklichkeit war das Täufertum eine sehr vielgestaltige Bewegung vorwiegend friedfertigen Charakters. In Mähren, in Norddeutschland, im Berner Jura und in den Niederlanden konnte es überleben. Anderswo gingen Täuferinnen und Täufer in den Untergrund. Sie trafen sich in Privathäusern, auch in Gärten; daher wurden die Mitglieder der Sekte von ihren Widersachern auch «Gartenbrüder» genannt. Der Begriff ließ zugleich an eine abschätzige Bezeichnung für Landsknechte, für herrenloses, «herumgartendes» Gesindel denken.[20] In Augsburg waren noch 1573 Täufer eingekerkert oder der Stadt verwiesen worden. Einige Angeklagte hatten sich durch Widerruf gerettet.

Die Verhöre damals brachten ans Licht, daß sich die Täufer seit langem in einem Wäldchen, dem «Eichenloch» bei dem Dorf Gersthofen nördlich Augsburgs, versammelten. Da sollen sich manchmal an die 200 Leute eingefunden haben.[21] Die Strafherren wußten das. Deshalb fragten sie, ob sich Altenstetter und seine Freunde insgeheim in «Hölzeren» trafen und dort im geheimen Predigten anhörten (Abb. 28).

Abb. 28 Täuferversammlung. Gefangennahme der Täufer David Fak und Ludwig Torter am 5. September 1574 in der Au bei Altstetten. Aquarell, um 1574. Zürich, Zentralbibliothek, Handschriftenabteilung (Ms F 23, 393f)

Was den Goldschmied betrifft, dürfte seine Herkunft aus dem religiös bewegten Oberrheingebiet ein zusätzliches Verdachtsmoment geliefert haben. In seiner Heimatstadt Colmar hatte sich die Sekte ja ebenfalls bemerkbar gemacht,[22] und auch das nahe Straßburg war ein «Täufernest», zu dem die Augsburger enge Beziehungen unterhielten. Eine der Führungsfiguren der späteren Täufergeneration, der Ingenieur Pilgram Marpeck (um 1495-1556), hatte, bevor er in Augsburg als für den Wasserbau zuständiger Werkmeister angestellt wurde, in Straßburg gewirkt.[23] Er konnte sich damals unbehelligt als «Vorgeher und Lehrer» der im verborgenen ihren Glauben praktizierenden Augsburger Täufer engagieren. Vermutlich hat ihn sein Rang als Experte vor Verfolgung geschützt. Jetzt, am Ende des 16. Jahrhunderts, hätten «Wiedertäufer» nicht unbedingt Milde zu erwarten gehabt. Die Aussagen Martin Küenles, der nun vor seine Obrigkeit trat, zeigten allerdings, daß der Verdacht, den die Ratsherren hegten, in die falsche Richtung wies.

Der Kürschner gibt sich zunächst naiv, als ein «einfältiger Laie», der hoffe, in keinem Irrtum befangen zu sein. Er sagt, zwei Sakramente zu kennen, «nämlich das der Taufe und das Sakrament des Altars». Es möge wohl noch mehr solcher «Geheimnisse» geben, doch wisse er als ein Laie nicht davon zu reden. Die Taufe sei für ihn der «Eingang des Christentums». So habe er auch alle seine Kinder taufen lassen. Wenn er nicht in die Predigt gegangen sei, habe er zu Hause gelesen oder für solche Tage aufgeschobene Geschäfte verrichtet. Den Altenstetter habe er vor anderthalb Jahren anläßlich der Aufrichtung des Testaments von Doktor Spreng getroffen und ein andermal wegen eines Briefes, der ins schweizerische Schaffhausen geschickt werden sollte. Das war bestenfalls die halbe Wahrheit, hatte Küenle doch schon 1580 gemeinsam mit Altenstetter als Zeuge bei der Verbriefung eines Testaments agiert. Was seinen Glauben anbelangte, wurde der Kürschner allerdings konkret. Auf die Frage, «was Religion er sei», antwortete er, in die Kirchen der Augsburgischen Konfession gegangen zu sein; er besuche auch Hochzeiten und Beerdigungen. Doch sei ansonsten «nicht ohne, daß er etwa daheim Schwenckfeldische und Lutherische Bücher gelesen, und hab' auch etliche Male den jetzigen Domprediger, Herrn Gregorium, gehört». Alles in allem gefalle ihm die «Schwenckfeldisch Lehr» am besten, «von wegen dieselbe vor anderem auf ein christliches Leben und Frömmigkeit» dringe. Damit ist ein wichtiges Stichwort gefallen.

IN DEN EISEN

Aus Potiphar Kneulin, dem Glaser, können Reihing und Küelmueß nicht viel herausquetschen. Er gibt sich als Lutheraner. Im übrigen streitet er alle Vorwürfe ab. Er behauptet, brav die evangelischen Predigten zu besuchen; meist gehe er in die Barfüßerkirche. Auch lese er, und zwar daheim, in seinem Haus. Den Altenstetter kenne er wohl. Doch sei er nie in dessen Garten gewesen, habe auch nicht über Religionssachen mit ihm geredet, sondern nur für ihn «geglast».

Reihing und Küelmueß beenden das Verhör, fürs erste. Die Gefangenen werden aber nicht freigelassen, sie müssen «in den Eisen» bleiben. Draußen ist es längst dunkel geworden. Auf den Straßen und Gassen herrscht nun Stille, die längst verlorene tiefe Stille der frühneuzeitlichen Nacht. Es ist Neumond, der schwarze Himmel gehört allein den kalt und hell flimmernden Sternen.[24]

Am folgenden Tag, einem Samstag, wird die Affäre im Kleinen Rat besprochen. Man beschließt, nun mit «mehr Ernst» vorzugehen. Das hieß: Jetzt drohte die Folter. Ob Altenstetter und seine Mitgefangenen wußten, was lapidar im gerade – 1583 – fertiggestellten Eidbuch der Reichsstadt vermerkt war? Wer wegen Ketzerei verurteilt sei, «den soll man brennen», hat der Stadtsekretär Hans Lutzenberger dort in säuberlicher Schrift vermerkt.[25]

Die Delinquenten, die nun in ihren Verliesen aller Wahrscheinlichkeit nach voller Angst auf den Montag warteten, der über ihr Schicksal entscheiden würde, blieben allerdings nicht ohne Unterstützung und Trost von außen. Ihren Urgichten liegen drei Bittschriften bei. Sie müssen gleich am Samstag, in fliegender Eile, abgefaßt worden sein und drängten mit bewegten Worten auf die Freilassung der Inhaftierten. Dr. Tobias Kneulin, Potiphars Bruder, schreibt, die hochschwangere Frau des Gefangenen habe ihm «mit weinenden Augen und großem Herzeleid» von der Einkerkerung ihres Mannes berichtet. Er sei doch seiner Obrigkeit immer gehorsam gewesen – auch während des «leidigen Auflaufs»; damit meinte Dr. Kneulin die Unruhen von 1584 im Zusammenhang mit dem Kalenderstreit. Die beiden anderen Bittschriften heben solchen Gehorsam ebenfalls hervor.[26]

Katharina Altenstetter begründet ihr Schreiben umständlich und unbeholfen. Man merkt, daß ihre Hand es nicht gewohnt ist, Worte zu formen. Aus «eingepflanzter Afection», so umschreibt sie ihre Liebe zu David, bekümmere sie der Zustand ihres «Ehewirts». So bittet sie darum, ihn gegen Kaution freizulassen. Auch sie betont, daß er stets den Pflichten gegenüber seiner «geliebten Obrigkeit» nachgekommen sei. Die ließ sich nur im Fall Potiphar Kneulins erweichen. Der Glaser wurde entlassen und konnte seiner schwangeren Frau beistehen. Küenle und Altenstetter aber blieben in Haft.

IX
DER LESENDE HANDWERKER

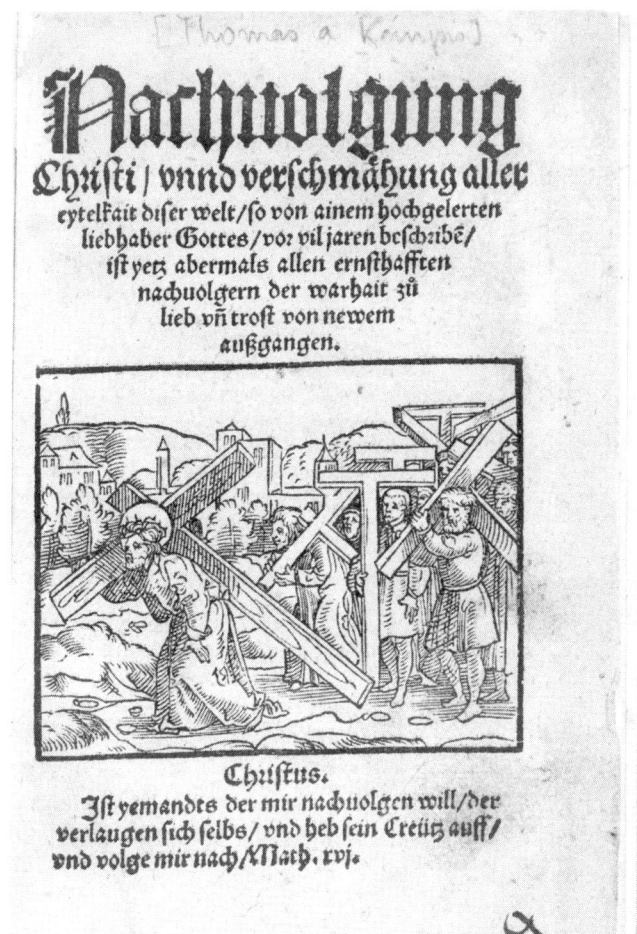

Abb. 29 Thomas von Kempen (?), Nachfolgung Christi. Titelseite der bei Philipp Ulhart in Augsburg 1536 erschienenen Ausgabe. Augsburg, Staats- und Stadtbibliothek (4° ThSch 182)

KÜENLES BEKENNTNIS

ach einem langen Wochenende im Kerker wurden Altenstetter und Küenle erneut ihren Verhörern vorgeführt. Bevor das Frage-und-Antwort-Spiel seinen Anfang nahm, zeigte ihnen der Scharfrichter das Folterwerkzeug, vermutlich den Streckgalgen, und «bedrohte» die beiden damit. Sie sollten genau wissen, welche Folgen Lügen und Leugnen haben würden.

Küenle wurde zunächst darauf hingewiesen, daß in Augsburg nur zwei «Religionen», nämlich die «Katholisch und Augsburgische Konfession», zugelassen seien. Obwohl er am Freitag gesagt hatte, von keinem Irrtum in ihnen zu wissen, habe er doch zugleich bekundet, keiner von beiden zugetan zu sein. «Deswegen», wurde er bündig beschieden, «soll er seine Konfession oder Glauben lauter bekennen.» Die Antwort war unmißverständlich: «Der Schwenckfeldische Glauben gefall' ihm am besten», gab er erneut zu Protokoll. Allerdings bestritt er wiederum entschieden, an «sonderbaren» Versammlungen teilgenommen zu haben. Was er in den Schwenckfeldischen Schriften gelesen habe, «das hab er allein und in der Stille für sich selbst verrichtet, und so gar auch sein Gesinde nicht dazu gewiesen, mit Vermelden, daß seine Leut' und Ehehalten teils in die katholischen (wie dann darunter seine Base sei) und teils in die lutherischen Kirchen gehen».

Es ist schwer zu sagen, welcher Teufel den alten Kürschner da geritten hat. Das offene Bekenntnis zum Schwenckfeldertum war nicht ungefährlich, konnte ihm wenigstens einen Stadtverweis – und damit das Ende, wenigstens eine herbe Unterbrechung seiner bürgerlichen Existenz –

einbringen. Immerhin verwahrt er sich gegen den Verdacht, im verborgenen an geheimen Zusammenkünften teilgenommen, sie gar organisiert zu haben. Und fromme Bücher zu lesen, daheim in den eigenen vier Wänden, was ist schon dabei ... zudem hatte er sein Gesinde, die «Ehehalten», keineswegs indoktriniert.

Was aber meint unser Mann mit «Schwenckfeldisch Glauben»?[1] Die Aussage führt uns näher heran an die geistige Welt, in der auch Altenstetter sich bewegte. Lassen wir ihn nun wieder vor die Eisenherren treten.

UNTER DEM STRECKGALGEN

Man wisse, wurde Altenstetter barsch mitgeteilt, daß er bisher nicht alles gesagt habe. Das solle er jetzt doch tun und «mehr Ernst» – also die Anwendung der Folter – «nicht verursachen»: «Weil er jüngst selbst bekannt hat, daß er weder der katholischen noch der Augsburgischen Konfession allerdings zugetan sei, deswegen soll er lauter anzeigen, zu welcher Religion er sich dann bekenne.» Altenstetters Antwort geriet nun ausführlicher. Lesen wir, was der Schreiberling überliefert, in voller Länge.

«Nach Vorhaltung des ersten [Fragstücks] sagt er aufs andere, derweil die Theologen der Katholischen Religion und Augsburgischen Konfession bisher einander zum Heftigsten zuwider, sei er weder dem einen, noch dem anderen Teil beigefallen, sondern sei gleichsam frei gewesen und hab' daheim zu Haus' allerhand christliche Bücher gelesen, als nämlich den Taulerum, die Nachfolgung Christi, die Auslegung Erasmi über das Neu Testament und dann eine alte Bibel, welche vor 100 Jahren zu Nürnberg gedruckt worden. Daneben aber sei er unterweilen in die katholische und bisweilen auch in die lutherische Kirche gegangen [...] und ob er gleichwohl an dem einen Ort sowohl als an dem andern bisweilen gehört, das ihm nicht gefallen, so sei doch nicht ohne, daß er oft in beiden Kirchen viel Gutes hab' hören predigen.» Er hoffe, fährt Altenstetter fort, «man sollt' ihn noch so eilends weder zu der einen noch anderen Religionen aus dem gerade Gesagten nicht dringen, sondern ihm etwas Zeit lassen, damit er insbesondere den Herrn Gregorium etwas besser hören kann und der Katholischen Religion halben der Sachen mehr nachdenken könnt'. Jedoch woher ihm solches abgeschlagen werde, so müßt' er sich zu der Augsburgischen Konfession bekennen, aus Ursachen er bisher in der Katholischen Religion nicht genugsamen Bericht hab'.»

Schenkt man dieser umfassenden Aussage Glauben, war unser Goldschmied in der Tat kein Täufer. Auch die Ratsherren glaubten ihm das offenbar; jedenfalls bohrten sie nicht weiter nach. Altenstetter beanspruchte einfach, wie schon im ersten Verhör, religiöse Freiheit, und er begründete das mit dem schlagenden Argument, daß die Theologen beider Konfessionen sich ja ihrerseits erbittert befehdeten: Wie konnte dann er, ein einfacher Handwerker, so ohne weiteres ein Bekenntnis ablegen? Wenn schon die Intellektuellen nicht weiterwußten ... So gab der Goldschmied sich naiv und neutral, zeigte sich offen für die eine wie für die andere Konfession.

Wenn er Neigungen für den alten Glauben und die Predigten des Herrn Gregorius – gemeint war der Domprediger Gregor Rosephius, der frühere Rektor des Jesuitenkollegs – erkennen ließ, war das wohl taktisch motiviert; denn der Prediger ist als harter Kontroverstheologe bekannt.[2] Das reimt sich nicht auf einen Mann, dessen Sakramentsverständnis nicht gerade gut katholisch gewesen zu sein scheint. Altenstetter wollte es sich wohl mit dem katholischen Verhörer, Herrn Reihing, nicht verscherzen. Mit der Volte am Schluß vermied er es andererseits, sich durch seine Sympathiebekundungen für den Domprediger den Protestanten zum Feind zu machen. Kurz, der Goldschmied lieferte seinen Kontrahenten ein kleines diplomatisches Meisterstück.

Auf weiteres Nachfragen bestritt Altenstetter erneut, geheime Versammlungen abgehalten zu haben. Ganz ähnlich, wie man in Hexenprozessen versuchte herauszufinden, welche Hexen und Hexer beim Sabbat gewesen waren, fragten die Inquisitoren nach «Komplizen»: «Wer seine Mitglaubensgenossen seien? Und was sie in ihren Zusammenkünften traktieren und handeln? Auch, was ihr Glauben ausweise?» Altenstetter behielt die Nerven. Er stritt erneut ab, daß überhaupt Zusammenkünfte stattgefunden hätten. Aber die Ratsherren hatten noch einen Trumpf im Ärmel. Sie konnten Namen nennen, die ihnen von einem Spion oder Denunzianten zugetragen worden waren: «Ob nicht Herr D. Kneulin, Herr D. Carl Widemann, Heggenawer, Damböckh, Notari Spreng, Potiphar Kneulin, Georg Siebenbürger und andere mehr sich vielfältig dabei befunden? Und mit ihm gleicher Meinung seien?» Der Goldschmied meinte gelassen, das seien gewiß alles «bekannte gute Freunde»; aber sie hätten nie Religionssachen diskutiert.

Einige der Genannten sind uns bereits näher begegnet: Potiphar Kneulin und sein Bruder, der Arzt Dr. Tobias Kneulin, Dr. Johannes Spreng und Altenstetters Trauzeuge Georg Siebenbürger; die anderen lassen sich identifizieren. «Heggenawer» ist Wilhelm Heckenauer, der zur selben Zeit wie Altenstetter Vorgeher war und es später zum reichsstädtischen Münzwardein brachte; auch ihn fanden wir bereits unter den Zeugen von Regina Kneulins Testament.[3] «Damböckh» – Altenstetter hat ihn schon im ersten Verhör erwähnt – meint den Notar Georg Danbeck, der im «Uhrenstreit» die Schriftsätze der Goldschmiede verfaßt hatte. Wir glauben Altenstetter, daß er mit letzterem in erster Linie «Geschäftliches» zu besprechen hatte. Bei den übrigen ist das nicht so sicher.

Besonders interessant ist der Name Widemann. Mit Spreng, Kneulin – und auch, wie sich zeigen wird, mit Altenstetter – hatte jener Dr. Carl Widemann die Beziehung zum Schwenckfeldertum gemeinsam. Bevor aber der Blick auf ihn und die anderen fällt, wollen wir uns den Schriften zuwenden, die Altenstetter bei sich zu Hause aufbewahrte. Die «Bibliothek» eines Handwerkers des 16. Jahrhunderts zu entdecken ist etwas ganz Besonderes. Ein solcher Fund gelingt nur selten. Sehen wir uns die Sammlung genauer an.

LEKTÜREN

Da war zunächst jene «alte Bibel, welche vor 100 Jahren zu Nürnberg gedruckt worden»: Es muß die 1483 bei Anton Koberger gedruckte deutsche Bibel, ein verbreitetes, reich illustriertes und schon daher nicht billiges Werk, gewesen sein (Abb. 30).[4] Bei dem Kommentar des Erasmus zum Neuen Testament (1516) handelte es sich um die von Leo Jud übersetzten und bei Froschauer in Zürich publizierten Paraphrasen, vermutlich in der zweiten Auflage von 1542 (Abb. 31). Weiterhin las Altenstetter die Predigten des Mystikers Johannes Tauler (um 1300-1361) (Abb. 32). Mit der «Nachfolgung Christi» schließlich ist «De imitatione

Abb. 30 Die erste Seite der Koberger-Bibel. Nürnberg 1483. Augsburg, Staats- und Stadtbibliothek (2° Ink 560)

Abb. 31 Desiderius Erasmus von Rotterdam, Paraphrasis oder Erklärung des ganzen Neuen Testaments, Übersetzung von Leo Jud. Titelseite der 1542 bei Christoph Froschauer in Zürich erschienenen Ausgabe. Zürich, Zentralbibliothek, Alte Drucke (III D 9/F)

Abb. 32 Johannes Tauler, Sermones. Titelseite der 1508 bei Hans Otmar in Augsburg erschienenen Ausgabe. Augsburg, Staats- und Stadtbibliothek (2° ThPr. 226)

Das erst Blat

Bruder Ambrosius hat mir bracht

Das ander Capitel.

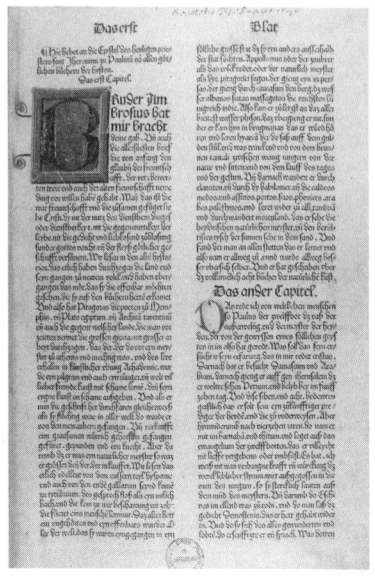

Christi» gemeint, ein Werk, das Thomas von Kempen zugeschrieben wird (Abb. 29). Was sagen diese Bücher über das Denken ihres Besitzers aus?

Die Bibliothek eines lupenreinen Lutheraners, soviel ist sicher, wäre anders zusammengesetzt gewesen. Sicher hätte sich daran keine vorreformatorische Bibel befunden, sondern Luthers Übersetzung, und wahrscheinlich hätte man Schriften des Reformators darin gefunden. Daß Altenstetter zu einem Bibelkommentar griff, läßt den Schluß zu, daß er ein eifriger und genauer Bibelleser war, der sich mit der bloßen Lektüre des Textes nicht begnügte. Erasmus bot eine Handreichung zum Selbstdenken. Er setzte an die Heilige Schrift wie an profane Texte sein philologisches Seziermesser an.

Die Ziele seiner Arbeit hat der große Humanist einmal selbst erläutert.[5] Er wendet sich gegen Vorbehalte, die heiligen Schriften in die Volkssprache zu übertragen und sie damit Laien zugänglich zu machen. Christus habe schließlich nicht so verwickelt gelehrt, daß er kaum von einer Handvoll Theologen verstanden werden könne. Erasmus zeigt sich als Fürsprecher jener schlichten Leute, die kein Latein lesen können. «Christus will mit Nachdruck, daß seine Geheimnisse unter das Volk gebracht werden», schreibt er. «Ich würde wünschen, daß alle Weiblein das Evan-

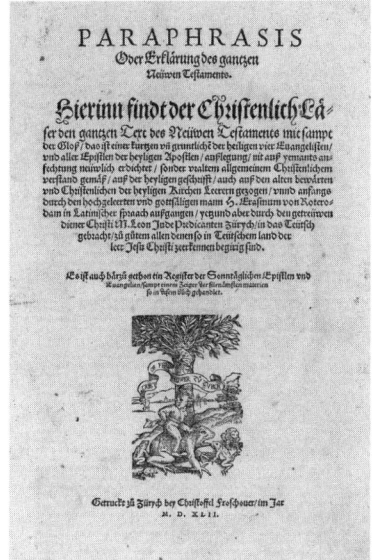 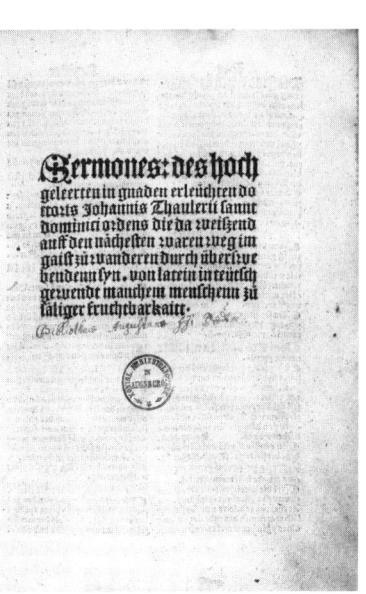

gelium lesen, auch daß sie die Paulinischen Briefe lesen.» Die Bibel solle in alle Sprachen übersetzt werden, damit sie verstanden werden könne. «Wenn doch der Bauer mit der Hand am Pflug etwas davon vor sich hin sänge, der Weber etwas davon mit seinem Schiffchen im Takt vor sich hin summte.» Er sprach für die Ausbildung eines Christengeschlechts, das Christi Lehre nicht nur in Zeremonien und Lehrsätzen, sondern aus dem Herzen heraus und durch das ganze Leben bezeuge. Niemandem sei es verboten, Theologe zu sein! «Der ist mir ein wahrer Theologe, der nicht mit künstlich zusammengedrechselten Syllogismen, sondern mit Herzenswärme, durch sein Antlitz, durch seine Augen, durch sein persönliches Leben lehrt, daß man Reichtum verachten müsse, daß der Christ nicht auf den Schutz dieser Welt vertrauen solle.» Die Reformation war noch kein Jahr alt, als Erasmus über die «großen Professoren der Theologie» spottete, unter ihnen herrsche so wenig Übereinstimmung, «daß sie sich häufig bis zur Zornesröte, bis zum Gekeife, bis zum Spucken, bisweilen auch bis auf die Faust» bekriegten.[6]

Der Übersetzer der Erasmus-Ausgabe in Altenstetters Bücherkiste, Leo Jud, hatte bis 1523 als Laienpriester in Einsiedeln, dann als Pfarrer an St. Peter in Zürich amtiert.[7] Seine Vorrede ist ein flammendes Plädoyer für das Bibelstudium der Laien» (Urs B. Leu). Er habe, schreibt Jud, seine Arbeit für den «gemeinen Mann» gemacht, für Leute, die zwar kein Latein beherrschten, aber lesen konnten. Die Heilige Schrift gehört für ihn weder allein den Gelehrten noch einem einzigen Volk, vielmehr «allen Menschen, Herren, Knechten, Weibern, Männern, Alten, Jungen, Hohen, Niederen, Königen und Untertanen».[8] Altenstetter entsprach diesem Lesertyp exakt. Das Buch, ein über 1100 Seiten mächtiger Foliant, war nicht billig; ungebunden kostete es 2 ½ Gulden, das entsprach damals ungefähr dem Monatsverdienst eines Landpfarrers. Die Kosten dürften unseren Goldschmied nicht bekümmert haben. Er hatte genug Geld für das mit ein paar Holzschnitten geschmückte Werk (Abb. 33).

Die beiden weiteren Titel, die er nennt, führen in die Tiefen spätmittelalterlicher Mystik. Die Predigten des Straßburger Dominikaners Johannes Tauler könnte er in der Augsburger Ausgabe von 1508, die auch Luther benutzte, besessen haben.[9] Sie beschäftigen sich in kräftiger, bilderreicher Sprache mit der Frage nach dem Göttlichen im Menschen; halten an zur Flucht vor aller Äußerlichkeit und zur inneren Sammlung,[10] zur Suche nach dem geheimnisvollen «Seelengrund» und der mystischen Einheit mit dem dreieinigen Gott.[11] Hier, im «Grund» des Menschen, ist für Tauler das Reich Gottes.[12] Wer seine Predigten las, sah sich zu einer Seelenreise zum Himmel gewiesen und zugleich zu einer Wanderung ins Ich.[13] Der Leser sollte sich selbst gegenüber der Seinsfülle des Schöpfers als «Nichts» erkennen. «Laß dich auf dein Nichtsein fallen», sagt Tauler, «und ergreife dein Nichtsein und sonst nichts weiter.»[14] Die Liebe zu Gott läßt dieses Nichts, in das der Gläubige eintaucht – «entsink, entsink in den Grund, in dein Nicht!» –, aufgehen im absoluten Sein des Schöpfers. Den Ort, wo der Mensch eins mit Gott wird, nennt Tauler etwa «Boden», «Grund», «Funke der Seele», «Geist».[15] Der geläuterte, verklärte Geist versinke in die göttliche Finsternis, in ein Stillschweigen, ein unbegreifliches, unaussprechliches Vereinen. Dabei werde alles Gleich und Ungleich verloren, der Geist verliere sich selbst in diesem Abgrund, wisse nichts von Gott noch von sich selbst, noch von Gleich und Ungleich und von Nichts nichts: In Gottes Einheit hat er alle Unterscheidung verloren.

Auch Taulers Gott ist nicht der Gott der Theologen, der Gelehrsamkeit und der Schrift,[16] er ist eine psychische Realität, deren der Gläubige sich in träumerischer Versunkenheit zu vergewissern sucht. Was die Le-

Abb. 33 Illustration zur Apokalypse des Johannes (Offb. 6,12-17). Holzschnitt aus Desiderius Erasmus von Rotterdam, Paraphrasis, Übersetzung von Leo Jud, Zürich 1542. Zürich, Zentralbibliothek, Alte Drucke (III D 9, fol. DXLVIIIr)

benspraxis betraf, riefen Taulers Predigten zur Nachfolge Christi auf, die ihren Anfang in Demut, ihr Ziel in liebender Hingabe findet.[17] Der wahre Christ soll sich selbst verleugnen, über das Kreuz meditieren, es auf sich nehmen und sich von allem abwenden, was nicht Gott ist.[18]

An Taulers Predigten fügt sich nahtlos ein weiteres Buch aus dem Besitz Altenstetters an, die «Nachfolgung Christi» – eines der meistgelesenen Werke der Weltliteratur. Das Büchlein, als dessen Verfasser meist Thomas Hemerken van Kempen (gest. 1471) genannt wird, ist zwischen 1420 und 1441 entstanden.[19] Seine Lehren kommen aus dem Geist einer der bedeutenden geistigen Strömungen des ausgehenden Mittelalters, der «devotio moderna», die eine «mittlere» Lebensform zwischen Mönchtum und Welt propagierte. Praktisches Weltchristentum trat neben das mönchisch-asketische Ideal. Das Buch schlug ein Leben in Verachtung aller weltlichen Eitelkeit und spitzfindigen Wissenschaft vor, in Demut, Einfalt und Lauterkeit, in Liebe zu Gott und zu den Mitmenschen. «Dieser Denker packt uns nicht durch seine Kraft oder seinen Schwung wie Augustinus, nicht durch das Blühende seines Wortes wie der heilige Bernhard, nicht durch die Tiefe oder die Fülle seiner Gedanken; alles ist eben und schwermütig, alles in Moll, es gibt nur Frieden, Ruhe, stille gelassene Erwartung» – so hat Johan Huizinga den Autor charakterisiert.[20] Tatsächlich gibt er eine überzeitliche, in vieler Beziehung allgemeingültige Ethik für die Lebensführung. Thomas (oder wer auch immer das Buch verfaßt hat) stellt den Christen direkt seinem Gott gegenüber und fordert ihn auf, Christus im eigenen Inneren zu suchen, gelegentlich in Einsamkeit und Stille zu meditieren.[21] Der Autor mahnt zu Selbstbeherrschung. Er gibt eine Anleitung zur Bibellektüre, die das erasmische Ideal vorwegnimmt: «In den heiligen geschriebenen Büchern ist die Wahrheit, nicht das klug Aussprechen zu suchen.»[22]

Ein Grund für den Erfolg des Büchleins war, daß es den Tod und alles menschliche Leid in religiöse Bezüge verwob, Trost spendete[23] und das Leiden damit erträglicher zu machen versuchte. Die «Nachfolgung Christi» ließ sich vorzüglich als Leitfaden für eine christliche Lebensführung jenseits der Konfessionen gebrauchen. «Dann ich bin kein Gott der Uneinigkeit, sondern des Friedens, welcher mehr in Demut dann eignem Übergeben begriffen ist»,[24] läßt der Autor den Herrn zum «Knecht» sagen. «Ich lehr ohn' Geschrei der Worte, ohn' Verirrung der Opinionen und Meinungen.»[25] Nicht zufällig hat einer der großen Vordenker der Toleranz, der Savoyarde Sebastian Castellio, eine eigene Bearbeitung des Textes vorgelegt.

Auch für den Gefangenen in Augsburgs «Fronveste» hielt die «Imitatio» passende Sprüche bereit. Der Autor ermahnte seine Leser, ihrer Obrigkeit gern und willig zu gehorchen: «Ja, Gehorsam ist die größte Tugend unter den Tugenden.»[26] Leiden, auch wenn es zu Unrecht erfahren werde, sei Gewinn, heißt es an einer Stelle.[27] Gott verspricht: «Ich will vor dir her gehen, und die Großen und Herrlichen dieser Erde klein und nieder machen, ich will des Gefängnis' Tür aufschließen, und Dir die Geheimnisse der verborgenen Ding' offenbaren.»[28] Die «Nachfolgung Christi» war – wie Taulers Predigten und Erasmus' Bibelkommentar – ein sehr gutes Buch für schlechte Zeiten.

Welche ihrer unzähligen Ausgaben Altenstetter benutzte, läßt sich nicht mit Sicherheit sagen. Der lateinische Erstdruck war 1473 in Augsburg bei Günther Zainer verlegt worden;[29] eine deutsche Übersetzung hatte der ebenfalls in Augsburg ansässige Anton Sorg unter dem Titel «Ein wahre Nachfolgung Christi» 1486 publiziert. 1536 brachte Philipp Ulhart eine weitere Ausgabe heraus.

Altenstetters kleine Bibliothek könnte so etwas wie die Tiefenschicht seiner Überzeugungen spiegeln. Allerdings dürfte er kaum Zugang zu den subtilen theologischen Problemen, die in Taulers Predigten angesprochen wurden, gewonnen haben. Man kann nur vermuten, welchen Positionen seiner Autoren er zustimmte und welche er verwarf. Wenn seine Art zu lesen der Gewohnheit der Zeit entsprach, konsumierte er nicht «extensiv» viele Bücher, sondern wenige intensiv, studierte wieder und wieder dieselben Texte.[30] Der Bücherkatalog läßt den Schluß zu, daß der Goldschmied sich – jenseits des Alltags – von allem Theologenstreit auf Formen mystischer spätmittelalterlicher Frömmigkeit zurückzog. Er nahm die Werke gewiß nicht wie Mönchsregeln; ihnen konsequent nachzuleben hätte dem Leser einiges an Askese abverlangt. So ließ sich weder aus Taulers Schrift noch aus der «Nachfolgung Christi» Freude an irdischen Pretiosen ableiten, deren Herstellung doch Altenstetters Geschäft war – ganz im Gegenteil. Wer zum «innerlichen Menschen» werden wolle, müsse alle äußerlichen Dinge abstreifen, sagt Tauler einmal: «Worte, Werke, Kleider, Kleinodien, Freunde, Verwandte, Gut, Ehre, Annehmlichkeiten, Vergnügungen [...]».[31] Der ideale Mensch Taulers erscheint eher als ein vergeistigter Asket, nicht als Handwerker, der zu zechen, zu zanken und zu kegeln versteht.

Während Erasmus ein klares, einfaches, ja «antiintellektualistisches» Schriftverständnis favorisierte, schlugen Tauler und die «Nachfolge Christi» Wege «zu sich selbst» vor. Die Annäherung an Gott erscheint in beiden Büchern als intensiver psychischer Vorgang. Gefühle waren gefragt, Demut, Hingabe – nicht der rechnende Verstand. Der Gläubige suchte Gott in sich. Er brauchte dazu weder Rituale noch Vermittler. Das Göttliche hat Geheimnisse, deren Lösung sich aller gelehrten Anstrengung verweigert. Altenstetters Bemerkung, er glaube, daß die Sakramente «Geheimnisse Gottes» seien, spiegelt wohl direkt die Lektüre der «Nachfolge Christi».

Die Leser Taulers dürfen sich fallenlassen, sich in Ekstase verlieren, um dann über sich hinauszuwachsen, zu Gott hinzufliegen. Eine aparte, freilich nicht beweisbare These ist, daß Altenstetters Goldschmiedezeichen, der Adler (Abb. 24),[32] auf eine Tauler-Stelle anspielen könnte, die ebendiesen Gedanken ausdrückt: «Weiter wandelt unser Herr auf den Fittichen des Adlers. Dieser Adler fliegt so hoch, daß man ihn nicht mehr zu erblicken vermag. Dieser Adler, das ist der Mensch, welcher mit allen seinen Kräften innerlich auffliegt in die Höhe, der Mensch nämlich, welcher seinen auswendigen und inwendigen Menschen mit all seinem Vermögen aufspannt und erkennend und liebend auffliegt in die Höhe, was keine der sinnenhaften Kräfte zu erlangen vermag. Auf solchen Federn wandelt unser Herr.»[33]

X
IM BANNE SCHWENCKFELDS

Abb. 34 Caspar Schwenckfeld. Ölgemälde eines unbekannten Künstlers, datiert 1556. Schwenckfelder Library & Heritage Centre, Pennsburg/Pa.

«SCHWÄRMER, AUFRÜHRERISCHE GEISTER, SEKTIERER, TRÄUMER»

artin Küenles Held, der 1489 geborene Caspar Schwenckfeld von Ossig, war ein begüterter schlesischer Adeliger gewesen, der sich früh der Reformation zugewandt hatte.[1] Von Erweckungserlebnissen «heimgesucht», hatte Schwenckfeld sich aber schon im Abendmahlsstreit, 1524, auf die Seite von Luthers Gegnern geschlagen. Zwingli sah in Brot und Wein bloße Zeichen, die an Christi Opfertod erinnerten, während der Wittenberger Reformator lehrte, daß Christus «in, mit und unter» Brot und Wein gegenwärtig sei. Schwenckfelds Position ähnelte der Zwinglis, ohne doch völlig mit ihr übereinzustimmen.[2] Institutionen, äußere Riten, papierne Dogmen, Bilder – das alles stand in der Sicht Schwenckfelds wahrer Gotteserkenntnis entgegen. So verzichtete er darauf, mit seinen Anhängern das Abendmahl zu feiern. «Der Lauf des lebendigen Gottesworts ist frei, er hängt nicht am Sichtbaren», schrieb er schon 1527, «sondern ruht ganz im Unsichtbaren.»[3] Die Suche nach Gott war ein geistiger, innerlicher Vorgang; das verband Schwenckfelds Theologie mit der Sicht der spätmittelalterlichen Mystiker. In diesem Sinn kann man den Schlesier und seine Anhänger «Spiritualisten» nennen.[4] Sein Zeitgenosse Sebastian Franck gibt um 1530 eine Definition: «Weiter sind zu unsern Zeiten drei fürnehmliche Glauben aufgestanden, als der lutherische, zwinglische oder täuferische. Der Vierte ist schon auf der Bahn, dass man alle äußerliche Predigt, Zeremonien, Sakramente, Bann, Beruf als unnötig will aus dem Weg räumen und glatt ein unsichtbar geistliche Kirchen, in Einigkeit des Geists und Glaubens versammelt unter allen Völkern und allein durch ewig unsichtbar Worte ohne einige äußerliche Mittel regiert, will anrichten, als sei die apostolische Kirche bald nach der Apostel Abgang durch den Gräuel verwüstet gefallen und es sind zumal gefährliche Zeiten.»[5]

Schlesien geriet Ende der zwanziger Jahre ins Visier der von Habsburg vorangetriebenen Gegenreformation. Schwenckfeld, der sich anfangs noch auf den Schutz Herzog Friedrichs II. von Liegnitz verlassen konnte, sah sich von katholischer Seite als Sakramentverächter beschuldigt, für den das Sakrament nicht mehr als Bäckerbrot sei.[6] Auch die Lutheraner verteufelten ihn, nannten ihn und seine Anhänger «Schwärmer, aufrührerische Geister, Sektierer, Träumer».[7] Seine Stellung in Schlesien wurde unhaltbar. So entschloß er sich zur Emigration. Erste und wichtigste Station war die Reichsstadt Straßburg. Allerdings kam es auch hier zu Auseinandersetzungen mit den Lutheranern, im besonderen mit Bucer, so daß er nach fünfjährigem Aufenthalt erneut auf Wanderschaft gehen mußte. Seit 1540 galt Schwenckfeld auch unter Protestanten als Häretiker. Der sonst so friedliche Melanchton nannte ihn verächtlich «Stenckfeld», andere ereiferten sich über die Schwenckfelder als vom Teufel verführte «Dreckisten» und «Absurdisten».[8] Der Schmalkaldener Theologenkonvent hatte sich 1540, gestützt auf ein Gutachten Melanchtons, vor allem an Schwenckfelds Überlegungen zur Natur Christi gestoßen.[9]

Die Christologie erwies sich mehr und mehr als harter Kern des Schwenckfeldertums, als der Teil der Lehre des Schlesiers, in dem sie sich sowohl von Positionen der Lutheraner als auch von jenen der Altgläubigen unterschied. Ob der Gottmensch Christus als Geschöpf gelten könne, war der heikle, unter Schwenckfelds Anhängern selbst umstrittene Punkt: Es ging letztlich um die alte, in vielen Religionen diskutierte Frage, ob eine Vermischung zwischen Göttern und Menschen möglich sei, ob es einen menschlich-göttlichen Zeugungsakt geben könne.[10] Im Christentum hatte die Frage, ob Christus als Geschöpf Gottes gottgleich oder Gott wesensgleich sein könne, bereits die Diskussionen des Konzils von Nicäa, der ersten ökumenischen Kirchenversammlung überhaupt, bestimmt.

Schwenckfeld selbst war erst nach langen Überlegungen zu der Auffassung gekommen, Christus sei nie «geschaffen» gewesen.[11] Er sei «nach der Menschheit kein Creatur», sagte er, «sondern ganz unser Herr und

Gott». Wenn Christus Geschöpf sei, so formulierte 1543 ein Ulmer Schwenckfelder schwäbisch-deftig, «welcher Schwanz ihn dann gemacht hab'?»[12] Schwenckfelds Christus war nicht von Fleisch und Blut. Er erschien als ein geistiges Wesen, das im Herzen seine Wohnung hat. Dort, im Inneren, sollte man ihn suchen.

Der Schlesier sah sich auf einer «via media», einem Mittelweg. Er stand jedem kirchlichen Dogma skeptisch gegenüber – eine in jenen Zeiten ungewöhnliche und, aus heutiger Sicht, ziemlich sympathische Einstellung. In Briefen an Leo Jud plädierte er für Glaubensfreiheit, Toleranz und für eine Trennung der Autoritäten von Kirche und Welt. Auch für Milde gegenüber den Täufern hat er sich eingesetzt.[13] Was das tägliche Leben des Christenmenschen anbelangte, folgten seine Ratschläge ähnlichen Leitlinien, wie sie sich in der «Nachfolgung Christi» formuliert fanden. Schwenckfeld selbst hat die Schrift denn auch nachdrücklich zur Lektüre empfohlen.[14]

Sein Exil gestaltete sich in der Regel einigermaßen erträglich. Von seinen Besitzungen in Schlesien bezog Schwenckfeld eine auskömmliche Rente; selbst nach seiner Verdammung durch die lutherischen Theologen wurde er nicht wirklich verfolgt, vielmehr von Fürsten, Herren und städtischen Magistraten, ja selbst in Klöstern – so bei den Franziskanern in Eßlingen – in Ehren aufgenommen, bewirtet und beherbergt. Eine seiner wichtigsten Schriften, das «Große Bekenntnis», entstand während des Aufenthaltes im Benediktinerkloster Kempten. Auf ausgedehnten Reisen sammelte er Anhänger, über Traktate und einen umfangreichen Briefwechsel fanden seine Ideen Verbreitung. Er starb 1561 in Ulm.

Schon damals gab es im Südwesten des Reiches und in Schlesien kleine, mehr oder weniger eng vernetzte Gruppierungen, die ihm anhingen. Der charismatische Mann – sein Porträt zeigt einen ernst, überlegen blickenden Herrn mit hoher Stirn und Prophetenbart (Abb. 34) – fand Zustimmung vor allem im Patriziat und unter «Intellektuellen». Doch reichte sein Einfluß auch in die Mittelschichten der Städte, und selbst einfache Leute wie Tagelöhner und Tuchscherer waren unter seinen Gefolgsleuten.[15]

BÜCHERVERBRENNUNG

Schwenckfeld hat sich mehrmals in Augsburg aufgehalten. Er scheint besonders unter Täufern, die zum Widerruf ihres Glaubens gezwungen worden waren, im stillen aber ihre alten Überzeugungen beibehalten hatten, Zulauf gefunden zu haben.

Auch in der Reichsstadt waren die Schwenckfelder indes seit der Jahrhundertmitte ins Visier der lutherischen Prediger geraten.[16] Einer ging so weit, den gottesfürchtigen Mann als Frauenhelden zu karikieren. Daran war nichts wahr. Allerdings fanden seine Lehren tatsächlich bei Frauen besonderen Anklang. Seine Gegner hätten ihn deshalb, wie er selbst einmal bemerkt, als «der Weiber Prediger» verspottet.[17]

1553 gelang es den protestantischen Zeloten, den Rat zum Durchgreifen zu veranlassen.[18] Drei Anhänger Schwenckfelds, der Uhrmacher Balthasar Marquart, der Sailer Leonhard Hieber und der Schneider Bernhard Unsinn, wurden in die Eisen gelegt. Marquart, der über eine nützliche Beziehung zum Kurfürsten von Brandenburg verfügte, kam frei. Der Rat verlangte nur Gehorsam von ihm, ohne ihn zur Aufgabe seiner ketzerischen Anschauungen zu zwingen. Hieber beugte sich den Bekehrungsbemühungen ins Gefängnis entsandter Prädikanten und durfte die Fronveste verlassen. Nur einer, Bernhard Unsinn, blieb standhaft und mußte dafür mit dem Stadtverweis bezahlen; er fand in Justingen in der Nähe von Ulm Asyl. Der Ortsherr, der Reichsritter Georg Ludwig von Freyberg, war nämlich schwenckfeldisch gesinnt.[19] Sein gleichnamiger Enkel übertrug dem tapferen Schneiderlein den Pfarrhof des nahe gelegenen freybergischen Dorfes Griesingen.[20]

In Augsburg verfügte die Obrigkeit währenddessen eines der widerlichsten Spektakel, das die Geschichte kennt, eine Bücherverbrennung. Mitte Oktober 1553 wurde ein Scheiterhaufen aus beschlagnahmten schwenckfeldischen Traktaten angefacht. Während der Verhöre hatte sich gezeigt, daß es in der Stadt um die 50 Personen gab, die solche Texte gelesen hatten – ob sie deshalb Anhänger des Schlesiers waren, steht dahin. Fast alle, die nun verhört wurden, behaupteten Rechtgläubigkeit und Gehorsam. Indes baute der Rat Bernhard Unsinn goldene Brücken, um ihm die Rückkehr zu ermöglichen; der Verbannte verfaßte mehrere Bekenntnisschriften, die zusehends kompromißbereiter klangen, die lutherischen Experten aber nicht befriedigten. Eine interessante Fußnote zu diesen Vorgängen ist, daß sich der katholische Domprediger Johannes Fabri nach Prüfung der Bekenntnisse Unsinns für den Exilierten als einen «gutherzigen Christen» verwandte. Der Rat hat Unsinn daraufhin begnadigt, doch intervenierten die Evangelischen dagegen so vehement, daß der Akt schließlich wieder zurückgenommen wurde.

Die Publikation schwenckfeldischer Schriften versuchte die Obrigkeit stets zu verhindern. Ungeachtet dessen blieb Augsburg vor Straßburg der wichtigste Druckort von «Schwenckfeldiana». Die Quellen verraten sogar Einzelheiten über Auflagenhöhen. So gab der Schneider Sixt Schilling 1563 im Verhör preis, von zwei Schriften Schwenckfelds, die er bei dem Buchdrucker Philipp Ulhart – dem Verleger der «Nachfolgung Christi» – zur Publikation in Auftrag gegeben hatte, seien 400 bis 550 Exemplare hergestellt worden.[21]

JENSEITS DER KONFESSIONEN

Küenles Bekenntnis zeigt, daß am Lech das Interesse an Schwenckfelds Ideen noch um 1600 lebendig war. Die Beziehung des Kürschners zu Altenstetter legt den Verdacht nahe, daß auch er ein Anhänger des Schlesiers war. Tatsächlich spricht fast alles dafür. Doch scheut man sich, ihn, Küenle und andere, die sich mit Anschauungen des Schlesiers auseinandersetzten, einfach «Schwenckfelder» zu nennen. Ungeachtet der Verdächtigungen und Anklagen der Obrigkeiten diverser Couleur verstanden sich solche Leute nicht als Schwenckfelder im Sinn einer Glaubensgemeinschaft oder gar einer Kirche. Schon dem Schlesier selbst war es nie darum zu tun gewesen, eine Kirche zu gründen[22] – das war vor dem Hintergrund seiner Theologie nur konsequent. Die «Schwenckfelder Church» in den Vereinigten Staaten, ein Zusammenschluß der dort bestehenden Gemeinden, wurde erst 1909 ins Leben gerufen.

Wenn man, etwa mit Blick auf die Exilanten in einigen schwäbischen Dörfern wie Leeder, Öpfingen oder Justingen, den Eindruck gewinnt, hier hätten sich «schwenckfeldische» Gemeinden zusammengefunden, ist zu bedenken, daß es der Verfolgungsdruck war, der diese Gruppen zusammenfügte, daß es ihre Feinde waren, die behaupteten, sie hätten eigene Pfarren und gar eine «Synagoge».[23] Tatsächlich waren die Schwenckfelder «Christen ohne Kirche».[24] Sie bildeten im deutschen Süden und anderswo – etwa in den Niederlanden – lose Netze. Mit solchen Zirkeln umzugehen und zugleich einer der großen Konfessionsgruppen anzugehören schloß sich nicht aus.[25]

«Daß man sie Schwenckfelder nennte, täte man ihnen unrecht», ließ sich eine Gruppe von Schwenckfeld-Anhängern in einem Verfahren im pfälzischen Landau vernehmen, «dann Schwenckfelder nicht für sie gestorben, sondern Christus. Derwegen sie nicht Schwenckfelder, aber gute Christen wären. Erkannten aber, dass Schwenckfelder Christum baß herausstrich und daß sie seine Bücher lesen und lieb hätten.»[26] Sie wollten keine Sekte sein, verfügten über kein theologisches System, praktizierten keine Rituale. Die Freiheit, die sie für sich forderten, war eine innere Freiheit.[27] Küenle betont ausdrücklich, seine Lektüren «allein und in der Stille für sich selbst» absolviert und auch «sein Gesinde nicht dazu gewiesen» zu haben. Während englische Spiritualisten manchmal schlüpfrigen Verdächtigungen ausgesetzt waren – hinter ihren Heimlichkeiten verberge sich Fleischeslust, behauptete ein Theaterstück der Zeit um 1603[28] –, blieben ihre deutschen Gesinnungsgenossen von solchen Unterstellungen verschont.

Ein Kennzeichen schwenckfeldisch getönter Frömmigkeit war, daß sie zu Hause, im Privaten, gepflegt wurde.[29] Auch die Aussagen Altenstetters und seiner Freunde zeigen, daß sie die Sphäre ihres Hauses als geschützten Raum betrachteten, in dem sie sich für frei hielten, ihren Glauben zu praktizieren. Sie trafen sich zum Gebet, zu gemeinsamer Lektüre der Bibel und frommer Schriften. Schon Erasmus hatte ja in der Vorrede zu seinem Bibelkommentar empfohlen, man sollte die Bibel zu Hause lesen, wenn ein Prediger das Wort Gottes nicht rein predigte oder gegen das Evangelium redete.[30] Erst der Westfälische Frieden versah übrigens diese Frömmigkeitspraxis mit einer rechtlichen Grundlage.[31]

Es gab zwar einige «harte» Schwenckfelder wie den Straßburger Pfarrer Daniel Friedrich.[32] Sie verstanden sich tatsächlich als Angehörige einer Glaubensgemeinschaft. Für die große Mehrheit der Leute, die mit Schwenckfeld umgingen oder seine Schriften lasen, läßt sich eine solche Identität aber nicht nachweisen. Ihre Religiosität ist denn auch nicht leicht in ein Muster einzuordnen. Sie bildete sich in der Auseinandersetzung mit den religiösen Strömungen ihrer Zeit. Die Beschäftigung damit führt wie im Fall Altenstetters immer wieder in die dämmrigen Tiefen spätmittelalterlicher Religiosität, über die Umbrüche des konfessionellen Zeitalters hinweg.

ALTENSTETTER UND DIE SCHWENCKFELDER

Im Gegensatz zu Küenle erwähnte Altenstetter den Namen Schwenckfeld im Verhör nicht. Das bedeutet wenig: «Dissimulieren», die «Kunst der Verhehlung» – eine «nikodemische» Haltung, die sich auf biblische Argumente stützen konnte[33] –, waren Techniken, die unter Dissidenten verschiedener Couleur verbreitet waren.[34] Das Verhehlen, argumentiert der Apulier Torquato Accetto, «ist nichts anderes als ein Schleier aus ehrenwerter Finsternis und gewaltsamer Rücksicht, hinter dem nicht das Falsche entsteht, sondern der dem Wahren ein wenig Ruhe gönnt, um es zur rechten Zeit wieder zu zeigen.»[35]

Altenstetter pflegte jedenfalls intensiven Umgang mit Leuten, die von den Lehren des Schlesiers beeinflußt waren. So wird der Goldschmied von Johann Marth in seiner Korrespondenz erwähnt, einem bekennenden Schwenckfelder und ehemaligen katholischen Priester.[36] Marth (um 1530-vor 1603) hatte in Freiburg Theologie studiert und dann in dem gemischtkonfessionellen Altstätten bei St. Gallen den Pfarrdienst versehen.[37] Er war ein religiöser Enthusiast, dem Gott in Träumen und Visionen erschien; durch seine Briefe geistert von Seite zu Seite ein finsterer Geselle: Satan, dessen Vorspiegelungen und Verführungen man zu widerstehen hatte. In Altstätten scheint er zu einem glühenden Anhänger Schwenckfelds geworden zu sein. Um 1560 sah er sich zur Flucht und zu einem Leben im Untergrund genötigt: «So sind wir arme Verfolgte», schreibt er einmal an seine Frau, «Leut', die kein Recht nirgends haben.»[38] Zusammen mit seinen Freunden Gall Keel und Hans Müller finden wir ihn 1581 in dem südlich von Augsburg gelegenen Dorf Leeder, das im Besitz schwenckfeldisch gesinnter Mitglieder der Augsburger Patrizierfamilie Rehlinger war. Drei Jahre später, 1584 – die Reichsstadt stand unter dem Schock der Unruhen um die Einführung des neuen Kalenders –,

Abb. 35 Öpfingen. Kolorierte Tuschezeichnung von 1625 (Ausschnitt). Stuttgart, Hauptstaatsarchiv (B 36 Bü 297)

mußte Marth zusammen mit seiner schwangeren Frau Agnes von Remchingen auch von dort fliehen, unter abenteuerlichen Umständen.

Aus einem Brief Marths von Ende Januar 1584, der darüber berichtet, erfahren wir, daß David Altenstetter sich zu dieser Zeit im schwäbischen Öpfingen aufhielt. Das Dorf, heute eine schmucke Gemeinde von 2000 Seelen, liegt am Abhang des Donautals, ein wenig südwestlich von Ulm (Abb. 35). Wie Justingen und Griesingen war es schwenckfeldisches Refugium.[39] Alle drei Dörfer gehörten den Freybergern, die ihre Hand über Anhänger Schwenckfelds hielten. Epitaphien von Mitgliedern des Geschlechts sind in die Wände von Schiff und Chor der Öpfinger Pfarrkirche eingelassen. Sie weisen eine schwenckfeldische Ikonographie auf: Das Grabmal Ferdinands von Freyberg – er starb 1583 – trägt ebenso wie das seiner Frau Veronica keine Inschriften, als ob ein letztes Mal bekundet werden sollte, daß angesichts der Vergänglichkeit alles Irdischen Namen und Taten nichts zählten (Abb. 36).[40] Die Figur des geharnischten Freiherrn wird von Hermen flankiert; sie halten Totenkopf und Sanduhr in den Händen, Symbole der vorübereilenden Zeit und des Endes. Im Tympanon über Ferdinand zeigt der Bildhauer den auferstandenen Christus, Zentralgestalt der schwenckfeldischen Theologie.

Altenstetter, schreibt Marth, habe von einem Besuch Hans Müllers aus Leeder erzählt, der ihm von der Angst der dortigen Schwenckfelder berichtet habe, vertrieben zu werden. Der Goldschmied habe aber keine Gefahr gesehen. Es sei nicht «der Herrschaft Meinung», ihn, Marth, und Gall Keel zu vertreiben, so Altenstetter. Das Gespräch Altenstetters mit Müller, so läßt sich Marths Briefwechsel entnehmen, fand in der Tat in Öpfingen statt,[41] vielleicht im Pfarrhaus, vielleicht im Schloß, neben dessen Portal heute eine Gedenktafel an Schwenckfelds Aufenthalt erinnert.

Marth fand schließlich im Obergriesinger Schloß der Freyberger Asyl. Altenstetters Reise nach Öpfingen – es mag nicht der einzige Ausflug gewesen sein, den der Goldschmied ins Ulmische unternahm – und sein Gespräch mit Marths Freund Hans Müller belegen Beziehungen zwischen den religiösen Milieus der Freybergischen Herrschaften, Leeders und Augsburgs.

Auch Altenstetters Augsburger Netzwerke zeigen Verbindungen zu schwenckfeldisch gestimmten Kreisen. Das Archiv des singenden Notarius Spreng belegt, daß Altenstetters Beziehungen zu Küenle und Dr. Kneulin, Potiphars Bruder, Jahrzehnte zurückreichen. 1580 tritt er in einem von Spreng verbrieften Testament gemeinsam mit den beiden als Zeuge auf; Erblasserin war eine gewisse Sybilla Krafter.[42] Daß Küenle Schwenckfelds Glauben schätzte, wissen wir schon; auch Dr. Kneulin verkehrte in schwenckfeldischen Kreisen.[43] Dasselbe gilt für Sibylla Krafter: Sie war sogar eine Zentralfigur der Augsburger Schwenckfelder. Die Tochter des Großkaufmanns Lorenz Krafter und der täuferisch gesinnten Honester Krafterin führte seit dem Tod ihres Mannes, des zur Zeit der Zunftverfassung einflußreichen Kramers Stephan Eiselin, das Leben einer reichen Witwe.[44] Sie hatte ein Erweckungserlebnis erfahren, ein «Anklopfen Gottes»[45], das sie zur glühenden Anhängerin des «Weiberpredigers» machte. In Augsburg versuchte die Krafterin, Anhänger zu rekrutieren, organisierte in ihrem Haus Religionsgespräche mit protestantischen Pfarrern und engagierte sich als eine Art «Charity Lady» verfolgter Schwenckfelder.

Obwohl Altenstetter im Verhör, gewiß aus guten Gründen, keine Schriften Schwenckfelds erwähnt, paßt doch das, was er las, gut zu einer spiritualistischen Religiosität, wie sie der Schlesier propagierte. Auch

Abb. 36 Epitaph des Ferdinand von Freyberg, gestorben 1583. Öpfingen, Pfarrkirche St. Martin

letzterer hat Tauler geschätzt und die «Nachfolgung Christi», wie wir sahen, zur Lektüre empfohlen, sie in deutscher Fassung sogar selbst herausgegeben.[46] Daraus erwuchs bei ihm eine Lehre, die Maßgaben für den praktischen Lebenswandel formulierte und eine Frömmigkeit favorisierte, welche Texte vernachlässigte, statt dessen ganz auf psychische Arbeit setzte. Die Berührungen der schwenckfeldischen Religiosität mit der Mystik des Spätmittelalters waren vielfältig. Wie Tauler suchte Schwenckfeld Gott im eigenen Inneren, «im Herzen»; wie die Mystiker hielt er nicht viel von einem Christus aus Papier und noch weniger von einem Gott der Priester und der Rituale.

Über die Dinge des Glaubens hatte der Herr den Menschen im übrigen nach seiner Auffassung das «frei Urteil» geschenkt,[47] die Fähigkeit, sich eine eigene Meinung zu bilden. Das bedeutete, daß auch Schwenckfelds eigene Lehren der Befragung offenstanden. Selbstlesen und Selbstdenken waren gefordert. Man ahnt die drei großen Fragen Kants: «Was kann ich wissen? Was soll ich tun? Was darf ich hoffen?» Was Altenstetter betrifft, hat er sich mit der ersteren durch Lektüren und Gespräche mit seinen Freunden auseinandergesetzt; Antworten auf die zweite Frage suchte er bei Tauler und Thomas von Kempen. Was zu hoffen war, dürfte für ihn als Christenmenschen nicht zweifelhaft gewesen sein.

Ob Altenstetter also «Schwenckfelder» in dem Sinn war, daß er sich einer klar definierten Glaubensgemeinschaft zugehörig gefühlt hätte? Was den Versuch, in seine «innere Welt» einzudringen, so schwierig macht, ist, daß sein Verhör in den düsteren Gewölben hinter Augsburgs Rathaus unter Zwang stattfand. Gemessen daran hat Altenstetter nicht wenig von sich preisgegeben. Er hielt es offensichtlich für möglich, weder Katholik noch Protestant zu sein, sich das Gute aus den Konfessionen auswählen, auch Schwenckfeldische Lehren mit einmischen zu können und dabei «frei» zu bleiben. Auch wagte er, das offen zu bekennen.

Seine Aussage war, genau besehen, starker Tobak. In modernerer Sprache ausgedrückt: Um 1600 einfach zu sagen, man fühle sich in religiöser Hinsicht ungebunden, wirkt unter dem «Sagbarkeitsregime» der Epoche als geradezu exotisch. Vergessen wir nicht, daß die Aussage buchstäblich unter dem Streckgalgen gemacht wurde. Der Schatten des Folterwerkzeugs muß bedrohlich über das Deckengewölbe getänzelt sein, als Altenstetter seine freimütige Aussage zu Protokoll gab. Im Schemen des Galgens zeigte sich symbolisch die Macht, die den Diskurs des Goldschmieds erzwang.

XI
DIE HEILIGE STADT

Abb. 37 Das Jüngste Gericht. Kopie nach Pieter de Huys, Öl auf Holz, Ende 16. Jahrhundert. Trier, Stadtmuseum, Simeonstift

DIE MILDE DER PFEFFERSÄCKE

och dann geschah das Unerwartete. Altenstetter und Küenle wurden freigelassen. Sie seien, heißt es im Augsburger Strafbuch,[1] «irriger und sektiererischer Lehre zugetan gewesen, daher Verdacht auf sie kommen, als hätten sie ihre Zusammenkünfte und Versammlungen heimlich gehalten», auch «Conventiculis» beigewohnt. Indes hätten sie angeboten, sich besser informieren zu lassen.[2] Deshalb habe «ein Ehrsamer Rat heut' dato erkannt, daß sie auf ihr Erbieten und Wiederstellung erlassen werden sollen». Sie sollten sich also weiter zur Verfügung halten, blieben aber unbehelligt. Altenstetter hatte am Ende zugestanden, er bekenne sich, wenn man ihn denn dränge, zum lutherischen Glauben – nur zwei Tage zuvor noch hatte er Sympathien für die Konkurrenz erkennen lassen! Das war Nikodemismus in Reinkultur ... Auch Küenle hatte sich konziliant gegeben. Wenn er denn geirrt habe, sagte er, dann für sich allein. Er habe «niemand zu sich gezogen». Wie im Strafbuch vermerkt, erklärte er seine Bereitschaft, sich durch «Fachleute», durch Prädikanten, belehren zu lassen. Wegen der vielen Arbeit, die er unter den Händen habe, bat er aber um etwas Zeit.

Warum ließ der Rat Milde walten? Offensichtlich vertraute er den Beteuerungen der beiden, sie seien dazu bereit, sich belehren zu lassen. Darüber hinaus mag Altenstetters Beziehungsnetz seine Wirkung getan haben. Dr. Kneulin und Dr. Widemann standen als angesehene Ärzte in Diensten der Kommune, Dr. Spreng – man sieht: Doktoren über Doktoren! – erscheint als einer ihrer wichtigsten Notare. Er hatte hervorragende Verbindungen in «höchste Kreise». Altenstetter selbst war, wie weiland der Wasserbauingenieur Marpeck, ein hochangesehener Fachmann im wichtigsten Gewerbe der Reichsstadt. Der Hinweis, er arbeite gerade für die kaiserliche Majestät, dürfte seine Wirkung nicht verfehlt haben.

Dazu kam ein allgemeinerer Grund. Das kleine Drama Altenstetters und der Seinen spielte in einer bürgerlichen Umgebung. «Handel und Wandel» hatten einen ganz anderen Stellenwert als in den Städten, an den Höfen, in der Welt der Fürsten mit ihren listigen Beichtvätern. Allzu großer Glaubenseifer war gewiß nicht im Sinn der städtischen Ökonomie; dazu widersprach die in Augsburg tiefverwurzelte humanistische Kultur mit ihren ästhetischen Idealen allem religiösen Fanatismus. Und es galt, die heikle Balance zwischen den Konfessionen zu bewahren. Man mußte nur nach Frankreich und in die Niederlande blicken, um ermessen zu können, was ungezügelter religiöser Eifer anrichten konnte.

Auf einer «Landkarte der Toleranz» hätte Augsburg neben anderen Stadtrepubliken und Städten wie Straßburg,[3] Basel, Breslau oder Prag und vom bürgerlichen Element geprägten Staaten wie den Niederlanden einen guten Platz. Der «Fall Altenstetter» liefert der These des Historikers Henry Kamen, nach der religiöse Toleranz als «Kollateraleffekt» freien Handels entstanden sei, ein kleines Argument.[4] Eine Gesellschaft, deren Wohlstand zu einem wesentlichen Teil auf Bankgeschäften und auf dem Export ihrer Produkte beruhte, wäre schlecht beraten gewesen, religiöse Abweichler immer gleich mit Feuer und Schwert zu verfolgen. Die patrizische Regierung war nicht von einem sakralen Nimbus umglänzt wie Europas christliche Monarchien, die, als heilige Institutionen, das Recht auf den Krieg gegen alles Ketzertum für sich reklamieren konnten.[5]

Das heißt natürlich nicht, daß Augsburgs Obrigkeit darauf verzichtet hätte, sich um Moral und Rechtgläubigkeit ihrer Gemeinde zu kümmern. Die Ratsherren, die Altenstetter und seine beiden Gefährten verhörten, hatten aus einem patriarchalischen Verständnis von Herrschaft heraus gehandelt. Sie dürften überzeugt davon gewesen sein, für die ihnen anvertrauten Untertanen Gutes zu tun, ja einer Pflicht gegenüber Gott nachzukommen, wenn sie sich darum kümmerten, daß das Richtige geglaubt wurde. Im Kampf gegen die «öffentlichen Feinde» festigte sich die Identität der christlichen Gemeinschaft.[6] Die Funktionäre des Heils, die Priester, nahmen daran in vorderster Front teil, ging es doch um ihr «Magiemonopol». Sie beanspruchten die Deutungshoheit über die heiligen Schriften, wollten, daß die von ihnen praktizierten Rituale die einzig wirksamen und erlaubten sein sollten. Wer versuchte, an ihnen vorbei mit der Überwelt in Verbindung zu treten, zog sich ihre Feindschaft zu. Übrigens kamen Staat und Kirche, wenn sie Ketzerei ahndeten, oft genug dem Drängen der Untertanen entgegen,[7] die mit großem Ernst und noch größerer Furcht im Irrgarten des Lebens den rechten Weg zum Heil suchten.

DER ZAUBERKREIS

Was in der Reformation als Versuch begonnen hatte, die sakralen Institutionen und die religiösen Doktrinen zu sozialisieren,[8] kehrte sich im Lauf des 16. Jahrhunderts wieder um in die Bemühung, die Gesellschaft zu reinigen. Die ideale Stadt jener Zeit ist ein Gemeinwesen, in dem fleißig gearbeitet und mäßig gelebt wird, wo das Volk eifrig betet, die Armen sich milder Fürsorge erfreuen und alle derselben Religion anhängen. Sie ist eine wohlgeordnete, fromme Gemeinschaft, die den Zorn des Herrn nicht erregt, seiner Gnade gewiß, vor seiner Strafe sicher ist und in der Irrglaube und Ketzerei – als Beleidigungen von Gottes Ehre[9] – streng verfolgt werden. Das Werkeln am Bau der Gottesstadt erscheint als großes, nie vollendetes Projekt. Im wirklichen Leben wird immer gesündigt; die Vergeblichkeit der Anstrengung lieferte Begründungen für alles Übel einschließlich des schlechten Wetters der Eiszeit.

Die Konkurrenz unter den Konfessionen schürte zusätzlich den Eifer der frühneuzeitlichen «Verfolgungsgesellschaft», an der Realisierung der Gottesstadt zu arbeiten.[10] Manches, was vor der Reformation toleriert worden war, wurde nun zum Verbrechen, so das Praktizieren von Magie. Auch in Augsburg häuften sich Verfahren gegen Zauberer und «weise Frauen»; die Huren wurden aus der Stadt verdrängt.[11] Die Hexenprozesse markieren nur spektakuläre Höhepunkte in einem unablässigen, zähen Ringen.

Die Arbeit an der Vollendung der Heilsgemeinschaft wurde in unzähligen Handgreiflichkeiten und Praktiken konkret. Über die Bürgerinnen und Bürger ergoß sich eine anschwellende Flut von Mandaten, Erlassen und Verordnungen gegen Kleiderluxus, Unzucht und Völlerei, gegen

«Schwören und Fluchen», gegen erotisch aufreizende Tänze. Spione meldeten, wenn jemand «übel hauste», zankte, soff, seine Frau verprügelte; Kundschafter und Nachbarn denunzierten herumstreichendes Gesindel, zeigten Juden an, die keinen Paß vorweisen konnten, meldeten Bettler, deren Bettelbriefe gefälscht waren. Im besonderen galt es, das, was man für ketzerisch hielt, mit allen Kräften aus dem städtischen Raum zu drängen, darunter eben auch die Schwenckfelder. Das war der größere Zusammenhang, in dem sich das Verhör Altenstetters und seiner Freunde vollzog.

Bei der Verfolgung der Täufer, der Spiritualisten und Zwinglianer, der Unholde, der «Sodomiter» und Prostituierten – allesamt Objekte obrigkeitlicher Nachstellung – ging es kaum um bloße Macht. Alles Unsaubere galt als gefährlich. Mit gutem Grund scheuten falsche Riten, verfehlte, mit magischem Gemurmel vermischte Gebete das Tageslicht. Hinter dem Kampf dagegen steht die unbestimmte Idee, das Böse sei ansteckend, infiziere den großen Leib der Stadt – wie das häßliche Virus einen Organismus befällt, ihn schädigt, womöglich tötet.[12] So hatte der Stadtkörper, um des Heils versichert zu sein, Diät zu halten und sich regelmäßiger Purgationen zu unterziehen, die allen Schmutz ausschwemmten. Wie das Individuum frei von Sünde und nüchtern zur Eucharistie schritt, sollte auch der Stadtorganismus alles Böse, Zwielichtige, Andersartige ausscheiden, wegspülen; womöglich war es durch scharfe Operationen abzuschneiden. Die Verhaftungen, Verhöre und Folterungen, die Stadtverweise und Ausschaffungen dienten seiner Reinigung. Die Tore der Stadt waren wie Körperöffnungen, aus denen defäkiert wurde und ausgespuckt.

Die angestrengtesten Säuberungsbemühungen unternahmen Bürger und Klerus in den «Kernzonen» des Sakralen, in Kirchen und Kapellen, wo sich die heilige Aura zu den Altären hin verdichtete. Während Calvinisten und Zwinglianer jene magischen Bereiche von Bildern und anderem, was an frommer Versenkung hinderte, völlig gereinigt wissen wollten, unterzogen die Altgläubigen sie einem strengen Reglement. Die Kirchenvisitationen der Zeit nach dem Konzil von Trient schenkten ihnen besondere Aufmerksamkeit, wandten schärfste spirituelle und ganz materielle Scheuermittel an, um blitzende Sauberkeit herzustellen.[13] Der Visitator segnete und weihte; er reparierte durch unbedachte Profanierung entstandene unsichtbare Schäden und heilte die sichtbaren. Holzaltäre wurden durch steinerne ersetzt, kostbares Material half, die Kristallisationsorte der Sakralität zu veredeln. Weihrauch sorgte für heiligen Geruch, Kerzenlicht brach sich in Marmor, Lapislazuli, in Malachit und Gold.

Indes lauerten Bedrohungen an jeder Ecke. Alles Unreine, jede Verletzung der Ordnung – selbst ein falsches Wort, womöglich ein Fluch[14] – konnten dem Teufel Eingang verschaffen in die chaotische, gefährlich poröse Menschenwelt. «Gutes», gottgefälliges Verhalten, die richtigen Worte, Gebete und Rituale erschienen als Mittel, den Herrn dazu zu bewegen, Satan das Eindringen in den Zauberkreis zu verwehren. Zu wissen, was richtig war, erschien den Menschen als überlebenswichtig. Der angestrengte Blick in die Natur, in der überall Zeichen vermutet wurden, die Lektüre der Sterne und das Studium der Schrift halfen, sich des göttlichen Willens zu vergewissern und Maßstäbe für ein «rechtes» Leben zu finden.

Das Falsche zu tun oder zu denken hatte im Verständnis des 16. Jahrhunderts keineswegs allein Folgen für das irdische Wohlergehen. Es ging um die Ewigkeit, nicht um das kleine Leben auf Erden, das Shakespeare im «Sturm» als Traum darstellt inmitten eines langen, tiefen Schlafs. Die Alternativen waren dramatisch: entweder ein der Zeit enthobenes Dasein in der Herrlichkeit des Himmels in ewiger Lust oder der Sturz ins Inferno, wo unaussprechlich grausame Qualen der Menschenseelen harrten. Ignatius von Loyola sieht dort gewaltige Feuergluten, die Seelen wie eingeschlossen in brennenden Leibern; er hört Weinen, Geheul, Geschrei und Lästerungen, und er riecht Rauch, Schwefel, Unrat und Fäulnis (Abb. 37).[15]

DIE STADT ALS GLEICHNIS

Wie sich das 16. Jahrhundert seine reine, ideale Stadt wünschte, zeigen die Träume der Architekten und ein wenig verwirklichte Idealarchitektur.[16] Sie ist ein völlig regelmäßiges Gebilde. Absolute Ordnung steht gegen das Chaos der Welt «draußen». Die utopische Stadt der frühen Neuzeit gleicht noch immer, mit Erasmus, einem großen Kloster,[17] macht Metaphysik augenfällig. Sie ist Ausdruck der menschlichen Sehnsucht nach klaren Begriffen und eindeutigen Trennlinien. Geschütze, Musketen, zur Not heißes Pech und kochendes Wasser halten Feinde aus Fleisch und Blut fern, magische Waffen, Reliquien, Gebete und Rituale schützen vor dem Bösen in seiner luftigen Gestalt, vor Teufeln und Dämonen.

Der Mauerring, mit dem die Menschen ihre Stadt umzogen, war eine Art magischer Zirkel, ein Bannkreis, in dem das Böse und Unsaubere von dieser und der anderen Welt keinen Ort haben soll. Ein Magier vergräbt den Lohn für den «bösen Feind», ein paar Münzen, außerhalb der Mauern der christlichen Stadt,[18] aus der selbst die Leichen von Selbstmörderinnen und Selbstmördern verbannt werden. Der Scharfrichter schlägt sie in ein Faß und vertraut das unheimliche Behältnis den Wassern des Lech an.[19] Darauf wird ein Zettel befestigt, der davor warnt, es etwa aufzubrechen: «Dieses Faß soll man lassen bestahn, denn dieser hat ihm selbst den Tod angetan.» Auch für die Leichen jener – wie man glaubte – vom Teufel Verführten blieb in der christlichen Gemeinschaft kein Platz.

Reinheit heißt somit auch, daß der Schmutz, wenn er schon nicht zu vermeiden ist, seinen gehörigen Ort zugewiesen bekommt: der Viehkadaver den Schindanger draußen, die Leiche den Friedhof vor dem Tor,[20] die des Selbstmörders den Fluß. Der Stadtverweis für Altenstetters Kollegen Kaspar Kraus, den Dieb von Gottes Gut, folgt derselben Logik wie die Verbannung der Juden in Dörfer des Umlandes oder die Vertreibung der Täufer und der Huren. Was an Anrüchigem innerhalb des Zauberkreises unvermeidlich ist, wird marginalisiert oder unter Quarantäne gestellt – so jene nützlichen Leute, die buchstäblich Drecksarbeit zu leisten haben. Die Nachtkönige – der Henker «Meister Dietrich» und der Schinder[21] – leben im Schatten der Stadtmauer, tatsächlich am Rand der Gesellschaft. Sie drücken sich ins Verborgene. Manche tragen Zeichen, etwa papageienbunte Kleidung, so daß man sie wie die ebenfalls stigmatisierten Bettler und die Juden ausmachen und den Kontakt mit ihnen vermeiden kann. Ihre Ausstrahlungen sind gefährlich, die Berührung mit ihnen führt zur Kontamination. So muß selbst der Umgang mit Dingen, die sie berührt haben, rituell umkleidet werden, etwa wenn der Galgen aufzurichten oder niederzulegen ist. Die Zimmerleute halten dann präzise definierte Riten ein, ziehen, wenn die Arbeiten beendet sind, zum Klang von Blasmusik vom Richtplatz in die Stadt zurück.[22] So wird die

Ansteckungsgefahr sozusagen in einen Kokon aus Ritualen gesponnen und unschädlich gemacht.

Die Vorstellungen, die Stadt müsse moralisch rein sein und physisch sauber, gehen ineinander über. Die saubere Stadt, die von kupferblitzenden Türmen glänzt, deren Straßen gefegt sind und deren schmucke Häuser von bunten Fresken leuchten, wird ihrerseits zur Metapher des vor Gott gerechtfertigten Gemeinwesens. Es gibt kaum eine Stadtvedute, die das Bild nicht bemüht.

In der Wirklichkeit des 16. Jahrhunderts dienten alle möglichen Maßnahmen der Verbannung physischen Drecks. Seit dem Spätmittelalter hat man den Boden in den Städten nach Möglichkeit versiegelt, steinernes Pflaster als einen groben, knotigen Teppich über Straßen und Plätze gebreitet. In den stinkenden Schwaden, die aus dem verschlammten Erdreich aufstiegen, rochen die Leute den Weihrauch der Götter der Pest. Als 1592 eine Seuche ausbrach, verbot Augsburgs Rat nicht nur das Schweinemästen in der Stadt – der üble «Geschmack» der Säue trug ja, wie man glaubte, verderbliche Miasmen mit sich –, sondern auch Schlittenfahren, Tanzen und üppige Hochzeiten.[23] Die Verlautbarung wandte sich in einem gegen eine natürliche Ursache der Seuche, nämlich den Gestank, zum anderen gegen ihren eigentlichen Grund, die Sünde. Sie war es, die die Pest als Gottes Strafe nach sich zog.

Selbst Geruch hatte eine metaphysische Dimension. Während in der Hölle grauenerregende Dünste drückten, rochen Heilige grundsätzlich gut. Selbst ihre Leichen, die als lederhäutige Mumien in Glassarkophagen ausgestellt wurden, verströmten angeblich ambrosische Düfte. Ihr Widerpart, der Teufel, stank demgegenüber bestialisch und hinterließ nach seinem Abgang Wolken üblen Geruchs.[24] Andererseits fürchtete er, wie Giovanni Maria Bonardo 1589 schrieb, bestimmte Gerüche, besonders den des Johanniskrauts, so sehr, daß er, wurde es verbrannt, sofort das Weite suchte.[25] In den Rauhnächten wurde das Kraut als Teufelsaustreiber gebraucht; überhaupt pflegte man in den Häusern der Reichen «duftende Kugeln» zu verbrennen, um den Pesthauch zu bannen und mit ihm die bösen Geister.[26]

XII
DIE MUSIK DER EWIGKEIT

Abb. 38 Erschaffung Evas. Kolorierter Holzschnitt aus der Koberger-Bibel, Nürnberg 1483. Augsburg, Staats- und Stadtbibliothek (2° Ink 560, fol. 5r)

STERNENKINDER

evor wir unsere Wege in die Tiefen des Denkens eines Handwerkers aus dem 16. Jahrhundert fortsetzen, heißt es, doch einmal die ethnologische Sicht zu versuchen, Altenstetters Welt als exotisches, fernes Land zu betrachten. Was ist das «ganz andere», das uns in den Verhören gegenübertritt? Es ist vor allem, wie sich immer wieder zeigt, die Bedeutung, die den kleinsten Details des Religiösen beigemessen wird. Noch thront Gott weit über der Gottesstadt mit ihrem Menschengewimmel im höchsten Himmel, ist unbestritten Herr des Universums, furchtgebietend, allwissend und allmächtig. Den Glauben an diesen herrlichen Supergott, der in Gestalt seines Sohnes eine sehr menschliche, barmherzige Seite zeigt, hatten die Europäer mit der Muttermilch eingesogen. In ihrem Tun und Lassen wissen sie sich unter scharfer Beobachtung, der Herr kennt ihre kleinsten Gedanken. So nehmen sie eher Verfolgung und Exil auf sich, als daß sie von Glaubenslehren abrückten – mag es auch nur um minimale Akzente gehen. Sie ereifern sich über Fragen wie die, ob der Herr wirklich in der Hostie präsent sei oder nicht, grübeln über die Natur Christi, über Trinität und Sakramente, denken nach über die Topographie der Hölle. Es sind Menschen, die Gefängnis, Folter und Schlimmeres riskieren, um ihren eigenen religiösen Weg gehen zu können, für die «Glauben» Gewißheit ist und jedenfalls eine äußerst ernste Angelegenheit.

Wie sah ihr Kosmos aus?[1] Die Menschen damals glaubten sich noch immer im Zentrum des Universums. Das kopernikanische Weltbild war formuliert, geglaubt aber wurde es nur ganz allmählich. Man stellte sich vor, daß der Kosmos aus zwei Sphären gebildet sei. Oberhalb des Mondes, in der superlunaren Region, ließen die Astronomen die Planeten schweben. Die kristalline Hohlkugel, an der die Fixsterne befestigt waren, drehte sich nach dem Weltbild des Ptolemäus in 24 Stunden einmal von Osten um die unbewegte Erde im Zentrum, die Planeten zogen, wie eingegossen in die transparenten Schalen ihrer Sphären, in tiefer Dunkelheit ihre vollkommenen Kreisbahnen. Für menschliche Ohren nicht hörbar, erzeugten sie dabei die Musik der Ewigkeit. Auf der Grundlage der Beobachtungen Tycho Brahes und der pythagoreischen Musiktheorie hat Johannes Kepler einen letzten großen Versuch unternommen, die harmonische musikalische und geometrische Struktur des Planetensystems zu belegen. Sie verwiesen für ihn auf ein «intelligentes Design» des Schöpfers.[2]

Noch darüber stellte man sich das gewaltige Gewölbe des obersten Himmels vor. Es sollten Räume des Lichts sein, der Wohnort Gottes, der Heiligen und Seligen. Herrschten auf der Erde Durcheinander und Wandel – hier war eine Welt der ewigen Ordnung, der absoluten Schönheit, der Ruhe und der Lust. Der höchste Himmel sollte aus dem fünften Element, der «Quintessenz», gebildet sein, während die Lebewesen unten in der Menschenwelt aus den vier Elementen Erde, Feuer, Wasser und Luft bestanden. Ein Holzschnitt in Altenstetters Bibel – er illustriert die Erschaffung Evas – deutet dieses Weltbild an: In der Mitte ist die Menschenwelt, umströmt vom großen Ozean; darüber zeigt der Künstler das Empyreum (Abb. 38).

Die absolute Ordnung des Himmels stellte der sozialen Wirklichkeit ein Ideal vor Augen. Sie begründete die ständische Gliederung der Gesellschaft, in der jedem einzelnen ein genau bestimmter Platz zugewiesen sein sollte. Aber zwischen der irdischen Welt und den Himmelsregionen zog sich keine scharfe Grenze.[3] Gott griff immer wieder beherzt in den Gang der Dinge ein. Die Soldaten und Agenten Gottes, Engel und Heilige, stellte man sich nicht als ephemere Geistwesen vor. Einige von ihnen waren zornig und stark und lieferten den Mächten des Bösen einen harten Krieg. Sie konnten aber auch gefährlich sein. St. Antonius etwa hantierte mit Feuer, verbrannte Ungläubigen den Pelz. Das Heilige umgriff Heil und Unheil. Man mußte sich durch Rituale und Amulette vor seinen negativen Wirkungen schützen.

Der Herr jagte Kometen durch den Äther, um die Menschen zu warnen. Ihr Schweif wurde als Rute oder Schwert gedeutet, als Zeichen göttlicher Strafandrohung, als Vorzeichen von Kriegen, Erdbeben oder Seuchen. Über die Gestirne nahm Gott Einfluß auf das Menschenschicksal. «Die Sterne regieren die Menschen», lautete eine oft zitierte Maxime, «doch Gott regiert die Sterne.» Zwischen Erdbewohnern und Planeten wurde die Existenz von Kraftfeldern angenommen; sie konnten die labilen Mischungsverhältnisse der Körpersäfte – Blut, Schleim, gelbe und schwarze Galle – aus dem Gleichgewicht bringen, Krankheit verursachen oder Tod. Die Befindlichkeit der Menschen wurde vom Himmel bestimmt, der die Gnade der Gesundheit erwies, aber auch hart zu strafen verstand.

Das fremdartige Denken in Analogien, das in der Epoche tief verwurzelt ist und noch im 17. Jahrhundert wieder und wieder begegnet,[4] kulminierte in der Vorstellung, der Mensch sei Mikrokosmos, eine kleine Welt, in der sich Gottes großer Kosmos spiegle; sie ist auch in anderen Kulturen greifbar.[5] Die mittelalterlichen und frühneuzeitlichen Mediziner, Astrologen und Alchemiker schufen eine eigene Ordnung der Dinge, konstruierten differenzierte Modelle der Beziehungen zwischen Mensch und Universum. Jeder Planet wirkte auf bestimmte Organe, wurde in spezieller Beziehung zu den verschiedenen Temperamenten gesehen, war Tagen, Monaten oder Lebensaltern zugeordnet. Unter dem Einfluß des Saturn, des fernen, trockenen und eiskalten Sterns Geborene waren schwer arbeitende Bauern, Totengräber, Krüppel und Verbrecher, während die Kinder des Planeten Jupiter höhere Ämter ausübten, das Leben großer Herren führten.[6] Auch das «Volk» achtete auf solche Zusammenhänge. Der gemeine Mann griff zu Planetenbüchlein, die es ihm ermöglichten, einfache Horoskope zu stellen. Selbst beim Kräutersammeln war auf den Kosmos Rücksicht zu nehmen; ein wichtiges Leitgestirn dabei war der bleiche, der «gläserne und selbstvergessene» Mond,[7] in dessen kaltem Schimmer «weise Frauen» und Heilkundige nach wirkkräftigen Pflanzen suchten.

WEGE INS EMPYREUM

Auf die Frage, wie in den obersten Himmel zu gelangen und der Sturz ins Inferno zu vermeiden war, gaben die Konfessionen sehr verschiedene Antworten. Im deutschen Süden, im besonderen im gemischtkonfessionellen Augsburg, war das hautnah zu erfahren. Montaigne erreist auf etwa denselben Wegen, die Altenstetter auf seiner Reise nach Augsburg genommen haben muß, eine vielfarbige religiöse Landschaft, deren Schattierungen er aufmerksam registriert:[8] In Basel unterhält er sich mit einem Zwinglianer, einem Calvinisten und einem «Martinisten»; er spricht im katholischen Baden mit einem Zürcher Zwinglianer, hört in Konstanz, daß hier viele Lutheraner leben. Er beobachtet das paritätische Leben in der Reichsstadt Lindau und wundert sich darüber, daß im protestantischen Kempten auch katholischer Gottesdienst gefeiert wird.

Die Papstkirche bot gewaltige Apparate auf, um Sehnsüchte und Sensationsgier der Menschen zu befriedigen. Farben, Formen und Töne wirkten zusammen, um einen Vorgeschmack des Paradieses zu geben. Das Innere vieler Kirchen des beginnenden Barock schimmerte von Gold und Marmor, zeigte sich als Thronsaal, in dem der Gottkönig auf mystische Weise präsent war, umweht von betörendem Weihrauchdunst und vom Honigduft der Kerzen. Eine beklemmende Wirklichkeit nahmen die Bilder von Gericht und Hölle auf Leinwänden oder Kirchenmauern vorweg. Man sah sich verdrehende, qualvoll windende, dem lodernden Flammeninferno entgegenstürzende Leiber, von Dämonen gepeinigte, von gehörnten Teufeln gestoßene, in den Abgrund gezerrte Sünder mit angstvoll verzerrten Gesichtern. Es waren Warnungen an alle, die in Sünde lebten, womöglich vom wahren Glauben abgefallen waren.

Als Widerspruch zu den Schrecken der Hölle wurde das Bild Christi gezeigt. Der Auferstandene, Gottvater und die Phalanx der Heiligen verhießen unendliche Seligkeit. Die Gläubigen dürften sich die überirdischen Gesänge der Himmlischen vorgestellt haben, die Musik lautenspielender Engel, das Donnern der Trommeln und den Schall der Posaunen, die mit Aplomb den Auftritt des Herrn verkündeten, als sei er Serenissimus eines irdischen Fürstenhofes.

Die Kirchen der Protestanten waren kärglich ausgestattet und fast immer architektonisch belanglos. Bilder waren weniger wichtig; die Sinne wurden allenfalls durch Psalmengesang und Orgelmusik angesprochen. Die Reformation, so ein Zeitgenosse, ließ alle Künste brotlos werden – außer der Medizin, da nun die Heiligen aufhörten, sich um Krankheiten zu kümmern.[9] Die Protestanten hatten keine Heiligen, keine Reliquien, und anstelle der sieben Sakramente verfügten sie nur über zwei. Ihre Priester spreizten sich nicht in Goldbrokat und Purpur wie die katholischen Nachfahren Melchisedeks und Aarons; vielmehr kamen sie in Schwarz daher, mit feiner Halskrause. Sie erschienen eher wie Beamte Gottes, nicht als dessen Hohepriester. Die Gegensätze konnten größer nicht sein.

Das Reich des katholischen Gottes war bunter und gegenwärtiger, es war nicht nur von Ferne zu hören, sondern fühlbar, sichtbar, selbst riechbar. Auch in Augsburg inszenierten die Jesuiten ihr heiliges Theater, brachten erbauliche und belehrende Stücke auf die Bühne des Kollegs St. Salvator. Prächtige Kostüme und Spezialeffekte trugen zur Attraktivität der Inszenierungen bei; nicht nur die katholische Hautevolee kam, auch protestantische Honoratioren fanden sich trotz Verbots zu den Aufführungen ein.[10] Ihren Gönnern, den Fuggern, dankten die Patres durch einen persönlichen Service. Sie unterzogen Bedienstete des Hauses harten Exorzismen. Protestantische Kommentatoren spotteten über diese Bemühungen, die Fuggerpaläste zu teufelsfreien Zonen zu machen.[11]

PLAUDERN MIT GOTT

Die katholische Kirche kannte viele Möglichkeiten, wie der Herr gnädig zu stimmen war. Man konnte Ablässe kaufen und so die gefürchtete Zeit in der Glut des Fegefeuers verkürzen, konnte Vaterunser und Rosenkränze beten, bis der Mund trocken und die Hände steif waren; man konnte auf die Macht von sieben Sakramenten – geheimnisvollen, gleichwohl erlaubten magischen Mitteln – vertrauen und die Kraft der Reliquien aktivieren, mit denen Kirchen und Kapellen der Altgläubigen reichlich bestückt waren. Es waren zauberhafte Dinge: heilige Knochen, heilige Kleiderfetzen, selbst heiliges Blut, das sich bei glücklicher Gelegenheit verflüssigte. Diese Fetische, umsponnen von Riten und unverständlichen

Formeln, die prächtig gekleidete Priester murmelten, halfen gegen alles Übel.

Die Kraft jener Gegenstände war ehrfurchtgebietend. Richtig angewandt, heilten sie Krankheiten, verhalfen zu Geld und Gut. Sie hielten böse Geister fern, bannten selbst den Fürsten der Finsternis. Solche Praktiken waren von hoher innerer Verbindlichkeit. Gesten und Dinge hatten Kraft: Sie standen durch übersinnliche «Sympathie» mit dem Göttlichen in Verbindung, waren viel mehr als bloße Abbildungen. Das «Andere», das sie zeigten, war zugleich ein wenig in ihnen.

Eben das bestritten die spiritualistischen Gegner der katholischen Gläubigen. Faßt man die Reformation, mit Mary Douglas, als Revolte gegen das Ritual,[12] waren Schwenckfeld und Konsorten tatsächlich radikal, weil sie die Insurrektion weiter vorantrieben.[13] Sie waren das Gegenteil von Ritualisten, die das Gespräch mit ihrem Gott im mechanischen Ableiern von Rosenkränzen und Vaterunsern, in den Gesten und Handlungen, die zum Gottesdienst gehörten, oder im Verrichten von Gebeten vor Knochen oder Bildern suchten.

Für die Schwenckfelder, die Spiritualisten und Mystiker stieg Gott mitunter von seinem Thron im Empyreum herab und wendete sich ihnen als intimer Freund zu. Die «Nachfolgung Christi» erinnerte an das Bibelwort «Das Reich Gottes ist in euch» (Luk. 17,21) und forderte dazu auf, das Äußerliche zu verschmähen: «Den inneren Menschen pflegt er emsig heimzusuchen, mit süßem Gespräch, Holdseligkeit, Trost, Fried, und wunderlicher Freundlichkeit.»[14] Zur Annäherung an seine Majestät bedurfte es keiner Formalitäten, wie sie doch selbst bei der Unterredung mit einem kleinen Augsburger Ratsherrn angebracht erschienen.

So kommt es jener introvertierten Mystik ganz auf innere Reinheit an. Dem «himmlischen Bräutigam» soll das Haus bereitet werden. Reden, im speziellen Theologengezänk, zählt nichts, erst recht nicht zählt, was den aus unreinem Samen gewordenen Körper betrifft.[15] Dem entspricht die bei Schwenckfeldern und ihren Verwandten verbreitete Ablehnung der Eucharistie, also des Verzehrs von Christi Fleisch und Blut. Gott ist nicht in Dingen, nicht in Oblaten oder Brot und Wein; er ist auch nicht im Körper und schon gar nicht in Worten und Papier. Er ist im Geist.

Das Geistige über das Leibliche zu erheben, bedeutete, Freiheit einzufordern.[16] Altenstetter und andere haben das getan, aber allein «der Religion halben». Sein Widerspruch richtete sich keineswegs gegen die Obrigkeit. Ob man in die Kirche ging oder nicht, war für die meisten seiner Zeitgenossen und im besonderen für die Staatsmacht allerdings eine Frage von politischer Bedeutung: ein Test der bürgerlichen Loyalität, die sich gerade im Kalenderstreit als brüchig erwiesen hatte. Zur Beurteilung von «Relativisten» vom Schlag Altenstetters hatte die Bibel (Offb 3,15-16) ein passendes Zitat bereit. «Ich kenne deine Werke: du bist weder kalt noch warm. Wärst du doch kalt oder warm! So aber, weil du lau bist und weder warm noch kalt, bin ich daran, dich auszuspeien aus meinem Mund.»

DIE KRAFT DER WORTE

Von außerordentlicher Bedeutung war neben den Riten die Predigt (Abb. 39). Die Aussagen Küenles und Altenstetters sind dafür ein eindrucksvoller Beleg. Es war vor allem die Predigt, die zum Weiterdenken anhielt und in den Köpfen immer neue Himmel und Höllen entstehen ließ. Sie trug dazu bei, Identität zu schaffen, Zweifelnde zu bestärken, womöglich Andersgläubige zu bekehren. Besonders wirkungsvoll scheinen die Aktivitäten der Jesuiten und die Predigten der Bettelmönche gewesen zu sein. Um 1600 waren mit Hilfe der Fugger heimlich Kapuziner in Augsburg eingeschleust worden. Ihre sprichwörtlichen Donnerpredigten zogen die Massen, darunter andersgläubige «Ketzer», an. Die Veranstaltungen des Paters Marx sollen «mehr Lutheraner als Papisten» besucht haben.[17] Wenige Jahre später sorgten die Fugger-Brüder Johann, Hieronymus, Georg und Marx dafür, daß sich auch die Franziskanerobservanten in Augsburg niederließen.[18]

Ein protestantischer Chronist karikiert die theatralische Performance der Bettelmönche. Sie würden «auf der Kanzel hin und her purzeln» und mit Händen und Füßen fechten: «[...] werfen die Hände in den Himmel empor, schreien so gottsjämmerlich, daß einer möchte meinen (wie sie es dann in Wahrheit auch sind) sie wären von Sinnen gekommen, da schnurren sie auf der Kanzel hin und her und predigen mit allen Gliedern. Da sitzt der Affenhaufen, der törichte Pöbel mit großer Furcht und Andacht und betet diese Bestie an.»[19] Augsburgs Bischof Heinrich von Knöringen, ein Haudegen der Gegenreformation, konnte jedenfalls zufrieden von

Abb. 39 Lutherische Predigt und Absolution. Ausschnitt aus einem Altarbild von Jesse Herlin und Valentin Salomon, 1568, ursprünglich in St. Georg, Nördlingen. Nördlingen, Stadtmuseum

vielen Konversionen nach Rom berichten.[20] Die katholischen Seelenfischer waren erfolgreich, und die Protestanten hielten mit bissigen Pamphleten dagegen. Die Fugger, heißt es in einem Spottlied des Jahres 1600, «tun viel guter Leut' vertreiben, machen, daß das Hurengesindel tut bleiben, die Kapuziner.»[21]

Ob sich Zweifler und Sucher wie Altenstetter, Küenle und Spreng nicht schon deshalb verstohlen in die katholischen Kirchen drückten, weil ihnen hier ein die Sinne ansprechendes Präludium zum Himmel vorgespielt wurde?[22] Daß es der Domprediger Rosephius war, der sich ihrer besonderen Wertschätzung erfreute, zeigt erneut, wie sehr es im Kampf um die Herzen der Menschen auf rhetorisches Talent, wohl auch auf «Show» ankam. Der Jesuit, der ein begnadeter Redner gewesen sein muß, nannte die Konkurrenz, die er in seiner eigenen Glaubensgemeinschaft hatte – die Domherren –, verächtlich «unsers Herrn Junker». Hans Fugger meinte, im Gegensatz zu den Jesuiten könnten die übrigen Pfaffen der Stadt «mit Predigen nicht einen Hund aus dem Ofen locken».[23]

Bei Altenstetter und den Seinen verfing am Ende alle rhetorische Kunst des Paters Gregorius und seiner Kollegen nicht. Das Getöse der Theologenstreitereien blieb Hintergrundgeräusch einer immerwähren-

Abb. 40 Dr. Johannes Spreng. Kupferstich von Dominicus Custos, um 1590. Augsburg, Kunstsammlungen und Museen, Graphische Sammlung (9475)

den Suche nach Orientierung, bei der vermutlich nicht allein mystische Traktate und schwenckfeldische Texte gelesen wurden. Natürlich wissen wir nicht, welche Gespräche zwischen Altenstetter und den Männern, die wir in seiner Umgebung finden, geführt wurden; was sich aber rekonstruieren läßt, ist ein eigenes intellektuelles Klima, das sich im verborgenen – vom Stadtregiment unbemerkt oder wenigstens geduldet – entwickelt hatte. Mit dem Namen «Schwenckfeld» ist ein gemeinsamer Bezugspunkt bezeichnet. Darüber, was Freunde oder Bekannte Altenstetters glaubten und forschten, weiß man nicht wenig. Etwas Licht mag von dort in die dämmrigen Seelengründe des Goldschmiedes fallen. Wir versuchen also Umkreisungen Altenstetters, eine Archäologie der geistigen Welt, in der er sich bewegte.

EIN SPAZIERGANG MIT DR. SPRENG

Da ist der uns schon bekannte Notar Dr. Johannes Spreng, der sich auf einem Porträt als würdiger Doktor mit wallendem Bart und Buch in der Rechten präsentiert (Abb. 40). Von ihm ist bekannt, daß er versuchte, einen Meistersingerkollegen, Ulrich Holzmann – einen Bruder des bekannten Humanisten Wilhelm Holzmann –, für Schwenckfelds Lehren zu interessieren.[24] Auch fungierte er als Notar einer schwenckfeldisch gesinnten Magd aus Leeder; Anhänger des Schlesiers gaben sich in seinem Haus offenbar die Klinke in die Hand. Er amtete, wie wir sahen, für Sybilla Krafffter und scheint eine freundschaftliche Beziehung zu dem Ratsadvokaten Dr. Georg Tradel unterhalten zu haben, der ebenfalls Positionen Schwenckfelds nahestand.[25]

Spreng war ein typischer Zeitgenosse der melancholischen Kleinen Eiszeit. Er redet von der Vergänglichkeit alles Irdischen, mitten im Leben weiß er sich vom Tod umgeben. Das Weltende scheint ihm nahe. So mahnt er zur Buße, erhofft indes zugleich geistige Wiedergeburt.[26] Seine Religiosität ist nach innen gewandt, konfessionsspezifische Inhalte wird man in seinen Schriften vergeblich suchen. Allerdings hat er den «Zodiacus Vitae» («Gürtel des Lebens») von Pietro Angelo Manzoli, der im Ruch der Häresie und des Kryptocalvinismus stand, übersetzt. Es ist ein Lehrgedicht, das «die vergängliche und schattige Welt» abbildet und zugleich gegen den Papst agitiert.[27] So geriet es auf den Index. Die protestantische Polemik glaubte zu wissen, Mönche hätten geplant, den Leichnam des Autors zu exhuminieren und zu vierteilen.

Spreng preist den goldenen Mittelweg.[28] Es geht ihm um Selbsterkenntnis, um Duldsamkeit im Leid und Warnung vor übermäßigem Ehrgeiz – Positionen, wie sie einem in der «Nachfolge Christi» oder Schwenckfelds Texten begegnen. In Altenstetters Umgebung war er der beste Kenner der antiken Überlieferung. Seine Vorliebe galt dem damals populären Kyniker Diogenes Laertios, dessen Positionen, wie gesagt wurde, für eine «eulenspiegelhafte selbstsichere Subjektivität» stehen, die es gestattete, die Dinge der Welt gelassen zu durchschauen und den Mächtigen die Stirn zu bieten.[29]

Wie sein Freund Altenstetter scheint Dr. Spreng Spaziergänge geschätzt zu haben. In einem seiner schönsten Lieder – es entstand im Juni 1573 – erzählt er von einer sommerlichen Morgenwanderung.[30] Man kann sich das reale Erlebnis, das die Reime von Ferne reflektieren, gut vorstellen. Das «lyrische Ich» bricht noch bei Dunkelheit auf. Während die Sterne vergehen, wandert der Meistersinger hinaus in die Felder. Es ist kühl, ein Sommermorgen der Kleinen Eiszeit. Hinter den Hügeln jenseits des Lechrains wird der Himmel langsam wie Opal, gibt Hügeln und Bäumen Kontur, färbt sich rosig und dann zu kräftigem Rot – Präludium des Sonnenballons, der höher steigt und sich, kleiner werdend, zu goldner Herrlichkeit reinigt und nun rasch den Tau aus den Wiesen zieht.

Einstmals ich um spazieret
zu kühler Sommerzeit
Im Felde weit
die Vögel sich aufschwangen
und sangen
des morgens früh
nachdem der Tag brach an.

Die Erde war gezieret
von Blumen schon gesprengt
mit Gras vermengt
das Getreid' stund mannigfaltig
gewaltig
In voller Blüte
herrlich vor jedermann.

Noch ist Sprengs Spaziergang nicht einfach ein Vergnügen, eine angenehme Methode, die lange Zeit zu erschlagen. Dazu wird eine solche Unternehmung erst viel später.[31] Sein Lied zeigt, wie ein Mensch des 17. Jahrhunderts die Natur als Spiegelung und Zeugnis Gottes liest. Sie tritt ihm in metaphysischer Beleuchtung gegenüber. Alles, selbst das kleine Kräutlein, belegt durch seine «verborgne Kraft» die Allmacht des Herrn und bietet Anlaß zur Meditation über Gottes Schöpfung:

> Bei mir die Ding besunder
> betrachtet' ich mit Wunder
> wie Gott fürwahr, klar,
> seine Macht erzeigt offenbar
> abends die Sonn' geht unter
> morgen steigt sie bald wieder auf
> mit vollem Lauf.

Das Getreide auf den Feldern wird zum Sinnbild des Lebens. Erst wenn das Korn in den Ackergrund gelegt ist, dort fault und dörrt – «verdirbt, stirbt» –, kann es, mit Joh. 12, 24/25, durch Gottes Kraft und Segen lebendig werden und wachsen. Es gleicht dem Menschen, der erst ins Grab gesenkt wird, bis ihn die Posaunen des letzten Tages wecken und seinen Körper «sich erschwingen» heißen.

Sprengs Lied erinnert daran, daß das Zweifeln und Suchen der Augsburger Schwenckfelder Grenzen hatte. Die tiefsten Geheimnisse der Natur, davon waren sie als Christen bei allem Fragen nach den Geheimnissen der Welt überzeugt, wurden nur dem wirklich Gläubigen offenbar. Er muß Gottes Rede zuhören, sich, wie Faust, von den Klängen der Osterglocke rufen lassen. Nur dann ist ihm das Himmelreich gewiß. In der Ruhe des Glaubens findet der Weg sein Ende. Zugleich nahm er der gefährlichen Welt der frühen Neuzeit die Gefahr der Hoffnungslosigkeit: Jedes Übel würde früher oder später aufgehoben sein – sei es im Himmel, am Ende der Zeit, sei es im Leben durch Gottes Gnade. Die Chance des Wunders gab es immer und überall.

ERBEN DES PARACELSUS

Auch der Pestarzt Dr. Widemann, dessen Name im zweiten Verhör Altenstetters fiel, war, wie bereits angedeutet, mit der Gedankenwelt Schwenckfelds vertraut;[32] zudem hatte er die Tochter eines Schwenckfeld-Anhängers geheiratet.[33] Es ist mithin sehr wahrscheinlich, daß er mit Altenstetter in nicht nur entfernter Beziehung stand.

1555 in München geboren, hatte Widemann zuerst im katholischen Ingolstadt, dann im lutherischen Leipzig und schließlich im wiederum

Abb. 41 Theophrastus
Bombastus von Hohen-
heim genannt Paracelsus.
Holzschnitt, um 1550 (?).
Zürich, Zentralbibliothek,
Graphische Sammlung
(Phil. Aur. Theoph. I, 20)

katholischen Padua Medizin studiert.[34] Nach der Promotion an der Universität von Dôle ließ er sich in Augsburg als Arzt nieder. Er wurde Mitglied des 1582 gegründeten Collegium medicum, einer dem Rat verantwortlichen medizinischen Aufsichtsbehörde mit weitreichenden Kompetenzen: Es überwachte Ärzte, Bader, Hebammen und Apotheker und hatte in Pestzeiten die notwendigen Maßnahmen zu treffen. Auch führte es einen – freilich meist vergeblichen – Kampf gegen Kurpfuscher und nicht autorisierte Heiler und Heilerinnen, gleichsam die Ketzer der medizinischen Zunft.[35] Zwischen 1586 und 1588 hielt Widemann sich in Böhmen auf. Zeitweilig hat er dem Magnaten Vilém von Rožmberk, einem Anhänger der Alchemie, der großen Passion des frühneuzeitlichen Europa, gedient. Zusammen mit dem englischen Alchemiker Edward Kelley, der im Ruf stand, Gold machen zu können, führte er Experimente durch. Dann finden wir ihn in Prag, am Hof Rudolfs II.[36] Nach seiner Rückkehr in die Reichsstadt wurde Widemann mehrmals Dekan des Collegium medicum. Seit dem Krisenjahr 1590 versah er den schweren Dienst des Pestarztes. Er wohnte in der «Grottenau», einem vornehmen Steuerbezirk, wo Kaufleute und Patrizier seine Nachbarn waren.[37]

Die Beschäftigung mit diesem Arzt führt in eine eigene Welt. Er war ein Anhänger der Medizin des Paracelsus, des «Luther der Medizin»;[38] Widemann hat in der Geistesgeschichte einen guten Ruf, weil er während seines langen Lebens unermüdlich als Sammler und Kopist der Schriften des berühmten Arztes tätig war und vieles vor dem Untergang bewahrte. Mit der Zeit wandte er sich prophetischen und «ketzerischen» Schriften zu. Er blieb aber unbehelligt, vermutlich weil man höheren Orts von seinen Lektüren keinen Wind bekam. Anders sein langjähriger Briefpartner Adam Haslmayer, ein in Tirol lebender Lateinschulmeister und Kirchenmusiker: Der mußte sein Interesse für die paracelsische Theologie mit fünfjährigem Dienst auf einer genuesischen Galeere bezahlen.[39] Ein Konkurrent, der ultrakatholische Eiferer Dr. Hippolith Guarinoni, hatte ihn denunziert.

Widemann gab selbst einmal an, Abschriften von Werken Schwenckfelds von seines «Vaters eigen Hand» geerbt zu haben.[40] Bis zu seinem Lebensende erwarb er weitere Texte Schwenckfelds, seiner Anhänger und seines Mitstreiters Valentin Krautwald. Hauptstücke von Widemanns Bibliothek waren paracelsische und alchemische Schriften. Paracelsus selbst hatte sich übrigens im Sommer 1536 in Augsburg aufgehalten und dem Drucker Heinrich Steiner die Erstausgabe seiner «Großen Wundarznei» anvertraut.[41]

Wie intensiv sich Widemann mit ihm auseinandergesetzt hat, belegt seine um 1628/29 niedergeschriebene Paracelsus-Biographie, von der allerdings nur der Titel überliefert ist.[42] Widemann wird sich in späteren Jahren mit August von Anhalt-Plötzkau austauschen; der Fürst war Anhänger der geheimnisvollen Rosenkreuzer und stand seinerseits mit dem Schwenckfelder Georg Ludwig von Freyberg in Verbindung. In ihrem Briefwechsel geht es um mechanische Apparaturen, um alchemistische Essenzen und um den Stein der Weisen; außerdem ist von dem Plan die Rede, eine geheime Druckerei einzurichten.[43]

Welt- und Menschenbild von Paracelsus (1493/94-1541) sind christlich, wenn auch nicht konfessionell zu verorten (Abb. 41). Erst spätere Kritiker haben ihn als eine Art Magier, der einen Dämon an seiner Seite habe, verteufelt. Paracelsus war davon überzeugt, und das rückt ihn in die Nähe Schwenckfelds ebenso wie in die Tradition der Mystiker des späten Mittelalters, daß ein Übermaß an Vernunft und Wissenschaft den Zugang zu Gott erschwere.[44] Viele seiner sprachgewaltigen Texte wenden sich an ein Laienpublikum. Paracelsus wußte, daß es viele Wege zu Gott gab. Er redete für eine Welt der Güte und Menschlichkeit, in der den Menschen in Christi Nachfolge ein einfaches, friedliches Leben beschieden ist; gegen Krieg und Todesstrafe, Ketzerverfolgung und Zwang[45] polemisierte er ebenso wie gegen krankhaften religiösen Enthusiasmus.[46]

Die Konfessionen überzog er mit Spott, die «Mauerkirche» in Rom ebenso wie «Lutheristen», «Zwinglisten» und die «Tauferen etc.». Er schreibt: «Da folgt nun, daß sie einander Betrüger heißen, das ist nun wahr; dann sie sinds. Daß sie einander Lügner heißen; das ist nun wahr; dann sie lügen. Daß sie einander falsche Christen heißen, das ist nun wahr; dann sie sind auf beiden Teilen falsche Christen.»[47]

Paracelsus ging es ebensowenig wie Schwenckfeld darum, eine neue Kirche zu gründen. Die meisten seiner theologischen Schriften blieben zu seinen Lebzeiten ungedruckt. Die Polemik gegen den «unheilvollen Magier», der ein schlimmerer Ketzer sei als Arian, Mohammed oder irgendein Türke – so Thomas Erastus –, wurde erst um 1570, Jahrzehnte nach seinem Tod, heftiger.[48] Doch seine heimliche Anhängerschaft wuchs. Mit der Zeit kursierten Abschriften seiner Schriften, über die auch Widemann Kenntnis vom Denken des Meisters hatte. Daß der Bekannte Altenstetters unbehelligt in Augsburg praktizieren konnte, ist erstaunlich, war doch die Ärzteschaft schon kurz nach Paracelsus' Tod auf die galenische Schulmedizin eingeschworen worden.

Alles in allem illustrieren die Augsburger Verhältnisse die Beobachtung der Forschung, daß der Paracelsismus durch den Gang in den Untergrund in Kontakt mit anderen religiösen Randbewegungen – «Osiandristen, Schwenckfeldianern, Castellionisten und Liebhabern der Mystik Taulers und der Theologia Deutsch» – geraten sei.[49] Welche Paracelsus-Schriften auch immer die Augsburger Kreise um Widemann gekannt haben mögen – ihre irenische, überkonfessionelle Haltung entspricht schwenckfeldischen Anschauungen und könnte in Altenstetters Aussagen vor den Eisenherren anklingen.

SEELENTRÄUME

Die Verachtung des Materiellen und die Sehnsucht, Gott oder einem unfaßbaren Absoluten nahe zu sein, sind nicht an eine bestimmte historische Situation gebunden. Sie finden sich in vielen Religionen, kamen wohl zu allen Zeiten vor und begegnen rund um den Erdball.[50] An besondere gesellschaftliche Verhältnisse ist diese Haltung nicht gebunden, doch liegt es auf der Hand, daß sie stets in Umbruchzeiten und während persönlicher Krisen besonders nahelag.

Eine gewisse Verwandtschaft weisen die Sichtweisen Taulers und der Spiritualisten mit dem Florentiner Neuplatonismus auf. Dessen wichtigster Vertreter Marsilio Ficino sieht die Seele eingebunden in die «dunkle Behausung» des Körpers.[51] Ficinos «Theologia» kennt ebenso wie fernöstliche Lehren viele Stufen der Kontemplation und das «Sehen» als vollkommene Weise der Erkenntnis; auch er weiß, daß Einsamkeit die Entrückung der Seele fördert.[52] Auf der höchsten Stufe ist ihr ein Moment der Glückseligkeit gewährt, Trauer und Unruhe sind aufgehoben, ihre rastlose Bewegung hört auf, sie kommt zur Ruhe und zur völligen Gotteserkenntnis: ein Erlebnis, das dem Augenblick der Erleuchtung eines Zen-Jüngers gleicht. Nach dem Tod dehne sich die Spanne. Der Zustand der Seele werde ruhig sein und heiter, «von den Formeln der Ideen wie von den Strahlen der Sterne überströmt und vom Glanz der göttlichen Sonne leuchtend».[53]

Mehr oder weniger deutliche Parallelen findet die Frömmigkeit der europäischen Spiritualisten weiterhin im Sufismus[54] und in fernöstlichen religiösen Praktiken, im besonderen in Meditationstechniken der Buddhisten. In der Bhagavad-Gîtâ, einer Hauptschrift des Hinduismus, wird der Weg zur Einheit mit Brahman, dem höchsten, absoluten Sein, gewiesen. «Verehre nicht eine meiner tausend Formen oder Gesichter, verehre mich im Zentrum deines Seins.» Der Text schildert, wie Yogi oder Yogini danach streben, Sinne und Triebe zu bezwingen, sich ruhig ins unsterbliche Selbst, Atman, versenken, das eins ist mit Brahman (man denkt da an die Metaphysik Taulers). Der höchste Yoga ist tiefe Andacht.[55] Der Befreiung der Seele aus ihrer Gefangenschaft in der Welt der Erscheinungen, wie sie der indische Philosoph Śankara beschreibt, oder der Vereinigung mit Gott in der Imagination der Verehrer Śivas sind Vorstellungen der Mystiker und des Renaissanceplatonismus nicht fern.[56]

Im Taoismus können Ritus, praktische Hilfe für die Menschen und Kultivierung der inneren, spirituellen Kräfte einander ergänzen. Das Taote-ching schlägt eine Rückkehr zu einfachem Leben und innerer Ruhe vor, den Verzicht auf Luxusgüter, geistige Konzentration.[57] Wie sich die Lotusblüte über der Wurzel erhebe, heißt es in einer Schrift Wang Ch'ung-yangs (1112-1270), des Gründers der taoistischen «Bewegung der Vollkommenen Verwirklichung!», soll der Geist den physischen Körper zu übersteigen suchen, sich auf die Suche nach den «Schatzhallen» im eigenen Leib machen.[58] Ähnliche Sätze könnten europäische Spiritualisten und milde christliche Theologen geschrieben haben.[59]

Auch in modernen afrikanischen Gesellschaften lassen sich Vorstellungen finden, die an Positionen der Spiritualisten erinnern. Für die Mitglieder der christlichen weChishanu-Kirche in Simbabwe etwa ist das Materielle das einzige und damit wichtigste Hindernis für ihre spirituelle Beziehung zum Herrn. Sie halten alles Schriftliche einschließlich der Bibel für überflüssig, suchen ein unmittelbares Verhältnis zu Gott.[60]

Es liegt in der Natur der Sache, daß wir über die im frühneuzeitlichen Europa angewandten Meditationstechniken nur wenig wissen. Wie wichtig Einsamkeit – Taulers «Abgeschiedenheit» – und Stille sind, wird von den Mystikern des Mittelalters immer wieder angesprochen. Gebete und Bilder, im besonderen der allgegenwärtige verspottete, gequälte, tote Christus, waren Kristallisationspunkte der Versenkung.[61] Spätmittelalterliche Gebetsanleitungen legten nahe, sich Orte und Menschen vorzustellen, die man gut kannte, um sich das Leiden und Sterben des Herrn oder die Passion von Heiligen lebendig vorstellen zu können. Sie wurden in die Gemälde oder Holzschnitte, die man vor sich hatte, eingeschrieben. Das Vertraute zog den Geist mit sich, ließ ihn zum Teilnehmer werden am Drama von Passion und Erlösung. Die Konzentration auf Bilder und Vorstellungen war eine Etappe auf dem langen Weg, an dessen Ende der Gläubige das Aufgehen im Absoluten erhoffte, blendendes, gleißendes Licht, das Auslöschen der Sinne, die Befreiung von Leiden, von Sehnsüchten und Begierden; die Aufhebung von Raum und Zeit.

Tafel I St. Georg. Statuette, Gold, Email und andere Materialien,
Entwurf von Friedrich Sustris (?), um 1575/80, Sockel nach 1623.
München, Residenz, Schatzkammer (ResMüSch. 58)

Tafel II Tischuhr. David Altenstetter, Hans Schlothaim und Cornelius Gross, um 1585, Silber, teilweise vergoldet, Email, Uhrwerk: Bronze und Eisen. Wien, Kunsthistorisches Museum (KK_1121)

Tafel III   Ausschnitt aus Tafel II

*Tafel IV
Deckelpokal.
David Altenstetter,
1610, Silber, Email.
Iggesund, Gemeinde
Njutånger, Hälsingland, Schweden*

Tafel V Ausschnitt aus Tafel IV

Tafel VI   Radschloßgewehr und Pulverflasche. David Altenstetter und
Daniel Sadeler, Prag, um 1602/10, Eisen, geschnitten, vergoldet, gebläut, Holz,
Silber, teilweise vergoldet. Wien, Kunsthistorisches Museum, Hofjagd- und
Rüstkammer (HJRK_D_209 und HJRK_D_209a)

Tafel VII   Pulverflasche (siehe Tafel VI)

Tafel VIII   Krone Kaiser Rudolfs II. («Österreichische Hauskrone»). Jan Vermeyen (?) u.a., Prag, 1602, Gold, Email, Diamanten, Rubine, Spinelle, Saphir, Perlen. Wien, Kunsthistorisches Museum, Weltliche Schatzkammer (SK_WS_XIa_1)

Tafel IX   Ausschnitt aus Tafel VIII

Tafel X Zierdose aus dem Pommerschen Kunstschrank. David Altenstetter, 1610–1615, Silber, teilweise vergoldet, Email. Berlin, Staatliche Museen, Kunstgewerbemuseum

Tafel XI Eintracht der Stadtgöttinnen Roms und Augsburgs. Relief von Adriaen de Vries vom Augsburger Herkulesbrunnen, 1596, Bronze, vergoldet. Augsburg, Städtische Kunstsammlungen und Museen, Maximilianmuseum

Tafel XII Zierscheibe. David Altenstetter, 1607, Silber, Email. Augsburg, Städtische Kunstsammlungen und Museen, Maximilianmuseum (L 12 820)

Tafel XIII   Zierplatte. David Altenstetter, 1601, Silber, Email. München, Bayerisches Nationalmuseum (R 252)

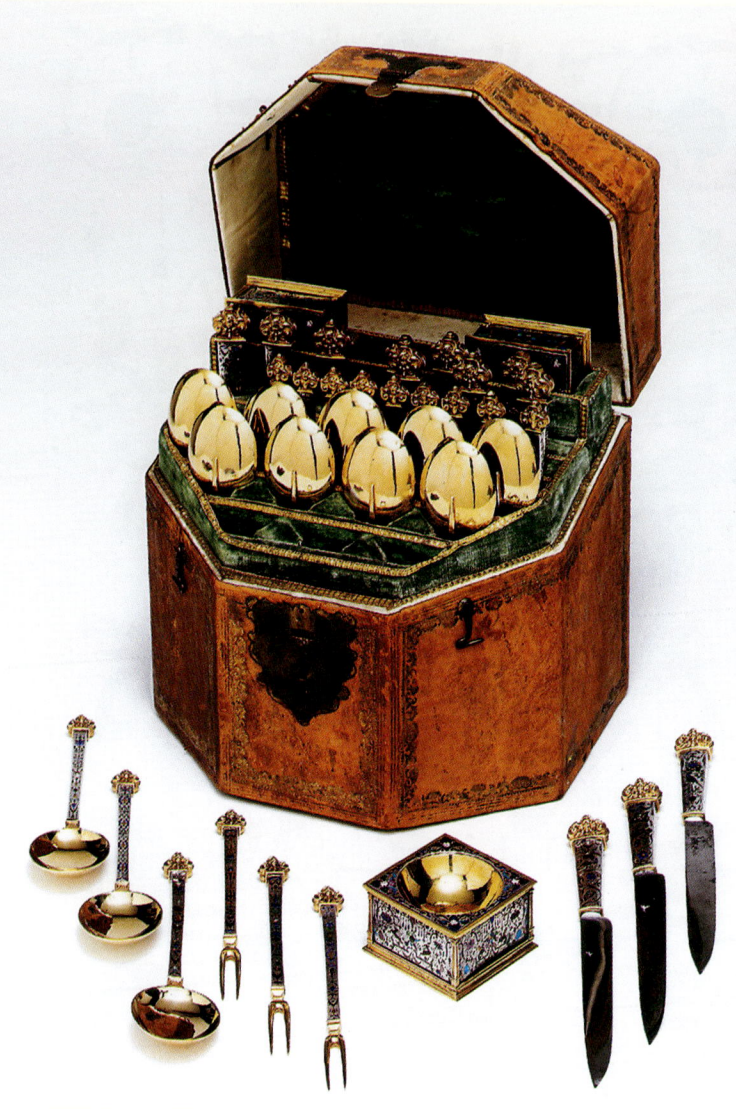

Tafel XIV   Service mit 12 Messern, Gabeln und Löffeln sowie drei Salzfäßchen. David Altenstetter und Hieronymus Zainer, 1590/95 und 1615 (?), Silber, teilweise vergoldet, Email. Privatbesitz

Tafel XV   Gabel und Löffel aus dem Service Altenstetters (siehe Tafel XIV)

Tafel XVI
Goldpokal mit farbigem Tiefstichemail. Zeichnung aus dem Umkreis David Altenstetters (?), um 1600, Feder, Pinsel, schwarze Tinte, Aquarell- und Deckfarben, Spuren von Kohle und Kreide. Wolfegg, Kunstsammlungen der Fürsten zu Waldburg-Wolfegg

XIII
DAS GEHEIMNIS DES HOLZHAUSES

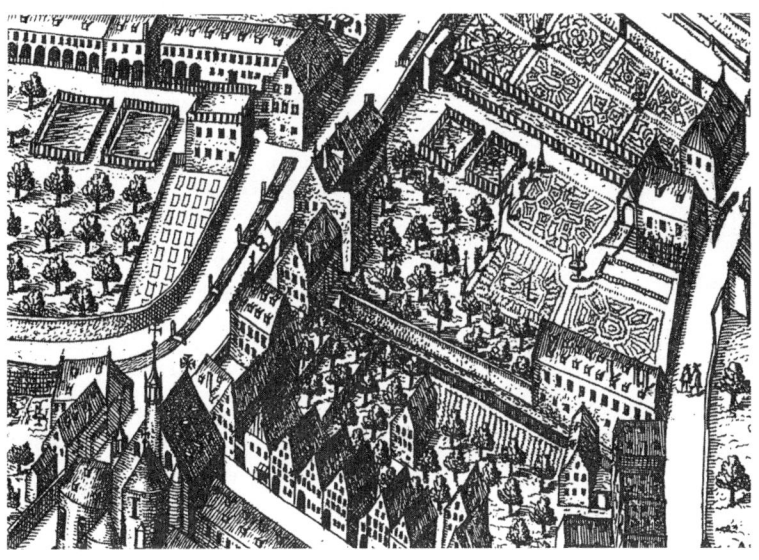

Abb. 42 Das Fuggersche Holzhaus (Nr. 81). Ausschnitt aus dem Augsburg-Plan von Wolfgang Kilian, 1626. Augsburg, Kunstsammlungen und Museen, Graphische Sammlung (G 12 071-80)

LEBENSSPUREN:
EINE ANATOMIE DER NETZWERKE

nsere Spurensuche hat zum Ziel, Altenstetter – den Altenstetter des 16. Jahrhunderts, einen Mann aus Fleisch und Blut – zu fassen, indem sie die «Netzwerke», die er knüpfte und in die er eingebunden war, rekonstruiert. Das Verfahren ist in der Geschichtswissenschaft üblich. Zeugensignaturen auf Urkunden verraten etwas über die Strukturen von Klientelverbänden, über Mikromechanismen der Politik. Die Namen in Steuerbüchern und ähnlichen Quellen verweisen auf Nachbarschaftsverhältnisse, deuten Freundschaften und Liebesbeziehungen an. Sie gestatten Schlüsse auf starke und schwache Wechselwirkungen, auf Netze, die Fallende und Hinfällige auffangen konnten, die bargen und verbargen. Wir sehen feine Nervenstränge, die sich zwischen den Menschen spannten; Fäden, an denen sich ziehen ließ, damit eine Figur im sozialen Spiel der anderen half, sie förderte oder auch mitwirkte beim Unterdrücken und Verfolgen.

Kommen wir nun auf das Rätsel zurück, das Altenstetters Wohnsituation aufgibt (Abb. 42). «Böse Blattern» und Fugger, ein wohlhabender Goldschmied, der mit einer intellektuellen Elite umging, dazu ansteckende Syphilitiker, Arme und der Henker – das reimt sich nicht recht zusammen. Es sind die Nachbarschaftsbeziehungen, die wir im Steuerbezirk «Undern Weschen» ermitteln können, die Material für eine Hypothese zur Erklärung der mysteriösen Geschichte liefern. Am Anfang der Spur stehen drei Namen, die sich im Steuerbuch direkt neben dem Eintrag «David Altenstetter» entziffern lassen.[1] Sie lauten «Marx Fugger» – ihm gehörte das Gebäude neben dem «Neuen Holzhaus», das er indes nicht selbst bewohnte –, «Catharina Hohenawer» und «Heinrich Denn».[2] Die beiden letztgenannten sollen neben unserem Goldschmied das ominöse Blatternspital bewohnt haben.

CHEFALCHEMIST DES FUGGER-KONZERNS?

Markus Fugger (1529-1597) (Abb. 43) war ein Sohn Anton Fuggers, der die Weltstellung der Firma begründet hat, und Cousin von Johann Jacob Fugger, des Förderers von Altenstetters Schwiegervater Clemens Jäger. Johann Jacob, der sich offenbar eher auf die Lektüre historischer Schriften und humanistischer Traktate als auf das Studium von Bilanzen verstand, war 1564 aus der Firma ausgeschieden und in herzoglich-bayerische Dienste getreten. Über ihn und das Netzwerk des Jäger-Clans könnte Altenstetter zu seinem Logis im «Neu Holzhaus» auf dem «Gänsbühl» gekommen sein.

Markus Fugger war nach dem Rückzug Johann Jacobs alleiniger «Regierer» des Konzerns. Er führte also das Haus in jener Krisenzeit, von der schon erzählt wurde. Der Cousin hatte eine hohe Schuldenlast angehäuft, die Geschäfte entwickelten sich ungünstig, zudem wurde dem Unternehmen durch das Ausscheiden von Ulrich, Eduard und Octavian Secundus Fugger Kapital entzogen.[3] Markus war indes ein geschickter Manager. Es gelang ihm, das Unternehmen halbwegs unbeschädigt durch die Krise zu steuern. Von 1576 bis 1585 war er einer der beiden Stadtpfleger und damit einer der obersten Repräsentanten Augsburgs. So stützte er die Firma zusätzlich ab.

Allerdings hatte die Geschäftspolitik des «Regierers» auch eine etwas verborgenere Seite. Dürfen wir dem Historiographen Paul von Stetten glauben, versuchte er, die Liquidität des Konzerns durch eine obskure Praktik zu verbessern. Er investierte, wie man heute sagen würde, in neue Technologien. Mit anderen Worten: Fugger finanzierte alchemistische Experimente. Der Arzt, Chirurg und Alchemiker Daniel Keller (gest. 1605) soll ihm 1579 versprochen haben, gegen 400 000 Gulden und eine Gewinnbeteiligung von einem Viertel des Ertrags Silber in Gold zu verwandeln. Aus einer Mark Silber, etwa 236 Gramm – diese Rechnung machte Keller auf –, werde er eine Unze Gold, etwa 33 Gramm, ziehen.[4]

Wie die Affäre endete, wissen wir nicht. Sicher ist, daß der Auftraggeber als Angehöriger der politischen und finanziellen Elite Augsburgs gute Gründe gehabt haben dürfte, die Versuche Kellers geheimzuhalten. Waren sie erfolgreich, stand Spionage zu befürchten; waren sie es nicht, drohte Spott. Reputation und Kredit des Unternehmens hätten Schaden genommen. Im übrigen befand sich Fugger mit seinem alchemischen Laboratorium durchaus auf der Höhe der Zeit. Viele Potentaten hofften damals, ihren klammen Finanzen durch die Kunst der Alchemie aufzuhelfen. Daniel Keller selbst arbeitete zeitweilig am Prager Hof und für Herzog Friedrich von Württemberg.

Die Kunst der Goldmacherei füllte allenfalls die Geldsäcke der Alchemisten, falls sie nicht am Galgen endeten. Sie ritten, wie ein kaustisches Sprichwort sagte, auf einem hanfenen Pferd zum Himmel.[5] Zeitgenossen wie Sebastian Brant spotteten über den «großen Beschiß der Alchemie».[6] Die faszinierende Kunst hatte eine metaphysische Dimension. Viele Anhänger dieser geheimnisumwitterten Wissenschaft betrieben ihre Studien nicht allein um des Gewinns und des Ruhmes willen; sie glaubten, für eine moralische und spirituelle Wiedergeburt der Menschheit zu arbeiten.[7]

Über Markus Fuggers Neigung zur Welt der Goldmacher wissen wir nur über die bei von Stetten überlieferte Geschichte. Was einen darauf bringt, daß der alchemistische «Unternehmenszweig» noch einige Zeit weitergeführt wurde, sind die gerade erwähnten Namen Catharina Hohenauer und Heinrich Denn. Catharina Hohenauer agierte als «Holzmutter», als Vorsteherin des Blatternspitals; sie mußte aus dem Guaiacum das Holzwasser sieden und in der Stadtmetzgerei große Mengen an Kalb- und Kastraunfleisch besorgen, das den Kranken in gekochter Form gereicht wurde, nebst ungesalzenem, trockenem Weißbrot, Dörrpflaumen, Rosinen und Reis. Aber nicht diese ziemlich fade Kost der armen Kranken interessiert uns, sondern eine mögliche Beziehung, die Catharinas Nachname – Hohenauer, auch Hohenawer oder Hochenauer – andeuten könnte. Ein weiterer Träger des Namens Hohenauer, der in Augsburg nicht oft vorkommt, stand in Verbindung mit dem Haus Fugger: ein gewisser Georg Honawer. Octavian Secundus Fugger bewahrte jedenfalls sein Porträt in seinem Palast am Weinmarkt auf.[8] War Catharina Hohenauer womöglich die Gattin oder die Schwester dieses Mannes, der die-

CHEFALCHEMIST DES FUGGER-KONZERNS? 165

Abb. 43 Markus Fugger. Kupferstich nach Lucas Kilian (?), aus Pinacotheca Fuggerorum S. R. I. comitvm ac Baronvm in Khierchperg et Weissenhorn, Ulm 1754. Augsburg, Staats- und Stadtbibliothek (2° Aug. 263, fol. 85)

selbe Profession ausübte wie Daniel Keller, nämlich die Alchemie? Deutet Catharinas Präsenz im Holzhaus mithin eine Beziehung Marx Fuggers auch zu diesem Goldmacher an?

Der Name «Denn» oder «Thenn» schließlich begegnet in den Steuerbüchern und anderen Quellen häufiger. Er klingt indes besonders interessant. Sein bekanntester Träger war nämlich der Goldschmied und Alchemist Lorenz Thenn (1522-1599). Wir wissen, daß er Handschriften des Paracelsus besaß.[9] 1569/70 hatte er dem Astronomen Tycho Brahe, der dann am Hof Rudolfs II. Karriere machen sollte, Unterkunft gewährt.[10] Auffällig ist, daß auch dieser Lorenz Thenn im Steuerbezirk «Undern Weschen» lebte, nur ein paar Schritte vom «Holzhaus» entfernt. Einige Notizen in Fuggerschen Inventaren belegen, daß er zumindest mit Octavian Secundus Fugger in Verbindung stand.[11]

Das nüchterne Fazit ist, daß die beiden im Steuerbuch unter der Überschrift «Der Fugger New Holzhaus» neben Altenstetter aufgeführten Personen Namen trugen, die auf Beziehungen zum schwäbischen Alchemistenkreis verweisen könnten. Will man das nicht als Zufall abtun, liegt die Folgefrage nahe: Hatte auch der Dritte im Bunde, David Altenstetter, mit diesem Geschäft zu tun? Immerhin stand er in Gestalt von Dr. Widemann mit einem der führenden Exponenten dieses Zirkels in Verbindung. Damit könnte sich eine weitere Dimension der geistigen Welt, in der sich unser Goldschmied bewegte, andeuten. Das Interesse für jene nicht immer gut beleumundete Wissenschaft würde durchaus zu seinen spiritualistischen Neigungen passen (ähnliche «Nachbarschaftsverhältnisse» kennen fernöstliche Religionen). Für einen Goldschmied hätte es ohnehin nicht ferngelegen, sich mit den Geheimnissen des funkelnden Elements zu beschäftigen. Die Praktiken der Alchemisten konzentrierten sich schließlich auf denselben Stoff, mit dem er in seinem Handwerk täglich umging.

Befand sich im Keller des «New Holzhaus'», neben den «Stüblein», in denen die Kranken schwitzen mußten oder beräuchert wurden, tatsächlich eine Goldmacherwerkstatt, tarnte die Fassade ein Forschungslabor des Fugger-Konzerns? Und war der erfahrene Goldschmied Altenstetter womöglich Chef eines Fuggerschen Alchemielabors, der, wenn er nicht gerade an Schmelzwerk arbeitete, geheimnisvolle Mixturen anrührte, um die «Quintessenz» aus der Materie zu zwingen? Die Alchemisten hatten ja eine Hypothese: Danach waren die geringeren Metalle wie Quecksilber oder Blei unvollkommen, unreif oder krank.[12] Der Stein der Weisen, ein Wundermittel mit universaler Heilkraft, sollte ihre Transmutation herbeiführen und sie zu Gold erlösen, wie Christus einst vom Tod erlöst worden war. Beargwöhnt wurde das Wirken der Alchemisten, weil man sie verdächtigte, Grenzen zu überschreiten: sich mit dem Teufel einzulassen, um die Hilfe dämonischer Mächte zu erlangen, was auf natürliche Weise nicht gelang. Sie schienen bereit, die Büchse der Pandora zu öffnen, Geister zu befreien, deren sie am Ende nicht mehr Herr werden würden.

Das Spital wäre tatsächlich ein geeigneter Ort für eine verborgene Alchemistenküche gewesen – loderten hier doch stets Feuer, mit denen die Schwitzkuren der Syphilitiker betrieben wurden. Das Spital war ein anrüchiger Ort, den der normale Augsburger gewiß nach Möglichkeit mied. Man hätte also ungestört Essenzen brauen können: Die verräterischen Gerüche wären von den Zinnoberdämpfen, vom Geruch nach Weihrauch und Myrrhe, der aus den Stüblein des Holzhauses drang, überspielt worden. Freilich geben die erhaltenen Inventare des Holzhauses keine Hinweise.¹³ Sie erwähnen aber auch keine Goldschmiedewerkstatt, die sich doch nach Ausweis des Steuerbuchs dort befunden haben müßte. So dürfte Altenstetter in einem benachbarten Gebäude gewohnt und gearbeitet haben. Tatsächlich zeigt der Kilian-Plan hinter dem «Holzhaus» eine ausgedehnte, parkähnliche Grünanlage mit Obstbäumen, von kleinen Wegen durchzogenen Blumenrabatten, mit Brunnen und Skulpturen, dazu zwei größeren Gebäuden, von denen einem eine Loggia vorgeblendet gewesen zu sein scheint.

Ob die Anlage mit dem «welschen Garten», den Hans Fugger in dieser Gegend angelegt hatte, identisch ist, wissen wir nicht. Eine Schriftquelle berichtet, daß der Garten mit Bronzestatuen geschmückt war und daß Orangen- und Mandelbäume darin wuchsen. Auch ist von einem größeren Haus samt Badstube und Waschküche die Rede.¹⁴ Immerhin ist überliefert, daß hier ein Goldschmied wohnte.¹⁵

IN DES NATHANS GARTEN

Altenstetters Bleiben im oder beim «Holzhaus» scheint nach der Affäre des Jahres 1598 nicht mehr ratsam gewesen zu sein. Jedenfalls zieht er um. Im Jahr darauf wohnt er im Nachbarhaus, also dem Gebäude, das Marx Fugger gehörte.¹⁶ Auch dort hielt er sich nur kurz auf. Schon 1601 wechselt er erneut den Wohnsitz. Er lebt jetzt, weit weg von seinem früheren Domizil, im Bezirk «In des Nathans Garten», in der Georgsvorstadt.

Seine äußeren Lebensverhältnisse hatten sich tiefgreifend gewandelt. Kurz nach dem Verhör, vermutlich schon 1599, war seine Frau Katharina gestorben. Altenstetter heiratet schon im Jahr darauf erneut, eine gewisse Susanna Tess, von der wir nicht viel mehr wissen als den Namen.¹⁷ Susanna bringt nicht wenig Geld in die Ehe mit.¹⁸ Die Einträge in den Steuerbüchern belegen nun kräftige Vermögenszuwächse. Gegenüber den zwei Gulden, die Altenstetter 1598 entrichtet hatte, bezahlt er nun deren vier; ab 1602 sind es sogar fünf.¹⁹ Die Zahlen deuten zugleich an, daß die Auftragsbücher gefüllt blieben. Wieder wird gelegentlich verzeichnet, daß im Haushalt eine «Dienerin» oder «Magd» tätig war. Offensichtlich führte Altenstetter nach wie vor das Leben eines sehr wohlsituierten Bürgers.

Sein sozialer Aufstieg erreichte mit der Verheiratung von Tochter Katharina einen Höhepunkt: 1601 ehelichte sie den Arzt Adolph Occo (1578-1628). Der Gatte wurde im Jahr darauf in die Kaufleutestube aufgenommen.[20] Occo entstammte einer bedeutenden, aus Friesland zugewanderten protestantischen Familie.[21] Sein Vater, Adolph Occo III., hatte wegen seiner Haltung während des Kalenderstreits sein Amt als «Chef» des Collegium medicum verloren. Ansehen erwarb sich Occo III. durch botanische Forschungen – er schrieb über Heilkräuter und über den Tabaksamen – und durch ein bedeutendes Werk über die Münzen der römischen Kaiserzeit.

XIV
DIE RÜCKKEHR DER GÖTTER

Abb. 44 Herkules bezwingt die Hydra. Bronzefigur von Adriaen de Vries vom Augsburger Herkulesbrunnen, 1596-1600. Augsburg, Maximilianmuseum

BAUEN GEGEN DIE NOT

ährend Altenstetter seinen neuen Hausstand organisierte, wandelte sich Augsburg zur Renaissancestadt. Der Rat hatte sich um 1590 dazu entschlossen, ein Bau- und Kunstprogramm großen Stils zu inszenieren, welches das Stadtbild in den folgenden Jahrzehnten grundlegend verändern sollte. Es ging dabei nicht nur um Verschönerung, sondern auch um Sozialpolitik. Die Baumaßnahmen sollten arbeitslosen Tagelöhnern und Bauhandwerkern Arbeit verschaffen. Der Rat ließ mauern, malen und meißeln gegen die Not. Zugleich feierte sich die humanistische Elite in Kunst von europäischem Rang. Grundlage dieser außerordentlichen Anstrengung, mit der Augsburg sich als wahrhaft königliche Stadt präsentierte, waren gefüllte städtische Kassen. Geld und Gold wurden in Prestige umgemünzt.

Über hundert Gebäude hat der Stadtbaumeister Elias Holl in diesen Jahrzehnten in seinem strengen, klaren Stil errichtet, von reinen Zweckbauten und Befestigungsanlagen bis hin zu anspruchsvollen architektonischen Kunstwerken wie dem reichsstädtischen Siegelhaus – hier wurde das «Ungeld», eine Steuer auf importierten Wein, erhoben –, dem Zeughaus oder der Stadtmetzg am Fuß des Perlachbergs. Seinen Höhepunkt wird das Unternehmen mit der Errichtung eines monumentalen Rathauses erreichen.

Den Anfang des Projektes machten drei prächtige Brunnen. Der Augustusbrunnen des Niederländers Hubert Gerhard hat nördlich der Alpen nicht seinesgleichen. Auf den Rändern des Beckens thronen vier Bronzegottheiten. Sie symbolisieren Augsburgs Flüsse, Lech, Wertach,

Singold und Brunnenbach. Putten mit Delphinen und Sirenen schmükken den Sockel, auf dem sich die Statue des Stadtgründers Augustus mit dem Gestus des Friedensbringers erhebt. Der Erzimperator deutete genau auf den Kaisererker des alten Rathauses, von dem aus seine Nachfolger bei Reichstagen die Huldigung der Bürgerschaft entgegenzunehmen pflegten (Abb. 45). An den zur Zeit der Fertigstellung des Brunnens regierenden Rudolf II. erinnert eine vergoldete Inschrift. Die Buchstaben hat Altenstetter geschnitten, feuervergoldet und in schwarze Marmorplatten eingefügt.[1] Man bezahlte ihm dafür 150 Gulden.[2]

Vermutlich ist unser Mann am 17. April 1593 dabei, als der «Aufrichtwein» zur Einweihung des vollendeten Werks ausgeschenkt wird. Der Rat hat dafür 22 Gulden spendiert. Für so viel Geld ließ sich kräftig zechen. Für die Konzeption von zwei weiteren Brunnen, dem Merkur- und dem Herkulesbrunnen, hatten die Augsburger Kaiser Rudolfs Bildhauer Adriaen de Vries, einen der bedeutenden Meister des europäischen Manierismus, gewinnen können.

GOTTLOSE WASSERGÖTZEN

So waren die Götter der Alten nach Augsburg zurückgekehrt: die wie Gold schimmernden bronzenen Flußgottheiten vor dem Rathaus, beim Weberhaus dann der elegante, gleich einer Flamme sich zum Himmel aufschwingende Merkur (Abb. 59) und etwas weiter südlich, am Weinmarkt, Herkules (Abb. 44). Der Heros ringt mit der siebenköpfigen Hydra, zerschmettert ihr mit einer knorrigen, an der Spitze feuersprühenden Keule die Häupter. Merkur- und Herkulesbrunnen markierten einen öffentlichen Festraum, in dem, vor der Kulisse des Fugger-Palasts, Turniere stattfanden und Umzüge. Auch die Route von Fürsten oder dem Kaiser mußte bei einem Besuch an den Brunnen vorbeiführen. Die Reichsstadt zeigte sich in all ihrer Magnificentia, ihrer Pracht und Herrlichkeit.

Altenstetter hatte einen kleinen Anteil an der Fertigstellung der Skulpturen des Herkulesbrunnens. 1606 erhielt er 10 Gulden, «von den drei vergulten Tafeln am Röhrkasten auf dem Weinmarkt auszuputzen und zu säubern».[3] Damit sind drei kunstvolle vergoldete Bronzereliefs am Sockel des Brunnens gemeint (Taf. XI). Sie erzählen von der Gründung der Stadt.

Die Skulpturen der drei Brunnen riefen in Erinnerung, daß Augsburg damals auf eine 1500jährige Geschichte zurückblickte. Damit hatten sich die Ratsherren für eine Bildsprache entschieden, die konfessionellen Bezügen auswich. Der Rückzug auf eine «unverdächtige» Antike war naheliegend angesichts einer vorwiegend protestantischen Gemeinde. Zugleich begann das bürgerliche, humanistische Augsburg allmählich, sein Territorium gegenüber der sakralen Gemeinschaft abzugrenzen.

Allmählich ... doch kam es zu Grenzkämpfen und Rückzugsgefechten. So stieß die ungewohnte Präsenz leichtbekleideter Göttinnen und muskelbepackter Heroen im christlichen Augsburg, noch dazu an den prominentesten öffentlichen Orten der Stadt, keineswegs auf ungeteilte Begeisterung. Georg Kölderer nannte die Flußgottheiten verächtlich «Wasser-Götzen-Bilder»; ein anderer, der Jurist Dr. Hieronymus Fröschel, ereiferte sich ganz allgemein über den Vormarsch der antiken Idole.[4] Die Stadtgottheit Cisa – deren vermeintliches Bildnis, tatsächlich ein antikes Medusenhaupt aus Kalk, am Predigthaus von St. Ulrich eingemauert war – nannte er eine «abgöttische Teufelshure». In Augsburg, so wetterte er, seien nun «wie hievor anfänglich aus Heiden Christen, also wiederum zurück aus Christen Heiden» geworden. Die Figuren für den Augustusbrunnen kanzelte auch er als «vier gottlos' Wassergötzen» ab.

Die Polemik hat ihre Voraussetzung in einer Auffassung der Stadt, nach der die sakralen Bereiche nicht von Kirchenmauern begrenzt schienen. Der ganze Stadtraum galt noch immer vielen Bürgerinnen und Bürgern als heilige Sphäre, die rein zu halten war. Fröschel wie Kölderer hegten den Verdacht, die Entkonfessionalisierung der öffentlichen Bildwelt, die der Rat mit seinem Kunstprogramm vollzog, münde überhaupt in die Verweltlichung der städtischen Gesellschaft. Fröschel sah es als Bestätigung seiner kritischen Haltung, als am 14. August 1593 ein Sommergewitter aufzog und der Blitz im Zeughaus einschlug; dabei bekamen die gerade fertiggestellten Brunnenfiguren Blessuren ab. Das sei nur ein «geringer Schaden», kommentierte er sarkastisch die himmlische Entladung und bemerkte verdrießlich, dergleichen «Abgöttereien» seien «in der Stadt Wappen, in Fuggers Häusern und allenthalben nur zu viel» und würden mit der Zeit «eine junge Heidenschaft gebären».

Die sauertöpfischen Kommentare waren Ausdruck einer um 1600 längst überholten Einstellung. Sie erinnert an die Haltung der Sienesen,

Abb. 45 Der Augsburger Perlachplatz. Ölgemälde von Elias Schemel (zugeschrieben), um 1599. Augsburg, Maximilianmuseum (Inv. Nr. 3825)

die in der ersten Hälfte des 15. Jahrhunderts eine antike Venusstatue von ihrer Piazza del Campo entfernt und auf Florentiner Gebiet vergraben hatten, weil man glaubte, sie brächte Unglück, Niederlagen im gerade ausgebrochenen Krieg mit Florenz.[5] Die «Venusaffäre» dokumentiert, in welchem Maß sich die mittelalterliche Kommune als metaphysische Gemeinschaft verstanden hatte. Ihre Reinheit selbst von «gefährlicher» Kunst galt als Voraussetzung für politisches Glück. Es ist, als hätten sich die Sienesen ihr ganzes Land als von einem magischen Kreis umzogen gedacht, in dem man sich den Regeln der Religion zu fügen hatte. Andernfalls, so fürchteten sie, brach Unheil herein.

Im vorreformatorischen Norden findet sich die bekannteste Auseinandersetzung mit der Frage, ob sich heidnische Schönheit mit christlichen Inhalten verbinden lasse, bei Dürer.[6] Er meint, daß sich die Lehren der Antike sehr wohl für christliche Zwecke nutzen ließen: «Denn die Kunst ist groß, schwer und gut, und wir mögen und wollen sie mit großen Ehren in das Lob Gottes wenden.» Die Alten hätten Apoll, «ihrem Abgott Abblo», die schönsten Proportionen gegeben; so könnte man dieselben Maße für Darstellungen Christi, der «der schönste aller Welt» sei, nehmen.

Die Augsburger Führungscrew hatte zweifellos eine ähnliche Sicht der Dinge. Und Altenstetter? Wie gestaltete sich das Verhältnis des religiösen Dissenters zur Antike?

GROTESKEN!

Unser Goldschmied hat einen antiken Mythos, soweit wir wissen, nur einmal zur Vorlage genommen: Es ist die Geschichte des Jägers Actaeon, der die Göttin Artemis beim Baden beobachtet, zur Strafe in einen Hirschen verwandelt und dann von seiner eigenen Meute zerrissen wird. Die in Schmelzemail gegossene Darstellung Actaeons findet sich auf einer Pulverflasche, die Altenstetter zusammen mit Daniel Sadeler für Rudolf II., der ein leidenschaftlicher Jäger war, gefertigt hat (Taf. VII). Woher mag Altenstetter von der literarischen Vorlage, nämlich Ovids «Metamorphosen» (III, 4 und 5), gewußt haben? Die Frage führt zurück auf sein Netzwerk. Wahrscheinlich reflektiert die kleine Szene Gespräche mit Freund Spreng, sicher aber die Kenntnis von dessen Ovid-Übertragung. Virgil Solis' Illustration aus der 1564 zuerst veröffentlichten Ausgabe steht dem Emailbild offensichtlich Pate (Abb. 46).[7] Ovids «Metamorphosen» zählten im übrigen zu den am weitesten verbreiteten Inspirationsquellen für die Künstler der Renaissance.[8]

Im übrigen tritt uns Altenstetter als Meister der *Grotesken* gegenüber (auch der unglückliche Jäger Actaeon mit seinem Hirschkopf ist ja «grotesk»).[9] Ornamentgrotesken sind charakteristisch für Altenstetters Kunst. Er kreiert Insekten, Blumen und Rankenwerk, mit musizierenden Affen und Monstern (Taf. XII, XIII). Es gibt keinen zweiten Künstler der Grotesken, bei dem sich intellektuelle Hintergründe der Entscheidung, sich in diese Ornamentform zu versenken, so genau fassen lassen. Dazu aber muß wieder etwas ausgeholt werden.

Die Groteske hat eine weit in die Vergangenheit zurückreichende Geschichte. Das Wort selbst kommt aus dem Italienischen. Der Goldschmied

GROTESKEN! 175

Abb. 46 Actaeon. Holzschnitt von Virgil Solis aus der Ovid-Übersetzung des Johannes Spreng, Frankfurt a. M. 1571. Augsburg, Staats- und Stadtbibliothek (LR 702, fol. 79r)

Benvenuto Cellini erläutert einmal, was auch andere Schriftsteller – etwa Vasari – mitteilen: Künstler hätten solche Ornamente in unterirdischen Höhlen, in «grotte», entdeckt.[10] Genauer, seien die Ornamente in der Domus aurea, dem «Goldenen Haus» des Nero auf dem Esquilin in Rom, um 1480/90 gefunden worden. Die Künstler unternahmen romantische, manchmal unheimliche Expeditionen in die Abgründe der Vergangenheit. Sie trieben sich zwischen den Ruinen Roms herum, kopierten Malereien und Statuen, Werke der verehrten Meister der Antike. Es waren Exkursionen zur Erkenntnis: Offenbarte sich nicht in Grotten und Höhlen, den Abbildern des Universums, den Stätten von Tod und Wiedergeburt, überhaupt geheimstes Wissen? Am Ende der Irrfahrt des Helden in Rabelais' «Gargantua und Pantagruel» steht die Einsicht, daß alle Weisheit im Erdinnern versammelt sei. «Was sich am Himmel zeigt und ihr Phänomene nennt, was die Erde euch zur Schau gestellt hat, was das Meer und alle Flüsse in sich bergen, ist nichts gegen das, was im Erdenschoß verborgen ist.»[11]

Ein Gedicht der Zeit um 1500, dessen Verfasser offenbar keine all-

176 DIE RÜCKKEHR DER GÖTTER

Abb. 47 Künstler in den Ruinen Roms. Kupferstich von Jacques Androuet du Cerceau, um 1530

zu klare Vorstellung von der kunstgeschichtlichen Entwicklung hatte, gibt ein kurioses Bild von den Groteskenstudien der Renaissancemaler (Abb. 47).

> Da gibt es Höhlen und verfallene Grotten
> mit erhabnem Stuck, andre mit Malerei
> von der Hand Cimabues, Apelles', Giottos.
> Zu jeder Jahreszeit sind sie voller Maler,
> es sind viele im Sommer, ebenso im Winter und im Herbst.
> Gemäß dem von den Vorfahren gegebenen Namen
> legen sie sich auf die Erde, mit ihren Wänsten; mit Brot, Früchten [und Wein,
> um so noch seltsamer als die Grotesken zu sein.
> Sie plagen unseren Geleitsmann und Meister,

daß er uns zum Abzeichnen Blick und Auge schärfe.
Tatsächlich sieht jeder aus wie ein Kaminkehrer.
Es läßt uns Fässer übersehen, Frösche,
Käuzchen und Nachteulen und Fledermäuse,
und so brechen wir uns auf den Knien das Kreuz.[12]

Maler wie Filippino Lippi, Pinturicchio und Luca Signorelli, Sodoma und Raffael verhalfen den Grotesken zur Renaissance. Es waren heitere Bilder: Produkte einer weitfliegenden, «ausschweifenden» Phantasie, hybride Bildungen mit absurden Proportionen, für die Naturgesetze nicht zu gelten schienen. Manches wirkte «schlüpfrig», mithin erotisch, und forderte den Voyeur. Anderes war einfach bizarr.

Schon als Schmuckform heidnischen Ursprungs zogen die Grotesken den Argwohn der Frommen aller Glaubensrichtungen auf sich.[13] Sie störten die Meditation.[14] Außerdem war Spaß nie die Sache von religiösen Reformern. Luther äußerte sich unwirsch über die Grotesken. Und der Wittenberger Korrektor Christoph Walter kritisierte mit Grotesken verzierte Ornamentleisten als «närrische Phantasie von teuflischen Angesichten [...] und Monstern».[15]

GÖTTER DER HÖLLE

Giorgio Vasari kennzeichnete die Grotesken als «freie» und «sehr lächerliche» Art der Malerei.[16] Die Alten hätten hier alle möglichen monströsen Unförmigkeiten geschaffen – etwa an einen ganz feinen Faden ein Gewicht gehängt, das dieser nicht tragen konnte, einem Pferd Läufe aus Laubwerk gegeben, einem Mann die Beine eines Kranichs. Es seien allerdings heitere, vergnüglich anzuschauende Werke.

Die «lustige» Seite war aber nur ein Aspekt der Grotesken. Manche wirken irritierend. Auch bei Vasari klingt manchmal an, daß zugleich eine «dämonische Last» über der Groteskenkunst lag.[17] John Ruskin hat das präzise ausgedrückt: Nur wenige Grotesken seien so vollständig verspielt, daß kein Schatten des Unheimlichen auf sie falle, und nur wenige so unheimlich, daß jeder Gedanke an Scherz ausgeschlossen sei.[18] Sie wirken wie Spiegelungen einer aus den Fugen geratenen Welt (Abb. 48).

Über ihre Entstehung wurden düstere Geschichten erzählt. Gabriele Paleotti, der gegenreformatorisch gesinnte Erzbischof von Bologna und Feind der Grotesken, berichtet in seinem Kunsttraktat darüber.[19] Manche würden meinen, die Motive kämen von den Hieroglyphen. In der Sprache der Ägypter hätten sie einen tiefen Sinn gehabt, der die Maler dann aber nur wenig gekümmert habe. Andere sähen ihren Ursprung im Brauch der Poeten, in ihre Dichtungen viele lehrreiche Fabelgeschichten mit Verwandlungen von Menschen, Tieren, Pflanzen und mit verschiedenen Vermischungen der Dinge einzufügen; einige bezögen sie vor allem auf die «leeren Meinungen» der Pythagoreer, nach denen die Seelen vom einen zum anderen wanderten, mal zu einem Menschen, mal zu einem Tier, einem Baum oder Stein.[20]

Paleotti gibt romantische Bilder antiken Lebens. «Andere schreiben», erzählt er, daß bei den Nachtmählern der Alten, die sie in Weinbergen und auf waldigen Plätzen abhielten, die Diener des Gastmahls in Kostümen von Nymphen, Faunen, Satyrn und anderen Waldbewohnern aufgewartet hätten: «Sie sagen auch, daß sie unter das Auftragen der Speisen Aufführungen eingemischt hätten, Komödien und gewisse satirische Reden [...] und daher, so wollen sie, hätten dann einige zur Erholung begonnen, verschiedene Formen von Menschen und Tieren zu malen, mit Flüssen, Felsen, Wäldern und auf ungewöhnliche und seltsame Art.» In den unterirdischen «Grotten» sei schauerlicher Götzendienst gefeiert worden. Die Alten hätten dort den Kult für die Götter der Hölle inszeniert, ihnen Opfer gebracht, Blut aufgefangen, Orakelsprüche gehört.[21] So seien diese vom Glanz der Sonne, vom Tageslicht und vom Gesang der Vögel abgeschotteten Räume auch mit Malereien geschmückt worden, die den Dämonen der Unterwelt angemessen gewesen seien: Darin, in jenem «falschen Kult» für die Götter des Inferno, hätten die «grottesche» also ihre Ursprünge. In der Finsternis dieser Regionen gebe es ja tatsächlich Körper und Formen, die anders seien als alles Oberirdische. Die Höhlen, lichtlos und voller Schrecken, seien von Gespenstern, Monstern und Vorspiegelungen überfüllt gewesen. Die Götter dort hätten sich mal in wilde Tiere, mal in Schlangen oder andere Ungeheuer verwandelt; auch die furchterregenden Lemuren stammten von dort. Durch Erfindungen, die deren Natur nachahmten, hätten die Maler der Antike ihre falschen Götter ehren wollen und ihre Bilder jenen Fabelwesen angegli-

GÖTTER DER HÖLLE 179

Abb. 48 Groteskes Wassergefährt. Kupferstich von Cornelis Bos, 1550. Kunstbibliothek Berlin, Ornamentstichsammlung

chen, dazu nach Laune Weiteres hinzugefügt.[22] Das Geheimnis sei dabei Prinzip. Grotesken sind in Paleottis Augen aber Rätsel ohne vernünftige Lösung, Ausgeburten wilden Denkens. Kurz, ihnen fehlt, wie er meint, der «Adel der Bedeutung».[23]

Sie erscheinen ihm somit als im doppelten Sinn reichlich obskure Bildungen. Außerhalb ihrer düsteren Ursprungsorte verlören diese heidnischen, widernatürlichen Bilder, wie die Nachtvögel im Sonnenlicht, an Kraft.[24] «Wenn die Malereien als Bücher der Ungelehrten zu dienen haben», fragt Paleotti, «was sonst werden diese aus ihnen lernen können als Unwahrheiten, Lügen, Täuschungen, Betrug und Dinge, die nicht sind?» Die Grotesken seien töricht, hohl, unwahrscheinlich, unproportioniert, dunkel und bizarr, sie glichen dem Traum eines Kranken. Man könne aus ihnen nichts lernen, sie verstrickten vielmehr den Geist der einfachen Leute in tausend Irrtümer. In Kirchen gehöre dergleichen, so Paleottis Schluß, auf keine Weise. Mochten einige auch sagen, der Maler zeige solche närrischen Dinge nur zum Zeitvertreib, so gebe es doch ehrbarere und vernünftigere Weisen für die Erholung des Geistes,[25] für das «Ergötzen» und «Nutzen», das Aufgabe aller Kunst ist.[26] Was also, so fragt er, bringt es dem, der eine Fassade voller Grotesken betrachtet? Was ist an einer Verwandlung Daphnes? Dann tut Paleotti uns den Gefallen, Altenstetters Sujet aufs Korn zu nehmen: «Wozu ist ein in einen Hirsch verwandelter Actaeon nützlich?»[27] Seine Polemik wird so zum Angriff auf die sich mit Renaissance und Manierismus entfaltende neue Freiheit der Kunst. Noch behauptet niemand, die Kunst sei um ihrer selbst willen da. Aber daß sie keinen moralischen Nutzen haben muß, um gerechtfertigt zu sein, dieser Position nähert man sich allmählich an.

TOPOGRAPHIEN DES ERLAUBTEN

Der Antiquar und Architekt Pirro Ligorio versuchte, die Grotesken auf ähnliche Weise zu rechtfertigen, wie man Ovid moralisiert und damit in die christliche Gesellschaft hinübergerettet hatte. Anders als Paleotti meinte er, die alten Bilder hätten einen tieferen Sinn. Ligorio war ein eingefleischter Antikenverehrer, für den alles, was die Römer produziert hatten, gut war und genauer Nachbildung würdig. Außerdem zählte er zu jenen angestrengten Geistern der Renaissance, denen die Oberfläche der sichtbaren Welt als eine ungeheure Ansammlung von ineinandergeschriebenen, durcheinandergeworfenen Zeichen erschien[28] – Abglanz tiefer Wahrheit, Graffiti Gottes.

Allerdings, so wie sich die Götter auf Augsburgs Plätzen niederließen, triumphierte hier wie anderswo die Groteske ungeachtet aller Kritteleien. Paleotti blieb mit seiner Attacke erfolglos; unter Auftraggebern und den Künstlern selbst hatten die Grotesken viele Freunde, deren berühmtester Michelangelo war.[29] Es war, als hätten sich die Epidermen der Säle und Treppenhäuser, der Fassaden, Wandelgänge und Loggien mit einem Bazillus angesteckt, der zu den merkwürdigsten Mutationen der Oberhäute führte und heftig um sich griff.[30] Bald nahmen sich die Radierer und Kupferstecher der avantgardistischen «all'antica»-Schmuckform an. Das Groteskenfieber grassierte in halb Europa. Grotesken überzogen Wandflächen in Schloß Fontainebleau südlich von Paris, eroberten Majolika und Wandteppiche, drückten sich schließlich in Goldschmiede-

arbeiten. Cellini hat sich als einer der ersten an dem modischen Ornament versucht. Er erzählt, nach dem Vorbild türkischer Waffen dergestalt verzierte Dolche angefertigt zu haben. Er nannte solche Kombinationen verschiedener Pflanzen und Blätterarten «monstra», «Mischwesen».[31]
Während sich der dämonische Zierat anfangs noch in Kirchen und selbst im Palast des Papstes unbefangen ausgebreitet hatte, wurde ihm im rauher werdenden Klima der Gegenreformation der Zugang in den Bannkreis des Heiligen verwehrt, wenigstens erschwert. Die nachtridentinische Kirche hatte in aller Deutlichkeit zur Gestaltung der Kirchenräume Stellung bezogen und auch die Groteskenmanie aufs Korn genommen.[32] «Falsches, Unsicheres, Apokryphes, Abergläubisches oder Ungewöhnliches, Frivoles» dürfe weder Gemälde noch Skulpturen verunstalten, so formulierten etwa die Mailänder «Instructiones» von 1576. Auch sollte ihr Schmuck nichts «Wollüstiges, Schlüpfriges, aber auch nichts so Abscheuliches wie jene deformierten Köpfe, die sogenannten ‹mascaroni›», enthalten. Ebenso wurden Bilder von Vögeln, Meeresgetier und weidendem Vieh – all dem, was nicht dem historischen Bericht, sondern der Aufreizung der Sinne diente – angeprangert.

Die Kunsttheorie erarbeitete wenig später «Topographien des Erlaubten». Der blinde Maler Giovanni Paolo Lomazzo (1538-1600), einer der bedeutendsten Kunsttheoretiker seiner Zeit, hat die Räson der Grotesken treffend zusammengefaßt: Sie seien «aus Freiheit» in Gebrauch, nichts anderes als Demonstrationen von Kunst und Schmuck. Sie wollten unterhalten, aber – so fügt er hinzu – «an bestimmten dafür angemessenen, abgeteilten Orten».[33] Paleotti plante ein Buch, das sich damit beschäftigen sollte, welche Bilder jeweils in Kirchen, Palästen, selbst in Kneipen gestattet sein sollten. So unterschied er öffentliche und private Sphären, sakrale und profane Bereiche.[34] Nicht einmal in «Grenzzonen», an Kirchenportalen oder Fenstern etwa, wollte er weltliche Kunst zulassen.[35] Damit öffnete er der Kunst Regionen, wo ihr ausdrücklich mehr erlaubt war als in den mystischen Räumen des Heiligen. In der weltlichen Sphäre, so konzedierte er, habe sie etwas mehr Freiheit.[36]

Hier entfaltete sich tatsächlich das Spiel der manieristischen Kunst. Nacktheit und Erotik, auch Überspanntes und Seltsames verschafften sich Raum. Schlösser, Studioli, Wunderkammern, die Paläste reicher Bürger wurden so zu Geburtsräumen der künstlerischen Moderne. Zu ihren

182 DIE RÜCKKEHR DER GÖTTER

Abb. 49 Grotesken auf einem Musterblatt für Goldschmiede. Kupferstich von Corbinian Saur, Augsburg 1594. Kunstbibliothek Berlin, Ornamentstichsammlung

Abb. 50 und 51 Grotesken. Ornamentstiche von Daniel Mignot, 1616. Augsburg, Kunstsammlungen und Museen, Graphische Sammlung (Inv. Nr. G 3789 und G 3770)

Zeichen zählen auch die Grotesken. Wo sie waren, herrschte die Welt. Hier durfte die Kunst viel – fast alles, was sie wollte. Das «Heilige» fand sich zusehends eingehegt in eigene Enklaven, in denen strengere Regeln gelten sollten, während die antiken Götter als Kunstwerke gerechtfertigt waren. Im profanen Bereich hielt man sie sozusagen in Quarantäne. Das begründete die merkwürdig friedliche Koexistenz von antiker Schönheit, heidnischer Götterwelt und christlicher Heilsgemeinschaft, wie sie sich im Europa des «eisernen Zeitalters» einstellte.[37] Die allmähliche Abgrenzung der Sphären des Heiligen und des Profanen war ein Vorgang von außerordentlicher Bedeutung, ein wichtiger Schritt auf dem Weg zur Entzauberung der Welt und zur Befreiung der Künste von der Bevormundung durch die Theologen.

ANARCHIE UND ORDNUNG

Altenstetter hat sich bei der Gestaltung seiner Grotesken von graphischen Vorlagen anregen lassen (Abb. 49-51). Sie waren etwa in den Musterbüchern Delaunes oder in den Stichwerken seiner Mitbürger Corbinian Saur und Lukas Kilian greifbar.[38] Neben Nürnberg und Augsburg waren

Antwerpen, Paris und Fontainebleau die wichtigsten Zentren für die Herstellung solcher Druckwerke. Altenstetter muß, wie alle seine Goldschmiedekollegen, eine umfangreiche Sammlung von Stichen, Radierungen und Zeichnungen besessen haben. Sie waren ein wichtiges Kapital seines Unternehmens.

Stiche waren bedeutende Medien des Kulturtransfers. Vor allem durch sie wurde die Groteske zu einem europäischen Ornament. Daß sich Europas Wände und Gegenstände mit dem «Traumwerk» überzogen, war nicht Ausdruck eines ominösen Zeitgeists, gar dem Zwang eines stilistischen Über-Ichs zu verdanken, sondern vor allem Resultat der Kommunikationsleistung der Musterbücher und anderer Medien. Alessandro Feis Darstellung einer Goldschmiedewerkstatt im Palazzo Vecchio in Florenz zeigt an einem Wandvorsprung befestigte Musterzeichnungen; außerdem dienen kleine Modelle, die Fei im Vordergrund zeigt, den Handwerkern als Vorlagen.

Ob Altenstetter seine Schmuckformen bis ins Detail selbst entworfen hat, ist unbekannt. Im Fall einer Ebenholztruhe, die er in Zusammenarbeit mit Elias Waldvogel mit Silberarbeiten verziert hat, wird ein Betrag von drei Gulden als Honorar für einen Maler erwähnt, der einen Entwurf – «damit die Goldschmiede darnach haben können arbeiten» – geliefert hatte. Wie wenig diese kreative Leistung geschätzt wurde, zeigen die Gesamtkosten der Truhe, für die Herzog Wilhelm V. 104 fl. auszugeben hatte.[39] Bartholomäus Spranger, der prominenteste Hofmaler Rudolfs II., erhielt «wegen Abmalung der Uhr zu der türkischen Verehrung» – einer aufwendigen mechanischen Uhr, die der Hohen Pforte als Tribut überreicht werden sollte – das «Trinkgeld» von nicht ganz sechs Gulden.[40]

«Visierungen», also Entwürfe von Altenstetters Hand, sind bisher nicht bekannt geworden. Das besagt allerdings nicht viel. Entwürfe waren Gebrauchsgegenstände. Sie wurden meist achtlos weggeworfen, nachdem sie umgesetzt worden waren. Erhalten blieben am ehesten Blätter, die von berühmten Meistern – etwa von Dürer oder Altdorfer – stammten und daher «sammelwürdig» waren.[41] Dabei ist eine Vielzahl von Typen bekannt: Es gibt flüchtige Ideenskizzen, präzise Arbeitsvorlagen, «Abrollungen» der Oberfläche eines Objekts, schließlich Nachzeichnungen durch Mitarbeiter oder andere Künstler. Bei dem bisher einzigen Blatt, das mit Altenstetters Kunst in Verbindung gebracht wird, der in der Sammlung Waldburg-Wolfegg aufbewahrten Darstellung eines Pokals (Taf. XVI), könnte es sich um die letztgenannte Kategorie handeln.

Altenstetter – und seine Werkstatt? – übernahmen die Anregungen, die in den Stichvorlagen zu finden waren, nie «wörtlich». Vielmehr erarbeiteten sie eigene Formen. Hier, zwischen den Vorlagen und dem mehr oder weniger davon abweichenden Entwurf des Meisters, hatte die Phantasie ihre Räume. Der Blick in Musterbücher, die Altenstetter wahrscheinlich benutzt hat, zeigt allerdings auch, daß die Geburt der Grotesken unter nicht ganz so anarchischen Umständen verlief, wie die Kunsttheorie glauben macht. Die Ornamente entsprachen, bei aller Freiheit im Detail, im Ganzen bestimmten stilistischen – man könnte auch sagen: modischen – Konventionen. Sie wahrten zum Beispiel Symmetrien. Am engsten ist die Nachbarschaft von Altenstetters Kunst zu den Musterblättern des Stechers Daniel Mignot, eines Hugenotten, der sich um 1593/96 in Augsburg aufhielt.[42] Aber es gibt auch Motive Altenstetters, für die sich nicht so leicht Vorlagen finden lassen, wie etwa die Schildkröten, die eine von ihm gefertigte Prunkuhr Rudolfs II. schmücken. Hat er dergleichen im Augsburger Fuggerpalast gesehen? Die Grotesken dort zählen zu den frühesten Dekorationen dieser Art nördlich der Alpen.[43]

XV
EINE REISE NACH PRAG

*Abb. 52 Kaiser Rudolf II. Bronzebüste von Adriaen de Vries, Prag, 1603.
Wien, Kunsthistorisches Museum, Kunstkammer (KK_5506)*

EMAIL FÜR DEN KAISER

rag und Augsburg pflegten im späten 16. Jahrhundert eine enge kulturelle Symbiose. Die Reichsstadt mit ihrem unerschöpflichen Reservoir an Malern, Goldschmieden, Uhrmachern und Mechanikern erwies sich als eine Art Luxuskaufhaus Rudolfs II.[1] Arnold Schanternell, ein Goldschmied, betrieb am Hof einen Laden, nachdem ihm die Niederlassung in Augsburg verweigert worden war.[2] Der Kammerjuwelier Philipp Holbein, auch er Augsburger, lieferte Geschmeide im Wert fünfstelliger Summen an die Moldau;[3] ein einst in Prag befindlicher Himmelsglobus aus der Werkstatt des Augsburger Feinmechanikers Georg Roll zählt heute zu den Prunkstücken des Wiener Kunsthistorischen Museums. Auch auf musikalischem Gebiet gab es regen Austausch. So hatten der Augsburger Komponist Hans Leo Hassler und sein Bruder Jakob Engagements an Rudolfs Hofkapelle.[4]

Der Transfer verlief nicht nur vom Lech an die Moldau, sondern auch in der Gegenrichtung. So hat der in Italien geschulte Kammermaler Joseph Heintz abwechselnd in Augsburg und Prag gelebt; er lieferte dem Augsburger Rat Entwürfe für die Gestaltung öffentlicher Gebäude. Sein Nachfolger Matthäus Gundelach erwarb 1611 das Augsburger Bürgerrecht und zog ein paar Jahre später in die Reichsstadt. Der bei weitem bedeutendste «Prager», der in Diensten des Rates tätig wurde, war Adriaen de Vries, der Schöpfer von Merkur- und Herkulesbrunnen (Abb. 44, 59). Der Niederländer hatte seine Karriere in Florenz in der Werkstatt Giambolognas begonnen, zusammen mit Hubert Gerhard. Rudolf II. hatte ihn aus savoyischen Diensten abgeworben.[5] Der Kontakt dürfte über

Gerhard zustande gekommen sein. Letzterer wiederum war von Hans Fugger «entdeckt» worden.[6] Der Bruder von Altenstetters «Hauswirt» Marx Fugger erscheint überhaupt als wichtige Vermittlerfigur zwischen den beiden Kunstmetropolen.[7]

Was unseren Goldschmied betrifft, fällt auf, daß er mit seinen Bildhauerkollegen einige Auftraggeber gemeinsam hat. Er poliert, wie berichtet, Hubert Gerhards Mars-Venus-Gruppe und beliefert den Münchner Hof, wo derselbe Gerhard vor seiner Berufung nach Augsburg gearbeitet hatte. Besonders eng indes sind Altenstetters Beziehungen zum Prager Kaiserhof. Sie reichen bis mindestens 1583 zurück.

Daß Rudolf II. unter seinen Auftraggebern war, ist jedenfalls sicher. Ein Großteil von Altenstetters erhaltenen Werken befindet sich heute im Kunsthistorischen Museum in Wien, entstammt also den Kollektionen des Hradschin: eine aufwendig verzierte Tischuhr (Taf. II, III); die schon erwähnte Pulverflasche mit dem Bild Actaeons, dazu ein Gewehr, das John F. Hayward eine der «edelsten Radschloßfeuerwaffen, die es je gegeben hat» (Taf. VI, VII), nennt;[8] schließlich die österreichische Hauskrone, an deren Herstellung Altenstetter beteiligt gewesen sein könnte. 1584 hat er dem Hofpostmeister zwölf silberne, vergoldete und mit emailliertem Reichsadler verzierte «Kurierbüchsen» geliefert.[9]

Die gerade erwähnte Uhr, für die Altenstetter Ende Juli 1583 eine Abschlagszahlung von 200 Gulden erhielt, entstand in Zusammenarbeit mit dem Augsburger Uhrmacher Hans Schlothaim.[10] Das Werk dürfte den Neigungen des Kaisers völlig entsprochen haben. Das Zifferblatt zeigte den Zodiacus und ermöglichte es, die Aspekte – Winkelrelationen zwischen den Planeten – zu bestimmen.[11] Die Uhr erschien als mikroskopisches Modell des von Gott nach «Maß und Zahl und Gewicht» geordneten Universums.[12] Die Uhrensammlung, in der auch Altenstetters Kunstwerk aufbewahrt wurde, erinnert an die Hoffnung des Kaisers, es sei möglich, ein Perpetuum mobile zu konstruieren. Die Quellen berichten von technischen Wunderwerken, die der Kaiser anfertigen ließ, etwa einem Virtuosenstück, das 1585 dem Sultan als Tribut überreicht wurde. Die 16 569 Gulden teure Uhr habe die Gestalt eines Kastells gehabt, sei gleichsam ein kleines Serail gewesen. «Zu jeder Stunde schlug die Uhr, darauf öffnete sich die Pforte, es erschienen Statuen, alle von Silber, der Sultan zu Roß mit Gefolge und etlichen Paschas; sie ritten im Halbkreis und verschwanden in der andern Pforte. Glocken schlugen die Stund'. Alles so herrlich, daß die Christen sich verwunderten, die Türken aber wie ganz bezaubert standen.»[13]

Die Hauskrone ist ein Meisterwerk höchsten Ranges (Taf. VIII, IX). Im Halbdunkel der Schatzkammer der Wiener Hofburg hinter Panzerglas verheißungsvoll funkelnd, gibt sie einen Abglanz des alten Habsburgerstaats. Sie ist mit Perlen und Rubinen besetzt, die Seitenstücke zeigen den Kaiser als Triumphator über die Türken und Befreier der Christenheit. Ein Genius – das befreite Ungarn – reicht ihm den Lorbeerkranz. Das Glanzstück der rudolfinischen Kunst gilt als Arbeit der Prager Hofwerkstatt.[14] Eine Beteiligung Altenstetters an der Herstellung, die vielleicht von Jan Vermeyen koordiniert wurde, hat man schon früher angenommen.[15] Allerdings fehlen Dokumente. Tatsächlich weist der Stil der Emailverzierungen große Ähnlichkeit mit Altenstetters Art auf. Vielleicht handelte es sich dabei um die Arbeit «für die kaiserliche Majestät», die Altenstetter unter Händen hatte, als er zum Verhör geführt wurde. Die Krone muß in der Tat zwischen 1598 und 1602 entstanden sein.

War Altenstetter in Prag, um seine Arbeiten abzuliefern, Werkstücke zusammenzufügen und den Lohn in Empfang zu nehmen? Die Verbindungen dorthin könnten über Dr. Widemann oder über Lorenz Thenn, den Kollegen, Nachbarn und Gastgeber Tycho Brahes, geknüpft worden sein. Gegen einen ausgedehnten Aufenthalt spricht, daß sich in den Augsburger Steuerbüchern keinerlei Hinweise auf eine längere Abwesenheit Altenstetters finden, auch nicht während der Entstehungszeit der Hauskrone; für Handwerker, die sich mit Bewilligung des Rats länger außerhalb der Stadt aufhielten, war eine eigene Rubrik vorgesehen, unter der sich der Name Altenstetter nicht findet. Andererseits gibt es Indizien, die doch gestatten, ihn auf die Reise nach Prag zu schicken, damals eines der wichtigsten Zentren der europäischen Kunst.

Das wichtigste Argument für die Annahme, daß er wenigstens einige Monate an der Moldau verbracht hat, liefert Paul von Stetten, der Augsburger Historiker, der im 18. Jahrhundert eine Kunst- und Handwerksge-

EMAIL FÜR DEN KAISER 189

Abb. 53 Prag um 1606. Vedute von Ägidius Sadeler, gezeichnet von Philip van den Bosche und Johannes Wechter. Prag, Akademie der Wissenschaften, Institut für Kunstgeschichte

schichte Augsburgs schrieb. Rudolf II., so behauptet er, habe Altenstetter «um das Jahr 1610» den Titel eines kaiserlichen Kammergoldschmiedes verliehen.[16] Dazu paßt die Datierung des Prunkgewehrs, nämlich 1607; der Münchner «Eisenarbeiter» Daniel Sadeler, der Hersteller der Flinte, die Altenstetter mit seinen edlen Accessoires versah, arbeitete damals tatsächlich für den Kaiser, und er hielt sich zu diesem Zweck in Prag auf.[17] Zweifellos wäre das Stück, zu dem der Goldschmied kompliziert geformte, gebogene Teile zu liefern hatte, viel einfacher in direkter Zusammenarbeit anzufertigen gewesen als über große Distanzen hinweg.[18]

Mit seiner Kunst muß Altenstetter den Geschmack des Hofes aufs genaueste getroffen haben. Wieder könnten sich geistesgeschichtliche Zusammenhänge andeuten. Das Prag Rudolfs II., Station auf jeder Voyage imaginaire durch die okkulte Renaissance, war jedenfalls ein guter Ort für Leute von Altenstetters Schlag. Hier zeigte sich jenes «andere Europa», das inmitten der Glaubenskämpfe überlebt und sich auch in Augsburg eine geheime Existenz bewahrt hatte. In der Person des Kaisers, der in seinem Zauberschloß hinter den böhmischen Wäldern residierte, hatten einige der eigensinnigen Ideen, die sich jenseits der konfessionellen Biotope ihre Räume suchten, die Spitze der Reichsaristokratie gewonnen.

DIE MAGISCHE STADT

Nach Prag! Jahrhundertelang hatten Könige und Kaiser an der Stadt gebaut, sie zu einer der schönsten Metropolen der Welt werden lassen. Aus der Ferne zeigte sie zu Altenstetters Tagen noch immer ein mittelalterliches Antlitz. Ein zinnenbekrönter Mauerring zog ihr im Süden die Grenzen. Zwar hatte 1541 ein großer Brand viel Raum für Neues geschaffen; unter dem barocken Gewand späterer Zeiten zeigen einige Bauten noch heute ihr Renaissance-Unterkleid. Der Haupteindruck aber war damals «gotisch», nicht umsonst wurde Prag die «Hunderttürmige» genannt. Spitz wiesen ihre Türme und Türmchen auf die Überwelt jenseits des bleiernen Himmels der Kleinen Eiszeit: die Türme und Fialen des Veitsdomes, die Türme und Türmchen der Teynkirche, der Altstädter Brückenturm und der mächtige Turm des Altstädter Rathauses.

Aegidius Sadeler breitet die Vedute der böhmischen Metropole auf seinem Stich in all ihrer Pracht aus (Abb. 53). Er rückt die Neustadt an den Rand, nimmt dafür die Kleinseite mit Hradschin, Veitsdom und Georgskloster ins Visier. Spitzgiebelige Häuser drängen sich um Burg und Kirchen. Man sieht weitläufige Gärten am Moldauufer, Rebberge und Parks. Noch hat der große Leib der bürgerlichen Gemeinschaft Raum zu wachsen. Das Belvedere, der prominenteste Renaissance-Bau, wird übergroß gegeben. In majestätischem Bogen durchquert die Moldau die rechte Bildhälfte, die Karlsbrücke überspannt den im Morgenlicht glitzernden Strom, der sich in bewaldeten Hügeln verliert.

1583 hatte Kaiser Rudolf II. endgültig die behäbige Wiener Hofburg mit dem hochragenden Hradschin vertauscht. Prag war damals rasch gewachsen, Kleinseite und Hradschinstadt konnten die Zuzügler bald kaum noch fassen. Ein französischer Besucher urteilte, Prag sei «wenig gefällig und sehr schmutzig» – er war Paris gewohnt –, «aber gut bevölkert und von übermäßiger Größe».[19] Unter den Bürgern waren viele Deutsche, Beamte, Militärs; auch ein biederer Elsässer, der keinen Brocken Tschechisch konnte, mochte sich da verständlich machen. Diplomaten quälten sich mit ihren vielköpfigen Entouragen durch die engen Gassen zum Hradschin hinauf. Aus aller Herren Länder fanden sich Maler, Bildhauer, Musiker, Poeten, Gelehrte und Scharlatane ein. Sie drängten sich um

Rudolf II. wie ein geschäftiger Bienenstaat und sonderten als goldenen Honig Klänge, Worte und Bildwerke ab.[20]

Auf dem Burgberg hatte der Kaiser sich ein Reich errichtet, das nicht ganz von dieser Welt war. Es bildete einen Gegenkosmos zur wirren Wirklichkeit draußen, der er sich zu entziehen versuchte, obwohl sie immer wieder unwirsch hineinbrach in sein versunkenes Dasein. Wenn man sich heute im mystischen Halbdunkel der von Gold, bunten Malereien und Halbedelsteinen schimmernden Wenzelskapelle des Veitsdomes oder in den labyrinthischen Innereien des Hradschin verliert, mag sich das suggestive Bild eines metaphysischen Ortes einstellen, romantische Erinnerung an eine alte Welt voller Engel und Dämonen, an höllische Alchemistenküchen, wo aus Töpfen und Phiolen geheimnisvolle Essenzen dampften, stechender Schwefelgeruch sich mit dem Duft von Holzkohle mischte. In Gestalt der Altneu-Synagoge und des Judenfriedhofs hat Mordechai Maisel, der hohe Rabbi Löw, seine Erinnerungsorte. Auf dem verriegelten Dachboden der Synagoge sollen noch heute die Überreste des Golem – des künstlichen Menschen, den der Rabbi einst mit der Magie der Worte zum Leben erweckte – verborgen sein …

DAS HRADSCHIN-UNIVERSUM

Rudolf II., der Melancholiker auf dem Kaiserthron, hatte in der Geschichtsschreibung lange keinen allzu guten Ruf, nicht nur wegen seiner passiven Reichspolitik – in diesem Punkt ist das negative Urteil nicht unberechtigt – und seiner tragischen Rolle im habsburgischen Bruderzwist. Er galt als lauer Katholik, gar Ketzer in eisernen Zeiten, die, wie man meinte, eigentlich Entschiedenheit und Glaubensstärke erfordert hätten. Manche karikieren ihn als unstete Marionette, deren Fäden Günstlinge und graue Eminenzen, darunter nicht wenige zweifelhafter Rechtgläubigkeit, zogen.

Tatsächlich nahm er böhmische Utraquisten, deutsche Lutheraner, selbst Calvinisten in seine Dienste. Wenngleich kein Zweifel daran möglich ist, daß der Kaiser zu Jähzorn und Sprunghaftigkeit neigte und unter Verfolgungswahn litt, so ist doch auch richtig, daß seine maßvolle Politik damals den hochkomplexen religiösen Verhältnissen Böhmens angemessen war. Besorgt schrieb der päpstliche Nuntius nach Rom, der Kaiser meide den Gottesdienst. Manche waren davon überzeugt, daß Rudolf vom Teufel besessen sei, eine Befürchtung, die der Herrscher allerdings selbst hegte.[21] Es wirft ein Schlaglicht auf das liberale Klima im Prag jener Jahre, daß Giordano Bruno hier 1588 seine Idee einer weltumspannenden hermetischen Reform propagieren konnte.[22] Bei allem sah sich der Kaiser als rechtgläubiger Katholik; nur war er eben kein gegenreformatorischer Zelot. Wenn Habsburgs Politik zu Beginn des 17. Jahrhunderts eine entschiedener katholische Kontur gewann, entsprach das wohl nur begrenzt den Wünschen des Kaisers.

Rudolf II. beschäftigte sich mit «okkulter» Philosophie, mit Lehren, die aus der Perspektive der Kirche bedenklich waren, ja im Verdacht der Häresie standen. Ihn trieb das «faustische» Streben, die Gesetze des Universums zu verstehen, der Wunsch, einen freilich durchaus christlich aufgefaßten Schöpfungsplan – die «herrlichen Geheimnisse der Natur», wie er einmal schreibt – zu entziffern. Auch pflegte er Beziehungen zur jüdischen Gemeinde Prags. Die berühmte Unterredung mit Rabbi Löw muß nicht ins Reich der Legende gehören, hätte es doch zu Rudolfs intellektuellem Zuschnitt gepaßt, wenn er versucht hätte, sich des jüdischen Wissens um die Welt und der Geheimnisse der Kabbala zu versichern. Er scharte Astrologen, Hellseher und Alchemisten wie John Dee und Michael Sędnivoj um sich; zu seiner Equipe zählten zugleich Männer, die heute als Heroen der wissenschaftlichen Revolution gelten: Tycho Brahe und Johannes Kepler.[23] Astrologische Spekulationen (auf die sich auch letztere durchaus verstanden), alchemistische Experimente, die Auseinandersetzung mit Magie, mit platonischen und hermetischen Lehren – all das stand im Dienst dieser großen Suche in einer Welt, die noch voller Wunder war. Man spürte ihnen in fernen Ländern nach, am Himmel und in der Tiefe der Erde. Davon «ernsthafte» wissenschaftliche Aktivität zu unterscheiden ist nur aus der Gegenwartsperspektive möglich.

Rudolf hatte nichts weniger als eine Art Großforschungseinrichtung aufgebaut, die all die gigantischen Laboratorien und Beobachtungsstationen vorwegnahm, mit denen wenig später Francis Bacon seine utopische Insel «Nova Atlantis» ausstatten sollte. Als Kaiser konnte er sich im Großen leisten, wovon sein Zeitalter träumte. Die in einem Flügel des Hradschin untergebrachte Kunst- und Wunderkammer füllte sich mit Versteinerungen, Edelsteinen, Antiken, Alraunen, Rhinozeroshörnern, Meteoriten;[24] 1595 konnte der Kaiser seiner Kollektion zwei lange begehrte, bislang unter der Obhut Erzherzog Ferdinands befindliche Kleinodien einverleiben, das sagenhafte Einhorn – tatsächlich ein Narwahlzahn – und eine Achatschale, von der man glaubte, sie sei einst mit dem Blut Christi gefüllt gewesen. So war sie mit dem Gralsmythos verbunden.

Rudolfs Museum war ein Ort zum Staunen, zur Ergötzung und Zerstreuung, eine Reliquienkammer der Wunder Gottes und der Elixiere des Teufels. Sie war Mikrokosmos der Welt, Ausdruck des Versuchs, die Dinge der Natur und die Werke des Menschen in ein klares, sinnvolles System zu bringen.[25] Rudolf II. begeisterte sich für Dürer, besaß Werke Correggios, Tizians, Pieter Breugels; auch Parmigianinos «Selbstporträt im Konvexspiegel», ein Emblem des Manierismus, hat den Kaiser einst angeblickt. Arcimboldos Porträt, ganz aus gemalten Blumen und Früchten gebildet, zeigt ihn als «Vertumnus», als Gott des Frühlings und des Herbstes. Es ist ein virtuoses Stück: Das Frucht- und Gemüsearrangement soll Rudolf ziemlich ähnlich gewesen sein.

Zum Prager Kosmos gehörte eine hochspezialisierte Handwerkerequipe aus aller Herren Länder. Sie praktizierte Formen der Arbeitsteilung, die wir schon in Augsburg beobachtet haben. Die trotz der stilistischen Vielfalt der beteiligten Künstler unverkennbare Einheitlichkeit dessen, was man die «Prager Schule» nennt, hat ihren Grund im exquisiten Geschmack des kaiserlichen Mäzens. Die meisten der von ihm bevorzugten Maler stammten aus dem Norden, hatten ihre Formung aber in Italien erhalten. Überflüssig zu bemerken, daß der Kaiser nicht auf ihre Religion sah. So gut wie alle Aufträge, die Rudolfs Künstler ausführten, hatten übrigens weltliche Themen zum Gegenstand.

Wie sehr Rudolf Künste und Künstler schätzte, zeigt sich daran, daß er seinen Prager Malern 1595 ein Privileg erteilte, nach dem ihre Arbeit nicht als Gewerbe, sondern als Kunst angesehen werden solle. Als die Zunft ein paar Jahre später eine Bittschrift einreichte, die sich gegen die Hofkünstler und ihre Freiheiten richtete, wurde sie barsch zurückgewiesen.[26] Es gab im 16. Jahrhundert keinen Herrscher in Europa, der vergleichbar viele Künstler in den Adelsstand erhoben hätte.[27]

KAMMERGOLDSCHMIED

Sollte Altenstetter tatsächlich zum Kammergoldschmied ernannt worden sein, es wäre ein Gipfel seiner Laufbahn gewesen. Die Würde bedeutete Freiheit von allen Zwängen der Zunft. Sie entsprach wohl der eines «valet de chambre» am spanischen Hof.[28] Dazu zählten etwa hohe Entlohnung, gute Kleidung und vor allem unmittelbarer Zugang zum Kaiser. Auch durfte der Träger des Titels im kaiserlichen Schloß wohnen.

Wenn sich Altenstetter wirklich einige Zeit in Prag aufgehalten haben sollte,[29] dürfen wir ihn uns also eher in einer lichten Stube des Hradschin vorstellen als in einem Haus am Goldenen Gäßchen. Die Phantasie kann sich sogar einen Besuch des Kaisers bei Altenstetter ausmalen. Rudolf, so mürrisch und hochfahrend er sich gegenüber Aristokraten verhalten mochte, behandelte Leute niederen Standes leutselig, schätzte vertraute Gespräche mit Gelehrten und Künstlern. Zeitgenossen erzählen, daß er sich jeden Tag aufgemacht habe, um Steinschneidern, Uhrmachern und Goldschmieden beim Arbeiten zuzusehen,[30] auch soll er selbst gemalt und sich als Goldschmied versucht haben.[31] So mag die Vorstellung eines Genrebilds gestattet sein: Der Kaiser des Heiligen Römischen Reiches, gekleidet in silbergrauen Brokat, das Barett mit Straußenfeder auf dem Kopf (so war er gewöhnlich gekleidet), tritt an die Werkbank des Augsburger Goldschmieds; fragt ihn nach seiner Methode, Email so zu brennen, «daß die Schmelzgläser nicht ausspringen»; tauscht sich mit ihm, dem Fachmann, über die allegorische Natur des Goldes aus und lobt eine gerade fertiggestellte Prunkwaffe ...

Altenstetter hat in Prag, wenn er überhaupt dort war, allenfalls ein paar Monate verbracht und ist dann nach Augsburg zurückgekehrt. Hier schuf er 1610 ein Hauptwerk, einen prächtigen Deckelpokal, der sich heute in einer Kirche im schwedischen Njutånger befindet (Taf. IV, V). Ursprünglich für profane Zwecke bestimmt, wurde er später zu einem «dopkalk» umgearbeitet, einem Kelch, in dem das Taufwasser aufbewahrt wurde.[32] Zentrale Schmuckelemente sind Früchtekörbe und Blumenvasen, dazu Libellen, Falter, Vögel, Hirsche und Mischwesen.

XVI
ÜBER DAS GLÜCK DER ARBEIT

Abb. 54 Goldschmiedewerkstatt. Gemälde von Alessandro Fei, um 1570. Florenz, Palazzo Vecchio

DIE GOLDSCHMIEDIN VON MÜNSTERSCHWARZACH

Im Schatten der Basilika von Münsterschwarzach bei Würzburg, einem kargen, rheinische Romanik zitierenden Bau der dreißiger Jahre des 20. Jahrhunderts, hat die Gold- und Silberschmiedin Gerdi Glanzner ihre Werkstatt. Sie beherrscht die Emailliertechniken, die auch ihr Renaissance-Kollege Altenstetter anwandte. Mit ihrer Hilfe mag es gelingen, sich in dessen Arbeit zu denken.

Münsterschwarzach ist ein guter Ort für ihre Kunst, die von jeher auch im Umfeld der Klöster zu Hause war. Das Studio hat noch immer ein wenig mit Silberschmieden gemein, wie sie Etienne Delaunes Stiche zeigen: Arbeitstische, auf denen Zangen, Feilen und Hämmerchen herumliegen; ein Ledertuch hängt davor herunter, man breitet es über die Knie, damit kein Krümel Gold verlorengeht. Flaschen und Tuben mit allen möglichen Essenzen stehen herum, an einer Wand sind Entwürfe angepinnt; Alessandro Feis Bild in Florenz zeigt das ganz ähnlich (Abb. 54). Durch ein großes Fenster fällt das Licht des Spätherbsts in den Raum.

Die Arbeit mit Email erfordert intime Materialkenntnis und ein «mikroskopisches» Auge. Zuerst gilt es, den Untergrund, Gold oder Silber, vorzubereiten. Altenstetter hat vorwiegend in Silber gearbeitet, jedenfalls sind keine Werke aus Gold von seiner Hand erhalten geblieben. Man benutzt Feinsilber, erklärt Frau Glanzner, weil sein Schmelzpunkt höher liegt. Sonst ließe sich das auf 750-780 Grad erhitzte Email nicht auftragen, das Silber würde vorher schmelzen. Dieser technische Umstand dürfte erklären, warum die meisten der nach 1594 entstandenen Augsburger Emailarbeiten kein Beschauzeichen aufweisen.[1] Bis dahin hatte die Goldschmiedeordnung dazu verpflichtet, Feinsilber ab 14 Lot – das entsprach einem Feingehalt von 87,5 Prozent – mit dem Stadtpyr zu versehen. Da die Emailarbeit ohnedies nur auf feinstem Silber gelingen konnte, mußte nicht noch eigens ein Zeichen in das gute Stück gehauen werden.

Email besteht aus mineralischen Substanzen, vor allem aus Quarz und Feldspat; dazu kommen Bleimennige, Soda und Pottasche als Flußmittel. Zusammen bilden sie die «Fritte», die Grundsubstanz. Durch Beigabe von Metalloxyden lassen sich unzählige – man sagt, bis zu 20 000 – Farbnuancen erzielen. Soll das Email opak werden, werden Fluorit, Knochenasche oder Zinnoxyd dazugegeben.

Die Goldschmiedin trägt zunächst eine Schicht aus transparentem Email auf das Silber auf. Unabdingbar ist, auch die Rückseiten zu emaillieren, mit «Konteremail». Schon die Goldschmiede des Mittelalters machten das so. Andernfalls verzieht sich das Silber beim Erhitzen zu stark; die Einlagen der Schauseite springen aus – der Horror aller Emailleure. Auch müssen die bunten Glasflüsse etwa denselben Schmelzpunkt haben. Die Arbeit verlangt äußerste Konzentration. Allein beim Entwerfen hätten die Gedanken ihre Freiheit, sagt Frau Glanzner. Ist das Werkstück auf diese Weise vorbereitet, geht es ans Schmelzen. Man wiederholt es zwei- oder dreimal, immer mit einer neuen dünnen Schicht Email. Trüge man den Stoff zu dick auf, würden sich Blasen bilden. Den Abschluß machen Schleifen und Polieren.

RUSKINS FRAGE

Die Münsterschwarzacher Goldschmiedin vermittelt den Eindruck, stolz auf ihr Können zu sein, ihre Arbeit gern zu verrichten. Ob auch die alten Handwerker, Leute wie Altenstetter, bei ihrer Arbeit so etwas wie Glück oder Freude empfanden? Die Frage ist nicht neu. John Ruskin stellt sie in seinen «Seven Lamps of Architecture» von 1849, in einer Zeit der rasch vordringenden industriellen Massenproduktion. «Ich glaube, daß die richtige Frage, die mit Bezug auf jedes Ornament zu stellen ist, ganz einfach die folgende ist: Wurde es mit Freude gemacht – war der Bildschnitzer glücklich, als er daran arbeitete? Es mag die denkbar schwierigste Arbeit sein und eine um so schwierigere, weil so viel Gefallen in sie investiert wurde; aber sie muß auch glücklich gewesen sein, oder das Ornament wird nicht leben.»[2]

Ruskin glaubte die Antwort auf seine Frage durch genaues Studium der gotischen Handwerkskunst gefunden zu haben. Er konfrontierte sie mit der Maschinenproduktion: Die mache den Menschen zum Sklaven. Allein mit der menschlichen Hand, «der feinsten aller Maschinen», gelänge es, die vielfältigen, stets einzigartigen Formen der Natur nachzubilden. Nur so könne der Mensch seine Vorstellungen verwirklichen. Der Steinmetz des Mittelalters sei von seiner Arbeit nicht entfremdet gewesen. Dessen Werke, meint Ruskin, entstanden aus Freiheit, aus ihnen spreche die Freude am Schaffen. Handarbeit hielt er für die einzige Produktionsform, die nicht nur ästhetisch akzeptabel, sondern zugleich moralisch gerechtfertigt ist. Ein wenig von Ruskins romantischer Sicht lebt noch in unserer Zeit fort, wenn wir ungeachtet des hohen Preises Produkte kaufen, die als «Handarbeit» etikettiert sind.

Den Gegensatz des von Hand gemachten Werkstücks zum industriellen Massenprodukt kannte die Zeit Altenstetters nicht (ein frühes Vorspiel zur modernen Kritik bietet eine abschätzige Bemerkung, die der Florentiner Buchhändler Vespasiano da Bisticci am Ende des 15. Jahrhundert über gedruckte Bücher machte).[3] So sympathisch Ruskins Gedanke ist, aus schönen Werkstücken spreche Freude und eine Art Arbeitseros, so wenig kann er indes die vormoderne Arbeitsrealität erfassen. Die Schriftquellen geben keine Hinweise, daß das, was die Ornamente in Ruskins Augen mitteilten, tatsächlich im Denken der «Handarbeiter» der Vormoderne eine besondere Rolle spielte. Arbeit und Mühsal galten der christlichen Gesellschaft Europas als Folge des Sündenfalls. Sie waren damit aber auch gottgewollte Elemente menschlichen Daseins.

Johannes Tauler, dessen Predigten Altenstetter, wie wir ja wissen, gelesen hat, formulierte in seinen an ein städtisches Publikum gerichteten Predigten eine «Theologie der Arbeit», die aus einem notwendigen Übel ein gottgefälliges Werk machte. Ehrliche, gute Arbeit entspricht der Schöpfungsordnung. Sie erscheint bei ihm als Gotteslob und Dank an Gott, «Gebet in der Tat»; in den Tätigkeiten des Menschen liegen Gnaden, die der Geist Gottes wirkt.[4]

Weniger emphatisch war der Autor der «Nachfolgung Christi». Er wußte, daß Versenkung in das Göttliche im Leben nur zeitweilig möglich

ist. Arbeit sei um des ewigen Lebens willen zu «leiden». «Dann ich vermag es wohl», läßt der Verfasser Gott, den höchsten «Werkmeister»,[5] zu seinem «Knecht» sagen, «daß ich dich über alles Maß und Gewicht bezahle».[6]
Die von den Mystikern und von Schwenckfeld empfohlene Suche nach Gott im eigenen Inneren stand nicht im Widerspruch zur moralischen Verpflichtung, der Gemeinschaft Arbeit als selbstverständlichen Dienst zu leisten. Die Schriften in Altenstetters Bücherschrank machten es möglich, Arbeit und religiöse Übung – im Sinn des alten «Bete und arbeite» – als einander ergänzende Formen der Lebensgestaltung zu begreifen. Schwenckfeld meinte, Gott belohne gute Werke, und er schätzte ein ordentliches bürgerliches Leben hoch ein.[7] Arbeit galt als Bewährung im Glauben und Ausdruck des Gehorsams gegen den Herrn, Fleiß als rühmenswerte Tugend.[8] War Gott, der Weltenbauer, Mitglied der «Arbeiterzunft», erschien Satan als Schöpfer der Faulheit und Genosse der «Müßiggängerzunft». Mit dem «Tanzteufel», dem «Faulteufel» und anderen Unterteufeln hatte er Fachkräfte zur Verfügung, die ihm halfen, den Menschen das Gift der Trägheit einzuflößen.

Das 16. Jahrhundert erlebte, wie der Historiker Paul Münch sagt, eine regelrechte «Verfleißigungskampagne». Müßiggang erschien buchstäblich als «aller Laster Anfang». Daß einer der Hintergründe für die Verteufelung der Faulheit die Erfahrung der Massenarmut im Zeitalter der Kleinen Eiszeit war, liegt auf der Hand: Die komplexen Gründe der Verschlechterung der sozialen Verhältnisse wurden auf eine einzige, moralisch anrüchige und daher Gottes Strafe herausfordernde Ursache reduziert. Ein Mann wie Altenstetter brauchte indes keine moralischen Gründe, um zu arbeiten. Als Hausvater mußte er Frau, Kind und Gesinde ernähren, nicht zu vergessen die alte Schwiegermutter. Der schöne Schmuck, den er schuf, wurde, wie alle Kunst, aus einem Meer von Schweiß geboren. Altenstetter erhoffte neben dem himmlischen Lohn harte Gulden und war – der «Uhrenstreit» zeigt es – nicht zuletzt Geschäftsmann, der seinen Vorteil wohl zu wahren wußte. Die Qualität seiner Werke verdankte sich langjähriger Erfahrung, großem Fleiß und nicht zuletzt dem Willen, seine Ehre, dieses unverzichtbare und allerwichtigste Handwerkergut, zu bewahren.

BENVENUTO CELLINI ÜBER EINE «WUNDERSCHÖNE KUNST»

Wie ein Emailleur im 16. Jahrhundert arbeitete, verrät eine Quelle ersten Ranges: der Traktat «Über die Goldschmiedskunst» des berühmtesten Goldschmieds der Renaissance, Benvenuto Cellini. Im Zentrum der ausführlichen Passagen, die er der «wunderschönen» und «schwierigen» Kunst des Emaillierens widmet, stehen technische Fragen.[9] Seine Aufzeichnungen ergänzen für die Renaissance aufs eindrucksvollste, was Frau Glanzner aus der Praxis der Gegenwart erzählt.

Cellini gibt eine genaue Beschreibung der «Tiefschnittechnik», der «basse-taille»-Emaillierung, die auch Altenstetter bevorzugt anwandte. Man schneide, so rät er, die Figur, das Tier oder eine Bilderzählung mit mehreren Figuren mit dem Stichel in das Metall, «mit aller Reinlichkeit der Welt». Präzision, Sauberkeit: Das war das A und O guten Handwerks, im besonderen der mikroskopischen Kunst des Emaillierens.

Cellinis Emailleur ist ein Maler, der mit dem Feuer malt. Er muß Mischungsverhältnisse kennen, wissen, wie sich die gewünschten Farbtöne erzielen lassen. Fallstricke lauern überall. Es ist nicht schwer, schon bei der Materialzubereitung Fehler über Fehler zu machen. Cellini verrät Tricks und Kniffe. «Paß nun gut auf: Wenn Du willst, daß die Schmelzgläser schön geraten, ist es erforderlich, ein Stück ganz sauberes Papier zu nehmen; besagtes Papier pflegt, wer Zähne hat – eine Sache, die ich nicht tun kann, weil ich keine mehr habe –, zu kauen; wenn du es nicht zerkauen willst, weiche es ein und zerstampfe es mit einem Hämmerchen aus Eisen oder Holz, was eben besser sein wird: und, sobald das gemacht ist, wasche es gut und presse es, damit das Wasser austritt, weil du dich seiner wie eines Schwamms zu bedienen hast.» Man denke – der große, mythische Benvenuto Cellini: ein zahnloser Mümmelmann …! Je trockener das Email sei, desto schöner werde das Werk am Ende geraten.

Alle Farben sollten dann in guter Ordnung bereitgelegt werden. Nach Cellini dienten fingergroße Spritzen aus Kupfer dazu, das Email in die Vertiefungen zu bringen. Diese Technik ließe sich mit Worten allein nicht lernen. «Aber man beginnt mit Worten und lernt sie mit Erfahrung.»

Die erste Schicht, die man auftrage, solle ganz dünn sein. Das Anfeuern des Ofens, das bei einem modernen Muffelofen einen Handgriff erfordert, war im 16. Jahrhundert eine Großaktion. Cellini erklärt: Feure den Ofen mit weicher Kohle gut an. Nimm die Feuerzange, bring das Werk an die Öffnung des Ofens. Schiebe es dann vorsichtig in den Ofen hinein. Übe größte Vorsicht, wenn das Email beginnt, flüssig zu werden, laß es keineswegs auslaufen. Zieh es allmählich heraus, damit es sich nicht plötzlich abkühlt. Gib ihm dann die «zweite Haut» Email – «la seconda pelle» – und wiederhole das Ganze. Mach nun ein neues Feuer. Hat die Kohle ihre Reife erreicht, schieb dein Werk hinein. Zieh es dann sofort wieder heraus, sorge dafür, daß einer deiner Knechte mit einem Blasebalg in der Hand bereitsteht, der es sofort, ganz schnell, mit Luft abkühlt. Das mache man, wenn unter den verschiedenen Emailsorten auch der «smalto roggio», ein rotes, transluzides Email, sei. Cellini weiß, daß es von einem Alchemisten entdeckt wurde.[10] Während das letzte Feuer die anderen Farben gut zerlaufen lasse, habe es bei diesem Email noch eine weitere Wirkung: Seine Farbe wechsle von Rot zu Gelb; so gelb werde es, daß es sich nicht vom Gold unterscheide. Das nenne man das «Öffnen». Cellini weiter: «Nachdem das Werk abgekühlt ist, schieb' das Werk wieder in den Ofen. Doch muß das Feuer ganz schwach sein, anders als das zweite Feuer. Du wirst nun sehen, wie es ganz allmählich wieder rot wird, doch ist es nötig, dabei sehr aufmerksam zu sein. Sobald es nämlich die schöne Farbe, die gewünscht ist, hat, muß man es schnell herausziehen und mit besagtem Blasebalg abkühlen, weil ihm zu viel Feuer so viel Farbe gibt, daß es schwarz wird.»

Nun bleibt noch das Glätten und Polieren, eine Arbeit, die mit Steinpulver von Hand zu machen sei, das sei sicherer und schöner. Eine alternative Methode ist, das Werk nochmals in den heißen Ofen zu bringen, bis das Email zerläuft und ganz sauber ist. Am Ende verrät Cellini ein Rezept: Man nehme Birnenkerne – «also jene Samen, die in den Birnen sind, wenn man sie in der Mitte aufschneidet, und man wähle die, die nicht hohl sind» – und weiche sie über Nacht mit wenig Wasser ein; das ergebe eine Art Klebstoff, mit dem sich die Emailteile befestigen ließen. So fielen sie während des Einfügens in die Goldschmiedearbeit nicht ab. Große Handwerker sind immer auch große Bastler. Frau Glanzner nimmt für ähnliche Arbeiten übrigens Quittenkernsaft.

Altenstetter beherrschte all jene komplizierten Techniken, die Cellini beschreibt, vollkommen. Noch heute schimmern die von ihm in Silber gebetteten Pflanzen, Insekten und Fabelwesen in allen Farben des Regenbogens, so, als wäre der letzte Brand gerade erst verglüht. Von den Schmelzgläsern ist fast jedes Stück nach wie vor dort, wo es hingehört. Der Meister wußte, wie zu verhindern war, daß das Email «aussprang». Der Kunstagent Hainhofer empfahl angesichts der hohen Qualität von Altenstetters Kunst denn auch einem Briefpartner, eines der emaillierten Täfelchen Altenstetters zu erwerben – «da dieser Meister weit und breit damit berühmt würd'» und sie, weil er alt sei, nach seinem Tod viel gelten würden.

So war's. Um 1615 hatte ein Goldschmied für ein emailliertes Trinkgeschirr gerade 16 Gulden verlangen können.[11] Altenstetters «Millionen-Dollar-Service» kostete damals vielleicht 200 Gulden. Das war zwar viel Geld; ein Handwerker mußte Jahre arbeiten, wollte er ein solches Sümmchen zurücklegen. Die Summe entsprach aber, auch wenn man sie an der Kaufkraft mißt, nicht annähernd dem Betrag, den das Werk vier Jahrhunderte später auf der Auktion in London erzielen sollte.

Das Service ist ein großartiger Ausweis für Altenstetters Kunst (Taf. XIV, XV). Die zwölf Messer, Gabeln, Löffel und die beiden Salzstreuer weisen eine perfekte (und perfekt erhaltene) durchsichtige Emaillierung auf. Vielleicht hat Altenstetter das Set ursprünglich für Maximilian von Bayern und seinen engeren Kreis gefertigt.[12] Ob es jemals zum Einsatz kam, ist fraglich; Gebrauchsspuren weist es nicht auf. Dergleichen diente zur Repräsentation, demonstrierte die Magnificentia des Besitzers. Wie alle Werke unseres Meisters zeigt das Service ungeniert das manieristische Prinzip des Überflusses.[13]

DER STÜMPER

Wie ehrgeizig Altenstetter in seinem Handwerk war, wenn es um Qualität ging, belegt ein neuerlicher Streit, in den er im Januar des Jahres 1615 verwickelt wurde.[14] Die Affäre führt wieder einen sehr «erdennahen» Altenstetter vor Augen. Er hatte damals einen Auftrag für den Erzbischof von Salzburg zu erledigen, Silberbeschläge für ein Kruzifix, und dazu einen Kollegen, den Nürnberger Hans Rappolt, engagiert, weil er selbst mit anderen Arbeiten – vielleicht dem Service? – überlastet war.

Der 60jährige Kollege hatte eine Augsburgerin geheiratet und hielt sich deshalb in der Reichsstadt auf. Er sollte für das Kruzifix ein «getriebenes Silberblech» liefern. Nun war es gemäß Artikel 13 der Handwerksordnung verboten, einen weiteren Meister zu beschäftigen. Rappolt verfügte zudem nur über das Meisterrecht seiner Heimatstadt Nürnberg, nicht aber über das Augsburgs, wo er auch keine eigene Werkstatt unterhielt. In Augsburg lebte er davon, Gesellen die Kunst der Treibarbeit beizubringen.

Abb. 55 Der Goldschmied Hans Rappolt. Miniatur aus dem Hausbuch der Mendelschen Zwölfbrüderstiftung, 1618, Bd. 2, fol. 95v. Nürnberg, Stadtbibliothek (Amb. 317b.2°)

Der Rat verdonnerte Altenstetter und Rappolt zu einer Strafe von jeweils zehn Gulden und beschlagnahmte das Silberblech. Altenstetter appellierte dagegen. Er bat um Erlaß, wenigstens Minderung der Strafe und um Rückgabe des Blechs. Unter den «geringen Meistern» Augsburgs habe er keinen finden können, der in der Lage gewesen sei, eine solche Arbeit zu seinem Genügen zu erledigen. Rappolt dagegen wisse mit seiner Treibarbeit wohl zu glänzen, schrieb er, da könne man ihn ruhig als Stümper verunglimpfen – «man verstümpel ihn gleich wie man wolle».

Das Handwerk wandte sich gegen alle Milde. Altenstetter sei schließlich selbst mehrmals Vorgeher gewesen. Er hätte es sich vorher überlegen müssen, einen «Stimpler» wie den Rappolt zu beschäftigen. Schließlich gebe es genug Meister in Augsburg, die das Handwerk rechtmäßig ausübten und die «der Kunst und Arbeit halber so erfahren» seien, wie es ein solcher Auftrag erfordere. Altenstetters gegenteilige Behauptung sei ein «schimpflicher» Vorwand. Das Handwerk sei überlaufen, auch herrsche bei «dieser schweren, teuren Zeit» Mangel an Arbeit. Auf Altenstetters Vorbringen, er habe bei einem so vornehmen Fürsten des Reiches wie dem Salzburger Bischof «mit Lob bestehen» wollen, konterten die Vorgeher maliziös mit der Bemerkung, sie trösteten sich untertänigst, «Ihre Hochfürstliche Gnaden werden unserem Handwerk einigen Eingriff zu tun gnädigst nicht gesinnt sein». Der Altenstetter nehme allein Zuflucht zu Ausreden – weil man ihn eben zu diesem Mal mit der Hand im Sack erwischt habe. Wäre Altenstetter ein junger, unerfahrener Goldschmied, könne man die Sache wohl hingehen lassen. Da er aber ein alter Meister sei, der zudem dem Handwerk mehrmals «präsidiert» habe, verlangten sie, es bei Strafe und Konfiskation zu belassen.

Auch Rappolt verteidigte sich. Er habe zu Nürnberg die Meisterstücke «mit gutem Ruhm und Ehre gemacht» und Altenstetter aus Freundschaft geholfen, nicht einmal Lohn erhalten. Die Vorgeher konterten kühl, Rappolt, dieser «unruhige Mensch», wolle mit «besonderem Trotz und großem Berühmen seiner gleichwohl ihm selbst eingebildeten Kunst» den Kopf aus der Schlinge ziehen. Daß der Rappolt ohne Lohn gearbeitet habe, glaube, wer wolle.

Altenstetter und sein Freund hatten am Ende Glück. Der Rat entschied – inzwischen war es August geworden –, von der Konfiskation des Silberblechs abzusehen. Die zehn Gulden Strafe allerdings mußte Altenstetter bezahlen; Rappolt ging ganz straffrei aus. Er kehrte nach Nürnberg zurück, wo er uns 1618 als angesehenes Mitglied der «Mendelschen Zwölfbrüderstiftung» begegnet. Eine Miniatur in deren «Hausbuch» zeigt ihn bei der Treibarbeit: einen vornehmen Herrn mit feiner Halskrause und Leinenkragen, dem ein abgesägter Baumstamm als Arbeitsplatz dient (Abb. 55). Eine Notiz, die auch das Datum seines Todes vermerkt – den 22. Juni 1625, «um 7 der großen Uhr vormittag» –, würdigt ihn lapidar, er habe sich «mit jedermann wohl vertragen können».[15] Viel mehr wissen wir von Rappolt nicht. Werke von ihm scheinen nicht erhalten zu sein. Der «Wille zum Wissen», der Altenstetters Vita bestimmte, hat sich seiner nur in einem banalen Streit um Schwarzarbeit bemächtigt.

XVII
DIE KUNST ALS WELT

Abb. 56 Übergabe des Pommerschen Kunstschranks an Herzog Philipp II. von Pommern-Stettin durch Philipp Hainhofer. Gemälde von Anton Mozart, um 1615/16. Berlin, Staatliche Museen, Kunstgewerbemuseum

AUGENLUST UND LANGEWEILE

uch Altenstetters Aussehen ist überliefert, auf einem Gemälde Anton Mozarts (eines Vorfahren Wolfgang Amadés) von 1615 oder 1616.[1] Es zeigt die Übergabe eines Kunstwerks Augsburger Produktion an Herzog Philipp II. von Pommern-Stettin, das als «Pommerscher Kunstschrank» berühmt geworden ist (Abb. 56).

Mozarts Bild ist eine «Allegorie der Arbeitsteilung». Es verewigt ein Team von Spezialisten neben dem Produkt ihrer Mühen. Nicht weniger als 28 Meister haben zusammengearbeitet; Mozart zeigt sie alle – Instrumentenmacher, Schlosser und Bossierer, Kupferstecher und Futtermacher, Uhrmacher, Schreiner und Drechsler, Maler und Goldschmiede, darunter auch Altenstetter. Er steht direkt neben dem von einer Darstellung des Parnaß bekrönten Prunkmöbel. Der Maler hat ihn mit der Nummer 8 gekennzeichnet: einen ernsten, dunkelgekleideten Mann mit kurzgeschnittenem grauen Haar (Abb. 1). Er trägt einen Philosophenbart – anders als der Fürst und die übrigen, aus deren Gesichtern modische Knebelbärte sprießen. Durch seine schwarzgerandete Brille blickt er streng auf ein vor ihm liegendes Kleinod. Man kann sich den Alten in der Tat beim angestrengten Studium theologischer Texte ebensogut vorstellen wie bei der Arbeit an sublimen Formen. Cellinis Text hat schon den Kommentar zu Altenstetters Porträt geliefert: Die Sehhilfe war bei der Feinarbeit an den winzigen Details seiner Ornamente unabdingbar.

Natürlich hat sich die Szene der Auslieferung des Kunstschranks nicht so abgespielt, wie Mozarts Bild behauptet. Tatsächlich hatten nur der Kunstagent Philipp Hainhofer, der die Herstellungsarbeiten koordiniert hatte, und der Kistler Ulrich Baumgartner im Sommer 1617 eine Reise nach Stettin unternommen. Das Gemälde ist Erinnerungsbild an ein Großprojekt und Propagandastück. Es dokumentiert die Leistungsfähigkeit der Firma Hainhofer – deren selbstbewußter Chef dem Fürsten eine Schublade mit Muscheln vorführt – und den Ruhm der Kunststadt Augsburg, die durch die offenen Arkaden im Hintergrund zu sehen ist. Hainhofer selbst hat sich um das «Programm» des Schrankes gekümmert, die Naturalien, Kunstwerke und Geräte beschafft, die er bewahren sollte; gut fünf Jahre nahm das Unternehmen in Anspruch. Es soll 12000 Gulden verschlungen haben.[2]

Hainhofers «Brillo Box» war als Herzstück der Kunstkammer, die Herzog Philipp einzurichten plante, gedacht.[3] Es war selbst ein kleines Kuriositätenkabinett, besser vielleicht eine Schatzkammer en miniature. Unzählige Schubladen und Fächer enthielten an die 200 Objekte: ein automatisches Musikwerk, Mineralien, Fossilien, Muscheln und Schnecken, astronomische und optische Instrumente, Toilettenartikel, Schreibutensilien und Tischbesteck, eine «Balbierstube», Gemälde, Meßgeräte in Miniaturformat. Altenstetter hat eine emaillierte Silberdose (Taf. X) und Zierplatten (Abb. 57, 58) beigesteuert. Er schmückte sie mit Devisen des Herzogs, Symbolen der vier Elemente und Bildern von Morgen und Abend.

Die Kollektion konfrontierte Kunst und Natur, deutete Übergänge und Metamorphosen an. Ihre Gegenstände waren von kostbarstem Material. Durch die Größenverhältnisse wurde beim Betrachten der Überraschungseffekt gesteigert: Das «stupire» – das «Verblüffen», «Staunenmachen» – ist ein Kernbegriff ästhetischer Regelverletzung und Bestandteil des Kanons manieristischer Kunst.[4] In extremer Form bestimmt das Prinzip ja auch die Logik der Groteske. Altenstetters Arbeiten zählten ebenso zum Gesamtkunstwerk wie Conchilien und edle Steine. Allein über die Materialien, aus denen der Schrank gefertigt war, wurde die souveräne Herrschaft der Künstler über die Natur demonstriert: exotische Hölzer, Glas, Email, Elfenbein, Perlmutter, Silber, Schildpatt, Leder und Seide. Der «Pommersche Kunstschrank» mit seinem vielfältigen Schubladeninnenleben samt buntem Inhalt erscheint als Resümee der Kunst seiner Zeit, wenngleich nicht als vollständiger Mikrokosmos. Dazu wäre die ganze Kunstkammer geworden, zu deren Zentrum er bestimmt war. Ihre Fertigstellung verhinderte Herzog Philipps Tod.

Abb. 57 und 58
Zierplatten aus dem
Pommerschen Kunstschrank mit Devisen
Herzog Philipps II.
David Altenstetter,
1610-1616, Silber, Email.
Ehemals Berlin, Staatliche
Museen, Kunstgewerbemuseum (Kriegsverlust)

Der Schrank hatte, wie andere Sensationsstücke des Manierismus, zwei wichtige Funktionen: Zum einen markierte er den Habitus seines Besitzers. Als Accessoire, für dessen Herstellung ersichtlich keine Kosten gescheut worden waren, betonte das buchstäblich fürstliche Möbel den Unterschied zu sozialen Konkurrenten des Fürsten, die sich dergleichen nicht leisten konnten. Der Schrank war teuer gewesen, und das sollte man ihm auch ansehen. Er war der klassische Fall von demonstrativem Konsum; dazu stellte er Geschmack, Bildung und Witz seines Besitzers unter Beweis und hielt dazu an, nach verstecktem Sinn zu suchen. So hatte das Ensemble, zum zweiten, einen beträchtlichen Unterhaltungswert, der sich erfreulich genau beziffern ließ. «Wer diesen Schreibtisch mit Verstand und zu seiner Rekreation recht sehen will», schrieb Hainhofer über ein vergleichbares Objekt, «der braucht acht Tag dazu, und wird dennoch noch immerzu was finden, das er übersehen hat.»[5] «Spaß» zu machen – das war, jenseits aller gelehrten Spekulation, eine wichtige Funktionen des Möbels. Das ganze Werk und mit ihm die Silberplatten, die Altenstetter in seinem Muffelofen gebraten hatte, halfen gegen gefährliche Langeweile, die Mutter der Melancholie. Die Modekrankheit der Kleinen Eiszeit war, so meinten einige, sogar an Hexen und Dämonen schuld. Der schwarze, mit Blut vermischte Körpersaft, der die Melancholie verursache, schreibt Tommaso Campanella, erzeuge «schreckliche Geister und bringt, falls man sein Blut nicht reinigt, Werwolfswesen, Ängste und scheußliche Gedanken hervor; dadurch sieht man die Menschen toben und sich an stinkenden und schmutzigen Orten, an Grabstätten und Kadavern ergötzen.[6] Robert Burton, der Theoretiker der Melancholie, schlug neben heiterer Gesellschaft schöne Dinge als geeignete Mittel gegen das düstere Leiden vor und wies so einem Werk wie dem Kunstschrank eine therapeutische Funktion zu. Schönheit, schreibt er, sei ein Allheilmittel gegen Melancholie.[7] Bei Bedarf wurde der Schrank zu einer Apotheke voller Psychopharmaka.

EINE GEBORSTENE REALITÄT

Der Pommersche Kunstschrank ist ein Emblem der Kunst des Manierismus. Manierismus, das ist die gesuchte, mit scheinbarer Leichtigkeit bewältigte Schwierigkeit; es ist Verfeinerung und Fülle.[8] «Schönheit» kann sich da als raffinierte mathematische Etüde ebenso zeigen wie als burleskes Spiel. In der Malerei sind das Untersichten, Überschneidungen, Spiegelungen, komplizierte Perspektiven, es sind auch grelle Effekte, wie sie Giulio Romanos «Gigantensturz» im Palazzo del Tè in Mantua bietet; Manierismus ist die Eleganz einer Madonna Parmigianinos oder die «Figura serpentinata», eine sich flammengleich um sich selbst bewegende Gestalt wie Adriaen de Vries' «Merkur» auf dem Augsburger Brunnen (Abb. 59). Es ist die winzige Uhr und der mächtige, alle Maße sprengende, grobe Koloß – man denke an den «Apennin», einen knienden Steinriesen im Park der Villa Demidoff bei Florenz. Manierismus, das sind komplizierte Wasserspiele und Kaskaden, Muschelgrotten und Labyrin-

Abb. 59 Merkur. Bronzefigur von Adriaen de Vries vom Augsburger Merkurbrunnen, 1599. Augsburg, Maximilianmuseum (2000-1)

the, durch verborgene Mechaniken bewegte Apparate, überraschende architektonische Inszenierungen. Es sind die Monster von Bomarzo, wo Fürst Vicino Orsini seinen Weltschmerz zu überwinden suchte, indem er Zeichnungen für sein rätselvolles heiliges «Wäldchen» fertigte (Abb. 60).[9]

Manien des Manierismus sind ebenso das Spiel mit edlem Material – geradezu lustvoll wird es im Fall der Georgsstatuette Wilhelms V. zelebriert – oder die Inszenierung merkwürdiger Naturgegenstände. Perspektivkonstruktionen und Figuren wie die Akteure der Commedia

dell'arte an der Narrentreppe der Landshuter Residenz öffnen harte Wände aus Stein und Mörtel ins Imaginäre. Zugleich entsteht aber auch die kristalline, nach kosmischen Harmonien proportionierte Architektur Palladios. Das große Ganze erweist sich als ähnlich widersprüchlich wie Altenstetters «kleine» Groteskenkunst. Auf derselben Silberplatte, ganz nah zueinandergerückt, werden in schöner Abwechslung und doch in geordneter Form Heiteres und Grauenerregendes abbildet: Drachen und Fruchtkörbe, Dämonen und Affen ...
Die manieristische Kunst ist ebenso eine Kunst des Traums wie von höchster Intellektualität. Es ist nicht leicht, ihre Werke auf einen Nenner zu bringen, es sei denn auf den unglaublicher, bis dahin ungekannter Vielfalt und Widersprüchlichkeit. Nichts ist mehr sicher. Das Hirschgeweih wandelt sich zum Deckenleuchter, die barocke Perle zum Oberkörper eines Tritons, aus Früchten und Blumen wird das Bild Kaiser Rudolfs und aus Marmor eine Frucht. Im Labyrinth führt nur der Umweg ans Ziel; Parmigianinos Selbstporträt im Konvexspiegel macht die Realität zum Zerrbild. Sie erscheint als subjektives Konstrukt, hat bald keine andere Wirklichkeit mehr als die Wirklichkeit der Phantasie.

Was hat das alles mit der Realität des späten 16. Jahrhunderts zu tun? Auf den ersten Blick viel: Jenseits der Kunst beanspruchten ja zahlreiche Glaubensrichtungen, den Schlüssel zu dieser Realität zu haben. Man konnte die Welt katholisch, lutherisch, calvinistisch, mit Schwenckfeld oder Zwingli, mit Paracelsus, Weigel oder den spätmittelalterlichen Mystikern deuten und noch anders. Warum das so war, illustrieren Altenstetters Aussagen: Die «Theologi» streiten sich «heftigst», sie stellen wechselseitig ihre Kompetenz in Frage. Die Versenkung ins eigene Innere und das Bemühen um ein anständiges Christenleben waren mögliche Reaktionen auf die Verwirrung der Dinge.

KUNST, DIE AUS DER KÄLTE KOMMT

Die skeptische Philosophie Montaignes reflektiert ähnliche Verunsicherung. Montaigne hatte auf seiner großen Reise zahlreiche Gespräche mit Pfarrern und Theologen geführt; in seinem Heimatland wurde er, so drückt er sich aus, Zeuge, wie der Staat starb. Seine «Essais» sind eine schonungslose Selbstbefragung und bieten zugleich einen souveränen Blick auf das chaotische Dasein. Die Vielfalt der Meinungen, dazu die Fragmentierungen des eigenen Ich machten es unmöglich zu entscheiden, was wahr sei. «Wir bestehen alle nur aus buntscheckigen Fetzen, die so locker und lose aneinanderhängen, daß jeder von ihnen jeden Augenblick flattert, wie er will; daher gibt es ebenso viele Unterschiede zwischen uns und uns selbst wie zwischen uns und den anderen.»[10] Man kann solche Sätze wie einen Kommentar zur Kunst Parmigianinos und seiner Zeitgenossen lesen. Spiegelt nicht der Manierismus solche Verunsicherungen, die seit der Reformation kaleidoskopisch gewordene Weltanschauung?

Ganz so einfach stellt sich die Beziehung zwischen «Kunst und Leben» nicht dar. Der entscheidende Punkt ist, daß sich der Markt für *weltliche* Kunst dramatisch ausgeweitet hatte. Es sind der Wettbewerb der Künstler um Aufträge und die Konkurrenz der Auftraggeber um spektakuläre Effekte, die die Spirale in immer schnellere Bewegung versetzen und die virtuose Produktion des Manierismus stimulieren.

Diese Entwicklung setzt nicht erst mit der Reformation ein, doch gewinnt sie nun, im konfessionellen Zeitalter, an Dynamik. Daß dafür die «Entzauberung des Raumes», Entsprechung der Regulierung der sakralen Regionen, eine entscheidende Voraussetzung war, ist nicht zweifelhaft. Gerade die Künste zeigen, wie sehr die Welt nun ihren Rayon ausweitet.[11] Hatte das 15. Jahrhundert eine Handvoll «realistischer» Porträts und Selbstporträts gekannt, sind es nun, im 16., Tausende; neue Bildgattungen entstehen, breiten sich aus: autonome Landschaft, Genrebild, Stilleben, auch die Stadtvedute, die eine Stadt abbildet und nur sie – die eine Stadt, das stinkende, chaotische Chaos einer Stadt als «schön» deklariert! So vollzieht die Kunst nach, was im Renaissancehumanismus schon länger im Gang war, die Erschließung immer neuer Themen und Fragen, die nicht aus der Sphäre des Religiösen kamen. Die weltlichen Dinge drängten sich immer mehr ins Gespräch. Die neuzeitliche «Diskursrevolution» steht am Beginn unseres öffentlichen Redens, Schreibens und Streitens über alles und jedes.

Unter den Wundern des Pommerschen Kunstschranks waren allerlei Pretiosen und Raritäten wie Altenstetters Emailgrotesken, aber bezeichnenderweise keine sakralen Objekte. Er war entschieden ein Ding der

Abb. 60 Höllenmaul.
Steinskulptur, Ippolito
Scalza (?), Fabio Toti (?),
um 1565/70. Bomarzo,
Sacro bosco

Welt, die Kunstkammer, für die er bestimmt war, der klassische Fall eines entzauberten Raumes, in dem zauberhafte Kunst ihren Ort finden sollte. Allerdings klingt religiöses Vokabular an, wenn Hainhofer das Projekt damit anpreist, sein Besitzer könne neben dem Nutzen «schöne meditationes und contemplationes» anstellen.[12] Diese versunkene Betrachtung des «Schönen» ähnelt der Meditation über die heiligen Dinge. Schon läßt sich ahnen, daß die Kunst viel später neben die Religion treten, sie ersetzen wird. Vorerst erscheint die Kunst des Träumens ebenso als Technik, das Groteske hervorzubringen, wie sie zur Reise in die Tiefen des eigenen Seelengrundes führt. Die Phantasie hat hier, im tiefsten Innern, ihren Abflugort nach irgendwo, kann von Horizont zu Horizont schweben.

Die Gründe für diese Entwicklung sind äußerst komplex. Sie fallen mit den Voraussetzungen der Kultur der Renaissance überhaupt zusammen. Negativ liegt ihr dieselbe tiefe Krise der Weltdeutungssysteme im ausgehenden Mittelalter zugrunde, von der die Reformation und ihre ungebärdigen Kinder gezeugt worden waren; positiv kam dazu die Existenz kapitalkräftiger Auftraggeberschichten, die Attribute ihrer politischen oder sozialen Stellung zu erwerben wünschten.

Der Effekt – darunter «Rätsel und Arabesken», mithin auch die Groteske – wird auf dem eiszeitlichen Markt des Manierismus über die Maßen geschätzt. Seine Meister sind Geisterbeschwörer und zugleich Spaßmacher: Man denke an den Großregisseur Giulio Romano oder an den witzigen Arcimboldo, der in seinem Künstlerleben eigentlich nur einen einzigen Einfall hatte, freilich einen guten. Es mag ihnen um Ruhm gegangen sein, mehr noch aber ging es um Geld. Ein Gag war Bares wert. Die Gestaltung des Geistesblitzes zum Werk konnte dann häufig Spezialisten übertragen werden.

Unzweifelhaft stimulierten die Faktoren Kleine Eiszeit, Bevölkerungswachstum und Inflation die Konkurrenz um Arbeit und Aufträge. Die Kunst des Manierismus kam insofern aus der Kälte: Im Zeichen der Krise, so scheint es, drehte sich das Rad immer schneller, eine Sensation forderte die nächste, Neues, Originelles, Grelles. Die Meister mußten stets auf dem laufenden sein, sich aktueller Trends vergewissern.[13] Es galt nicht nur, die Natur zu übertreffen, sondern mehr noch das Werk des Kollegen, wollte man auf dem schwierigen Markt der Kleinen Eiszeit bestehen. Bisher nie Dagewesenes erfunden zu haben wurde zum Kriterium für Künstlertum.[14]

Augsburgs Goldschmieden wurde damals unterstellt, sie gebärdeten sich wie Maler und Bildhauer, als Meister einer «freien Kunst».[15] Einige hatten sich gegen die in ihrer Handwerksordnung festgeschriebene Verpflichtung, ihre Arbeiten in einem Laden zur Schau stellen zu müssen, gewandt. Abraham Lotter, auch er ein Goldschmied, brachte als Entschuldigung dafür, daß er in einem vergitterten, schwer einsehbaren Gewölbe arbeite, vor, er habe öfter «mit vielem Nachdenken» neue Erfindungen zuwege gebracht. Im offenen Laden könne das Produkt nicht geheimgehalten werden. Ebendies aber verlangte sein Auftraggeber, Albrecht V. von Bayern, von ihm.[16] Dessen Enkel Maximilian meinte, daß «ein Ding, wenn es ein jeder hat, nicht mehr seltsam» sei. Er bestand darauf, daß der Künstler sich verpflichtete, eine bestimmte Erfindung «anderwärts ohne unsern Konsens nicht nachzumachen».[17] Ein fürstlicher Auftraggeber, der sich mit seinesgleichen in scharfer Statuskonkurrenz befand, wünschte das Einzigartige.

XVIII
TRAUMWERK

Abb. 61 Grotesken. Radierung aus einer Folge von Hochfüllungen, Wendel Dietterlin d. J., Straßburg, um 1615. Schloß Wolfegg, Kunstsammlungen der Fürsten zu Waldburg-Wolfegg

GEBANNTE DÄMONEN?

Ob nicht die heiteren, buntschimmernden Ornamente, die Altenstetter aus Email fertigte, Widerspruch gegen die düsteren Wolken waren, die, tatsächlich und im übertragenen Sinn, über dem Europa jener Zeit lagen? Selbst wenn Unheimliches gezeigt wurde – der Mann mit Hirschkopf und andere hybride Wesen –, waren die Monster doch in edelstes Material gebannt, in Schönheit gezwungen. Der Künstler mag das Grauen in noch so realistischen Bildern beschwören, in seinem Werk bleibt es notwendig allein Fiktion und Abbild, Schöpfung von eigener Wirklichkeit. Das Schöne ist des Schrecklichen Widerpart. Es unterminiert seine Macht.

Der Kunsthistoriker Wilhelm Worringer hat am Beginn des vorigen Jahrhunderts eine Theorie des Ornaments entwickelt, nach der dessen urzeitliche Anfänge in einem Entlastungsbedürfnis des Menschen zu suchen seien.[1] Von der Vielfalt der natürlichen Erscheinungen bedrängt und verängstigt, habe er in Anfertigung und Betrachtung geometrisch-linearer Ornamentschöpfungen Halt und Ruhe vor der anbrandenden Weltwirklichkeit gefunden. So habe das abstrakte Ornament von Ängsten und Zwängen der Außenwelt befreit, vor dem Chaos, ja dem Grauen des Lebens geschützt, Gefühle der Ruhe und Ausgeglichenheit vermittelt. Worringer sieht das Ornament also als Instrument der elementaren Seinsvergewisserung und der Selbsterhaltung. Es nutzt bei der Lebensbewältigung.

Natürlich läßt sich eine solche Interpretation nicht unbesehen auf komplexere Gesellschaften wie die Augsburgs in der Spätrenaissance übertragen. Allerdings ist der Gedanke verführerisch, daß auch in der Renaissancegroteske Versuche greifbar werden könnten, mit dem Dämonischen zurechtzukommen. Hier ist ja «monstrositas», mit Bernhard von Clairvaux,[2] in der Tat lächerlich, «ridicula». In Gestalt der Ornamentgroteske, so ließe sich argumentieren, sind die Dämonen an Wände und Dinge gefesselt. Sie sind hilflos, können sich nicht bewegen, somit auch keinen Schaden anrichten (Abb. 61, 62). Sie sind nun Gegenstände der Schaulust und der Erheiterung, vielleicht auch wohligen Schauders. Ein wenig gleichen sie wilden Bestien, die hinter die Gitter des Zoos gesperrt sind. Um den Blick der Renaissance auf die Grotesken zurückzugewinnen, muß man sich klarmachen, mit welcher Intensität die Gesellschaft jener Epoche an die tatsächliche Existenz böser Geister glaubte. Der lächerliche Dämon als Kunstobjekt: Er ist mächtiger Zeuge neuzeitlicher Säkularisierung und eines Zivilisationsprozesses, in dessen Verlauf das Übersinnliche allmählich seinen Schrecken verliert. Die Renaissance zeigt sich hier in der Tat als erste Aufklärung, obwohl Sinnliches und Übersinnliches, das Reale und die Welt der Träume noch lange nicht voneinander geschieden sind.

Kunstwerke, die Götter und Göttinnen der Antike darstellten, waren ja ebenfalls längst entzaubert. Nun kam man kaum noch auf Ideen wie die Sienesen des ausgehenden Mittelalters, die Statuen könnten Unheil über die Stadt bringen. Anders als ihren Vorfahren, den Monstern der romanischen Bauplastik, wurden den Groteskenmonstern keinerlei magische, womöglich apotropäische Kräfte zugestanden. Jedenfalls finden sich in den Schriftquellen keine Hinweise, die zu einem anderen Schluß berechtigten. Ihre Funktion war die aller Ornamentik: Deren Zweck ist, ähnlich den Ausschmückungen, die der Rhetorik geläufig sind, Verschönerung. Das Ornament ist Träger von Schönheit,[3] genauer: Jedes Ornament ist schön. Sonst ist es kein Ornament. Schöner Schmuck zu sein, darin liegt seine wichtigste Bedeutung.

Leon Battista Alberti sah Zierat als Ergänzung und als Schein, als «einen gleichsam die Schönheit unterstützenden Schimmer».[4] Das Ornament dient nicht dem Gebrauch. Die Zierde eines Gegenstands ist ein Überschuß – Luxus, wenn man so will. Die beruhigende Wirkung, die von ihr ausgeht, hat wohl nicht zuletzt damit zu tun. Das Ornament rechnet mit leerer Zeit. Wie aller Zierat treibt auch die Groteske ihr Spiel jenseits des Reichs des Notwendigen, fern der Gefilde, in denen Unannehmlichkeit, Mangel, Not, Arbeit, auch Schrecken, Angst und Tod zu Hause sind. Eine Gesellschaft, in der es nur ums Überleben geht, die gar am Rand des Untergangs steht, kann sich keinen Schnörkel leisten. Ornamente erzählen von Freiheit und der Muße für das Überflüssige.

IM ZWIELICHTREICH

Paradoxerweise resultiert die ästhetische Wirkung der Groteske dann doch wieder aus Symmetrie und Wiederholung, also aus Ordnung.[5] Genau das, was Worringer als das Wesen des Ornaments kennzeichnet, die geometrische Organisation, bestimmte und bestimmt auch die Groteske. Die Regeln, die Meister Altenstetter sich auferlegt, sind so klar, daß seine Ornamentkunst als «Stil» faßbar wird.

Das Vordringen der Kunst des Manierismus samt ihrem exotischen Groteskenzoo deutet gleichwohl eine Verschiebung der ästhetischen Maßstäbe an.[6] Die Mathematik verliert als Leitwissenschaft an Bedeutung. Die Kunst muß Anmut, «grazia», haben, eine «Blüte der Schönheit», die sich weder durch Regeln und Maß noch durch Theorie oder Praxis lernen lasse, argumentiert eine Schrift der Zeit um 1600.[7] Die Einbildungskraft soll nun, das ist eine merkwürdige Parallele zur paracelsischen Magie, die Natur zwingen, überwinden, sie mit ihren eigenen Waffen schlagen. Mit seiner Fähigkeit, die Natur nachzuahmen, wird der Künstler Schöpfer des Unmöglichen, das doch so aussieht, als könnte es sein. Er ist Poet im Wortsinn, Verfertiger einer Wirklichkeit eigenen Rechts. Mit dem Mittel der Malerei und der Skulptur, sagt Federico Zuccaro, könne er neue Paradiese auf Erden sehen lassen.[8]

Tatsächlich entsteht mit dem Kunstwerk ein eigenes Universum. Man kann sich im Schauen darin verlieren.[9] In der Welt, die es öffnet, herrschen eigene Gesetze, die sehr weitgehend der Disposition von Betrachter oder Betrachterin unterliegen. Die Kunstkammer im speziellen ist das Paradox eines utopischen Orts. Was draußen in der «wirklichen» Welt wirr ist und gefährlich, hier befindet es sich in der friedlichsten Ordnung; hier herrschen nicht Opposition und Meuterei, nicht Streit und Aufruhr. Sind draußen Alltag und Banalität – in der Kunstkammer erzählen bunte

Abb. 62 Der gefangene Teufel.
Kupferstich aus einer Folge von
vier Hochfüllungen, Meister M. T.,
um 1553/54. Kunstbibliothek
Berlin, Ornamentstichsammlung

Bilder von Helden, von fernen Zeiten und exotischen Ländern. Ist es draußen grau und schmutzig, hier funkeln Juwelen und Email in tausend Facetten, schimmern Perlen, Silber und Gold. All das gibt eine Idee vollkommener Schönheit, die sich fühlen läßt, aber nicht begreifen. Dürer hat das in seiner kraftvollen Sprache auf den Punkt gebracht: «Die Schönheit, was das sei, das weiß' ich nicht, wiewohl sie viel' Dingen anhängt».[10]

Die geheimnisvolle Dämmerzone der Phantasie, die auch das Geburtsland der Grotesken ist, wird nicht zufällig jetzt zum großen Thema der Kunsttheorie. War zuviel Phantasie beim mühsamen Geschäft der Naturnachahmung bis dahin eher hinderlich und ein wenig suspekt gewesen, wird sie nun als entscheidende Gabe des Künstlers erkannt. So meint Lomazzo, bei der Erfindung der Grotesken bedürfe es mehr als bei jeder anderen Sache eines gewissen «furore» – der Begriff kann Erleuchtung der Seele ebenso meinen wie schöpferische Begeisterung, Raserei, Leidenschaft –, dazu einer angeborenen, tollen Phantasterei («natural bizzaria»). Ohne sie vermöge alle handwerkliche Fertigkeit nichts. Beides müsse zusammenkommen.

In der Theorie konnte, was wir unter Inspiration und Phantasie verstehen, im Begriff «disegno» aufgehoben sein, der nicht allein «Zeichnung» meinte, sondern überhaupt die aller materiellen Gestaltung vorausgehende geistige Arbeit.[11] Das Wort «Phantasie» selbst – es meint anfangs «Vorstellungsbilder»[12] – kam bis ins späte 16. Jahrhundert nicht oft, und wenn, dann selten mit positiver Bedeutung vor. «In der Kunst», sagt Ernst Gombrich, «ist nichts so delikat und unfaßbar wie die Idee von reiner ‹Fiktion›, das Zwielichtreich, von dem Plato sagte, es sei ‹ein Traum für die Wachenden›.»[13] Im besonderen Grotesken galten als «traumwerck» – so nannte sie Dürer. Andere sprachen von Traummalerei oder Schimären.[14] Nicht zufällig hat sich die Frage nach der Arbeitsweise der Phantasie gerade am Studium der Grotesken entzündet.

Bislang hatte die Kunst nach allgemeiner Überzeugung vor allem die Aufgabe gehabt, die Natur nachzuahmen. Dafür waren klarer Verstand gefragt, ein scharfes Auge und das Wissen um die Praktik der Perspektive, nicht das versonnene Herumschweifen in den dämmrigen Regionen eines Traumreichs oder gar ekstatische schöpferische Begeisterung, die man als dem Wahnsinn benachbart ansah.[15] Spiegelten nicht gerade die Grotesken solche heiklen Gemütszustände? Vasari legt diesen Gedanken nahe. Die Groteskenmaler, von denen er erzählt, sind Spaßvögel, Sonderlinge und genialische Melancholiker.[16]

ALTENSTETTER, DUCHAMP, BEUYS

Der literarischen Figur des Künstlers wird im 16. Jahrhundert eine geradezu göttliche Schöpferkraft zugebilligt. Eifrigster Konstrukteur dieses Typus ist Vasari. Er formt das kreative, manchmal verrückte, wenigstens sich verrückt gebärdende Genie und zeigt den Künstler als umfassend gebildeten Intellektuellen. In der sozialen Wirklichkeit begegnet jenes Wunderwesen selten. Seine frühesten Inkarnationen sind Leonardo, Sodoma und Michelangelo und, in einer etwas milderen Variante, Raffael. In Deutschland erreichte nicht einmal Dürer einen solchen Status. Unzweifelhaft aber wird immer wichtiger, wer Autor eines Werkes ist. Autorschaft wird zum Kriterium seiner Ästhetik (und seines Preises).[17]

Im älteren Wortsinn war Altenstetter zweifellos ein «Künstler», ein virtuoser Könner. Nach Selbstverständnis und Lebensstil trennten ihn aber Welten von den «Superstars» der Renaissance. Er wurde nach der Menge des verarbeiteten Materials bezahlt,[18] und er verdiente, wie erzählt, sein Geld auch mit «Niedrigem» wie dem Polieren von Bronzegüssen oder dem Vergolden von Buchstaben.

Wir können ziemlich sicher sein, daß Altenstetter vor allem auf seine «alchemistischen» Künste, auf das Geschick seiner Hände und seine Erfahrung, stolz war. Vermutlich hielt er sich weit weniger darauf zugute, daß er Monster zu erfinden oder einen Actaeon zu zeichnen verstand. Dergleichen von Stichen abkupfern und ein wenig variieren – so hätte er wohl gesagt –, das kann doch jeder! Aber eine komplizierte Form in Silber schneiden, das Email schmelzen, so daß es schön funkelt, keine Schlieren hat und gut auf dem Untergrund haftet, dazu braucht es schon ein wenig mehr ... Daß er so dachte, klingt in einigen Bemerkungen an, die der Augsburger Kunstagent Philipp Hainhofer über Altenstetter machte. Der Goldschmied habe seine Technik als großes Geheimnis bewahrt: «Unter den geschicktesten und berühmtesten Meistern ist auch der Altenstetter, mit Schmelzwerk, der sehr schöne Arbeit macht, sonderlich schöne Täfelchen von Rundesca-Werk (...)».[19] Sooft er, Hainhofer, ihn auch gemahnt habe – Altenstetter sei nicht dazu bereit gewesen, seine Kunst, «daß die Schmelzgläser nicht ausspringen», jemanden zu lehren, vielmehr habe er sie «mit ihm ins Grab tragen wollen».

Allerdings hat das Bild des Meisters als eines ausschließlich perfekten Technikers feine Risse. Wenn Hainhofer ihn rühmt, «er übertreffe alle anderen, habe ganz eine andere Manier, wenn er ein Ding mit Fleiß», also sorgfältig, mache, dann läßt sich daraus zwar zunächst entnehmen, daß unser Mann gelegentlich solchen Fleiß vermissen ließ. Vermutlich war das dem übervollen Auftragsbuch geschuldet – und dem Mut des Handwerkers, letzte Perfektion dem Erfordernis, überhaupt zu einem Ende zu kommen, zu opfern. Interessanter ist jedoch die Bemerkung, Altenstetter habe dann eine «andere Manier», sei besser als alle anderen. Der Begriff kommt aus der italienischen Kunsttheorie. In Vasaris vielgelesenem Vitenwerk wurde er zum bevorzugten Wort, um die individuelle Art eines Künstlers zu umschreiben.[20]

Gesteht Hainhofer Altenstetter eine persönliche «maniera» zu, so folgt die Kunstgeschichte dieser Sicht: Altenstetters Art, Grotesken zu gestalten, wird als so typisch für ihn angesehen, daß zahlreiche Arbeiten, die mit solchem Groteskenschmuck versehen sind, aus rein stilkritischen Erwägungen mit seinem Namen in Verbindung gebracht werden. Nimmt man die Lupe zu Hilfe, tritt das Individuum Altenstetter noch deutlicher hervor. Dem genauen Blick auf einige seiner Arbeiten erschließen sich ein paar kleine, hart ins Metall gehauene Buchstaben, etwa «DA» oder «DAF». Altenstetter hat die meisten seiner Arbeiten monogrammiert, manches auch datiert und nicht, wie es eher die Regel war, nur mit seiner Meistermarke versehen.[21] Künstlersignaturen hat es schon immer gegeben, in der Antike ebenso wie im Mittelalter.[22] In Altenstetters 16. Jahrhundert aber – das ist für die lange Geburtsgeschichte des modernen Künstlers von Bedeutung – sind sie, anders als zuvor, in unüberschaubarer Zahl überliefert. Die bloße Menge deutet auf einen veränderten Begriff von künstlerischer Arbeit hin und spiegelt wohl auch Einstellungen und Wünsche der Auftraggeber. Denn Signaturen verbinden das Werk mit dem Urheber. Sie sind Indiz dafür, daß die Besteller nicht nur ein Besteck erwerben wollten oder eine Zierscheibe, sondern einen «Altenstetter». Hainhofers Rat, mit der Kunst des dem Tode nahen Goldschmieds zu spekulieren, deutet in dieselbe Richtung.

Ganz am Ende der Geschichte des modernen Künstlers, in die Monogrammsignaturen wie die Altenstetters gehören, steht das Kunstwerk, das nicht mehr Resultat von Handarbeit, einer «mechanischen Kunst», ist, sondern Kopfprodukt. Michelangelos vielzitierte Äußerung, er male mit dem Hirn, nicht mit den Händen,[23] beschreibt schon das Wesen der Kunst unserer eigenen Zeit. Ein Video drehen oder ein Stück Talg in die Ecke einer Galerie legen – das kann jedermann; um ein «Schwarzes Quadrat» malen zu können, muß man wenig von der Kunst der Farbmischung wissen. Der moderne Künstler ist Geistesarbeiter; als Handwerker darf er getrost Dilettant sein oder Helfer einsetzen, wie Jeff Koons, der eine kleine Fabrik mit der Herstellung seiner Plastikschöpfungen beschäftigt. Es sind nun die Kontexte, die Worte, die das Werk kommentieren, und der Raum, in dem es plaziert ist, die aus einem Ding gleich welcher Art das Kunstwerk machen. Am Anfang steht freilich nach wie vor die Idee. Sie ist die entscheidende Leistung und zugleich höchst individuell. So bleibt der Autor in seinem Werk. Es macht einen gewaltigen Unterschied, ob man ein von Duchamps kreiertes Pissoir besitzt oder ein entsprechendes Keramikutensil aus dem Baumarkt, ob der Talgbrocken von Beuys inszeniert wurde oder nicht. Tracy Enims Lotterbett war wertvoller als mancher Goldpokal der Renaissance. Schließlich sind die Künstler selbst Inszenierungen. Dalís Schnurrbart war Teil von Dalís Œuvre; Eva und Adele spazieren als lebende, ein wenig bizarre Kunstwerke durch die Welt.

ALTENSTETTERS ALTERTUM

Altenstetter war nicht bizarr. Er war auch nur ein Hilfsgeist im Spektakel des Manierismus. Im kleinen folgen seine kostbaren Werke, seine antikisierenden Ornamente, sein Actaeon aber derselben Logik wie die «große Kunst». Eine andere Frage ist, ob sich Altenstetters perfekte Ornamentik als Kehrseite seiner religiösen Haltung deuten läßt. Hat der nach innen gewandte Blick des Goldschmieds, der in der Welt seinen Träumen nachhängt, um diese dann sorgsam in Silber zu schneiden und mit farbig schimmerndem Email auszugießen, seine Entsprechung in der meditativen Technik des Spiritualisten, der im eigenen Herzen nach Christus sucht, hinabtaucht zum Seelengrund? Das mag für die Arbeitstechnik, für das phantasievolle Erfinden zutreffen. Aber kann Altenstetters Kunst uns zu der These leiten, Spiritualismus und Manierismus gingen «Hand in Hand»?[24]

Wenn der Goldschmied im Verhör sagt, er sei in seinem Glauben «frei» geblieben, deutet sich in dieser Haltung ein Grund dafür an, warum die Religion überhaupt – und damit auch in den Künsten – ihre bis dahin fast monopolartige Stellung als Richterin darüber verliert, was sein darf und was nicht. Dabei ist das Milieu des Manierismus keineswegs ganz weltlich. Der Glauben bewahrt nach wie vor große Bedeutung; eine Welt ohne Gott kann sich kein Künstler der Epoche vorstellen, und auch Satan behält seine Macht. Eigenheiten des manieristischen Stils lassen sich auch in den sakralen Zonen beobachten. Doch verbreitern sich im 16. Jahrhundert die Klüfte zwischen Religion und Welt. Das illustriert Altenstetters Geschichte: Man pflegt im Herzen, auch in der Glaubensgemeinschaft, die religiösen Riten, liest heilige Texte, ist fromm, manchmal von tiefster Religiosität. Zugleich weist man gewissen Dingen – zum Beispiel der Politik, aber auch der Kunst – ihren Platz anderswo, nämlich «in der Welt», zu. Wir sahen, wie sich selbst die katholische Kunsttheorie daranmachte, bestimmte Bilder und speziell die Grotesken in eigene Reservate zu drängen – dort aber haben sie nun Bleiberecht.

Tatsächlich war Altenstetters Kunst mit mystisch-spiritualistischer Frömmigkeit, im besonderen mit schwenckfeldischen Positionen, vereinbar, weil sie *nicht* im Dienst der Religion stand. Schwenckfeld meinte, Bilder dürften nicht zum Götzendienst herhalten; Mose Gesetz richte sich allein gegen das *Anbeten* der Bilder und «falschen Gottesdienst». Bilder anzusehen habe der Herr aber ebensowenig verboten wie die Augen zum Himmel zu richten und die Sterne zu bewundern.[25] Im übrigen sei den Juden im Alten Testament vieles untersagt, was den Christen im Neuen erlaubt sei. Nur weil Bilder mißbraucht würden, müsse man sie ja nicht gleich abschaffen. Auch mit Wein werde schließlich Mißbrauch getrieben. Kurz, diejenigen, welche Bilder «ohn' Unterschied» verdammten, irrten. Und war nicht der Mensch selbst wie alle Kreatur Abbild Gottes?

Gott, der in einem unbegreiflichen Licht wohne, lasse sich zwar nicht abbilden, wohl aber könne er in seiner menschlichen Gestalt gezeigt werden: mit dem, was er an Gutem getan habe, wie er ans Kreuz geschlagen worden, wie er auferstanden sei – vor allem denen, die nicht lesen könnten, dienten solche Bilder zum «Gedächtnis» und als Mahnung zum Dank. Im übrigen hielt Schwenckfeld Bilder wie äußere Zeremonien für nebensächliche Dinge. Besonders interessiert hat ihn das Problem sakraler Kunst nicht. Dergleichen zählte zu den «Adiaphora», zu den wertneutralen Dingen. Der rechte Umgang mit Kunst schadete nicht, war aber auch nur von begrenztem Nutzen; weder waren Bilder Mittel der Gotteserkenntnis – nur unmittelbar durch den Heiligen Geist konnte nach Schwenckfelds Auffassung das Gewissen erleuchtet werden[26] – noch hatten Äußerlichkeiten wie Kunstwerke und Zeremonien Bedeutung für die Erringung der Seligkeit. Die Gotteserfahrung faßte er ja als psychisches Erlebnis auf. Die erhoffte «Erneuerung des Herzens», Voraussetzung der Rechtfertigung, erwuchs für ihn allein aus der Moralität der Lebensführung.

Auch Altenstetters Grotesken oder, mit Cellini gesprochen, «Monster» gewannen somit ein Dasein jenseits der Religion. Seine harmlosen, «gezähmten» Dämonen haben ihren Zwinger in einem Paralleluniversum. Anders als der Kollege Ducerceau, der sich am Geschäft der Christianisierung versucht, macht Altenstetter einen Schnitt zwischen Kunst und Religion. Aus einem dionysischen Götteropfer wird bei Ducerceau beispielsweise eine Ornamentinszenierung, die eine Darstellung der «Ermordung Abels» enthält.[27] Altenstetters Grotesken sind dagegen weder lutherisch noch katholisch oder «schwenckfeldisch»; sie sind überhaupt nicht christlich. Neutrale Gebilde, fügen sie sich in einen europäischen Stilmainstream. Auch deshalb erscheinen sie als geeignet, das Ansehen vornehmer Auftraggeber zu mehren und ihnen zur Zerstreuung zu dienen.

Der Meister der Monster ist, was seine Kunst betrifft, ein ganz der Welt zugewandter Virtuose, ein Schöpfer von Bravourstücken. Bezeichnenderweise waren fast alle erhaltenen Werke Altenstetters für profane Zwecke bestimmt. Wir kennen keine Werke von ihm, auf denen er eine religiöse Szene wiedergäbe, eine heilige Geschichte erzählte.

Nur wenige Motive in Altenstetters Werk erinnern an die unheimliche Seite der Groteskenkunst: Acaeton; an Stricken aufgehängte Schildkröten und Vögel, aus denen Drachenschwänze wachsen; ein Engelskopf mit Fledermausflügeln, musizierende Affen, die nicht nur lustig sind, sondern als ziemlich ambivalente Geschöpfe erscheinen: Sinnbilder des alten Adam und seiner sündigen Natur, Symbole körperlicher Begierde ... Doch fügt sich das alles nicht zu schlüssigen, lesbaren Programmen. Actaeons Bild sollte wohl einfach an einen Mythos, der zu Jagdgerät paßt, erinnern. Vermutlich dachte sein Schöpfer nicht an die diversen tieferen

Bedeutungen, die der «Ovide moralisé» dem Mythos beigelegt hatte, damit er für ein christliches Publikum von Nutzen war. Sein Freund Spreng hatte die Actaeon-Geschichte ja als Gleichnis eines «Weltmenschen» aufgefaßt, der, gleich einem wilden Hirsch, irdischen Gütern und Gelüsten nachjagt und schließlich zu Fall kommt.[28] Eine vergleichbare Emailbotschaft einem Kaiser, der als ungenierter Schürzenjäger bekannt war, zu übermitteln wäre eine Unverschämtheit gewesen, die sich Altenstetter mit Absicht gewiß nicht erlaubt hätte. So waren die Affen, die er in Email goß, vermutlich nichts anderes als Affen, seine Schnecken, Libellen und Monster sollten hübsch sein und nur das. Er hielt es vermutlich wie andere «Moderne», die Pirro Ligorio dafür kritisierte, daß sie ihre Grotesken «ohne Bedeutung und ohne Geschichte» gestalteten.[29]

In Altenstetters Werk dominieren ohnedies keine Ungeheuer; vielmehr liebt er Blumenvasen, Fruchtkörbe, Rankenwerk, zarte Insekten und Baldachine, die von Lambrequins herabhängen: schwerelose Gebilde in imaginären Räumen. Seine Grotesken sind «gezähmt». Sie folgen der Logik des Manierismus: Sie wollen überraschen, staunen machen, unterhalten. Altenstetters Ornamente zeigen sich als eine Kunst ohne didaktische Absicht, bar jeden moralischen Anspruchs und ohne metaphysische Ambition. Das Schauspiel, das diese Kunst aufführt, ist Welttheater, nicht Mysterienspiel. Altenstetters Stil vermeidet Extreme, verzichtet auf spektakuläre Inszenierungen. Gewiß, wir sind im Jahrhundert Rabelais': Aber Altenstetters Kunst lacht nicht grob und laut, ihr Humor ist verhalten. So scheinen selbst in seinem Ornamentstil Spiegelungen der irenischen Via media, der seine Religiosität folgte, sichtbar zu werden. Er erscheint jedenfalls weder als Künstler noch als Gläubiger radikal.

Allein Ergötzung, Kunst um der Kunst willen – genau das war Paleotti und seinen Brüdern im Geiste entschieden zuwenig gewesen. Das Auge des Christen müsse weiter blicken. Wir sind auf der Welt wie in einem Kerker, verkündet er – um zu bereuen, nicht zum Spaß.[30] Daß ebendarin, Vergnügen zu bereiten, ihr letzter Zweck liege, genau diesem Verdacht sah sich die Groteske indes immer wieder ausgesetzt.

Im übrigen schweigen Altenstetters Werke. In seiner Unbestimmtheit ist das Groteskenornament «letztes Wort», es steht nicht in irgendwelchen Diensten. Ein Ding der Welt, läßt es vorausahnen, daß einmal der Kult der Schönheit die Religion ersetzen würde.

XIX
ALTENSTETTERS BRÜDER UND SCHWESTERN

Abb. 63 Erasmus von Rotterdam. Ölgemälde von Hans Holbein, 1523, Papier auf Tannenholz. Basel, Kunstmuseum, Amberbach-Kabinett (1662, Inv. 319)

EIN LETZTES BEKENNTNIS

Am 24. Juni 1609 erschien Altenstetter in der «Verhörstube» des Amtsbürgermeisters Albrecht von Stetten in Augsburgs altem Rathaus. Es war noch früh am Tag; gleich nach der Morgenpredigt hatte sich der Goldschmied auf den Weg gemacht, um Stetten etwas Wichtiges mitzuteilen. Er hänge nun, so sagte er, der evangelischen Religion, «so man die Lutherische nennt», an.[1] Der Bürgermeister ließ die Aussage protokollieren. Sein Schreiber kritzelte sie ins Strafbuch, neben den Vermerk, der ein Jahrzehnt zuvor nach dem Verhör Altenstetters gemacht worden war.

Wir wissen nicht, ob der Goldschmied aus freien Stücken kam oder einem Befehl folgte war. Letzteres ist wahrscheinlicher. Das Gedächtnis der Augsburger Bürokratie war ebenso zäh wie ihr Eifer, zur Reinigung der Stadt von allem Ketzerischen beizutragen: Offenbar hatte man auch beabsichtigt, Küenle, den Schwenckfeld-Leser, einzubestellen. Doch war der Kürschner in der Zwischenzeit verstorben.[2]

Altenstetters Formulierung, eine Konfession zu haben, «so man die Lutherische nennt», zeigt noch immer eine Spur Distanzierung. Er hätte ja auch ganz einfach bekennen können, nun der Augsburger Konfession anzuhängen. So mag es sein, daß der alte Dissident sein Inneres erneut verhehlte, um nun endlich in Ruhe gelassen zu werden. Doch können wir nicht tiefer in sein Denken eindringen. Die Quellen lassen über Altenstetters Innenleben nichts Weiteres verlauten. Bürgermeister von Stetten wenigstens war mit der Aussage des Goldschmieds zufrieden und ließ ihn unbehelligt seines Wegs ziehen.

EIN LETZTES BEKENNTNIS 229

Ob er nun förmlich zum Luthertum *konvertiert* war, steht dahin. Nach allem, was wir über das Denken Schwenckfelds und seiner Anhänger wissen, ist es eher unwahrscheinlich. Möglich, daß für Altenstetter – wie für andere «Schwenckfelder» – gar kein fundamentaler Widerspruch darin lag, zugleich Lutheraner und Anhänger des Schlesiers zu sein. Luther und andere Reformatoren hatten in der Frühzeit der Reformation ja durchaus die Beschäftigung mit den Mystikern, die Schwenckfelds Spiritualismus beeinflußten und die auch Altenstetter las, propagiert. Wir wissen freilich nicht, wo und wie er zu schwenckfeldischen Kreisen stieß. War es in der Schweiz, wo sich neben Marth noch andere Anhänger des Schlesiers herumtrieben? Oder hörte er schon im Elsaß, etwa in Straßburg, von Schwenckfelds Lehren? Im Verhör sagte er, wir erinnern uns, nur, er sei an einem Ort geboren, wo die katholische Religion «im Brauch» sei. Daß die Taufe, die er «in seiner Jugend» empfing, katholischem Ritus entsprach, er also vom alten Glauben herkam, ist wahrscheinlich, aber eben nicht sicher.

Altenstetters Religiosität ist vielschichtig, und sie ist, dank einer außerordentlich guten Quellenlage, besser zu greifen als die anderer Zeitgenossen. Neben Benvenuto Cellini dürfte er der Renaissancegoldschmied sein, über dessen Persönlichkeit die Überlieferung am meisten mitteilt. Seine Position zwischen den Konfessionen ist im 16. Jahrhundert nicht ohne Parallelen.

Altenstetter war ein in mancher Beziehung typischer Zeitgenosse der Epoche, in der die Reformation ihre Kinder entlassen hatte. Wie zerklüftet die intellektuelle Welt damals war, zeigt allein schon das Verzeichnis der Schriften, die Altenstetters Bekannter Dr. Widemann gelesen und exzerpiert hatte. In ihnen dürften sich Themen andeuten, die auch in den Augsburger Kreisen, in denen der Arzt verkehrte, diskutiert wurden. Texte Schwenckfelds und aller möglichen Famuli des Paracelsus werden genannt, Alchemiker, die sich mühten, die tiefsten Geheimnisse der Natur zu ergründen. Goldmacher und Betrüger werden erwähnt wie der 1592 in München hingerichtete Gabriel Moraweiser oder Propheten und Chiliasten wie der Straßburger Wilhelm Eo. Wir finden Ketzer und Esoteriker, Leser und Autoren astrologischer, magischer und kabbalistischer Schriften; Leute, die wissen, wie man Meerwasser in Trinkwasser verwandelt, und Erfinder wie Abraham Schnitzer, der ein Verfahren zur Gewinnung von Steinöl entwickelt hatte, wegen seiner Schulden indes ins Gefängnis wanderte. Auch besaß Widemann Schriften Valentin Weigels, der eine mystisch-spiritualistische Theologie begründete und eine faszinierende, unorthodoxe Kosmologie formulierte.

Zu einem weiteren Dissidenten unterhielt der Augsburger Stadtarzt persönliche Beziehungen, nämlich zu dem Mediziner Helisäus Röslin, der ihm kurz vor seinem Tod im Jahre 1616 theologische, astrologische und kabbalistische Texte zur Verwahrung übergab.[3] Röslin war Prophet der Endzeit, Schwenckfeld- und Paracelsus-Leser, dazu Vorkämpfer einer überkonfessionellen Religiosität, wie sie auch Altenstetter pflegte. Gegenüber Ernst von Bayern, dem Kurfürsten von Köln und Förderer einer Paracelsus-Ausgabe, hat er einmal eine Art intellektuelles Glaubensbekenntnis abgelegt. Er verwarf die Lehren einer «sophistischen und inhaltslosen Philosophie»; Künste und Wissenschaften seien alles andere als abgeschlossen. Er wolle daran mitwirken, das große Buch der Welt, das Werk der Schöpfung Gottes und die Natur der Dinge «zu erforschen, zu erfassen, zu bewundern und zu erklären».[4] Was die «Gelegenheit der Zeit» erfordere, könne «ebenmässig mit zwei Worten kurz ausgesprochen werden, welche da sind: Libertas Religionis, Freiheit der Religion oder Freiheit des Glaubens». Rudolf II. legte er nahe, in Religionsangelegenheiten und den Wissenschaften «allem» den «freien Lauf» zu lassen.

Man sollte sich indes davor hüten, Röslin und seinesgleichen zu modernen Liberalen zu machen. Röslins Begründung für seine Forderung klingt nicht sehr modern. Seine Überzeugung, die Stunde der Freiheit sei gekommen, gründete auf astrologischen Spekulationen. Wie viele damals glaubte auch er, der Jüngste Tag stehe unmittelbar bevor.

IM ZEITALTER FAUSTS

Röslins Rede zeigt beispielhaft einen Zusammenhang, der tief hineinführt in ein Stück deutscher Mentalitätsgeschichte.[5] «Wir sind im Zeitalter des Faust», schreibt der Kulturhistoriker Aby Warburg in einem seiner späten Texte, «wo sich der moderne Wissenschaftler – zwischen magischer Praktik und astrologischer Mathematik – den Denkraum der Besonnenheit zwischen sich und dem Objekt zu erringen versuchte.» Mit

Blick auf die Verhältnisse der Reformationsepoche (und übrigens auf die Umstände seiner eigenen Zeit, der düsteren Jahre des Ersten Weltkriegs) fügt er hinzu: «Athen will eben immer wieder neu aus Alexandrien erobert sein.»[6] Er spielt damit auf den langen, von unzähligen Niederlagen geprägten Kampf des «guten Europäers» um Aufklärung und Vernunft an. In den Kontext dieses immerwährenden Menschheitsdramas gehört auch das labyrinthische Werk des Paracelsus.

Der Arzt, dessen langer Schatten auch über die Kreise um Widemann, Spreng und Altenstetter fällt, wurde neben Agrippa von Nettesheim schon vor langer Zeit als mögliches historisches Vorbild des legendären Faust identifiziert.[7] Der Blick auf die Sucher und Zweifler im fernen Augsburg des ausgehenden 16. Jahrhunderts könnte eine Erklärung dafür liefern, warum Faust zu einem *deutschen* Mythos wurde. Der wichtigste Punkt ist, daß die Kunstfigur im Reich, im Land Luthers, auf die Welt kam.

Nicht einfach eine erneuerte katholische Kirche war ja aus dem Schoß der Reformation gekrochen. Die protestantischen Konfessionsgruppen haßten einander noch mehr als den in Goldflitter prunkenden Hohepriester im Vatikan. Eine unüberschaubare Vielzahl von Sekten, die nicht immer leicht auf den Begriff zu bringen und noch schwerer gegeneinander abzugrenzen sind, hofften auf Erlösung: Täufer, Mennoniten, Schwenckfelder, Spiritualisten, Antitrinitarier, Sozianer, Propheten aller Art – glühende Zeloten, friedfertige Frömmler, viele ernsthafte «Sucher», dazu Spinner und Scharlatane.

Durch den Streit der Kontroverstheologen wuchsen Zweifel an seit Jahrhunderten fest geglaubten Wahrheiten. Faust in seinen mannigfachen Gestalten ist eine mythologische Abbreviatur all der Sucher und Zweifler, die einem im zerrissenen Reich begegnen. Schwenckfeld, Paracelsus, Röslin und andere sind Söhne und Enkel der Auseinandersetzung um den «rechten Weg» und damit um die Frage, was die Welt im Innersten zusammenhält. Einige der bedeutendsten Denker der Renaissance waren davon überzeugt, es müsse einen logischen Schlüssel zur Wirklichkeit geben, der «alles» erklären könne.[8] Den Pakt mit Mephistopheles haben sie nicht geschlossen. Sie alle blieben gute Christen, freilich nicht immer im Sinn der großen Konfessionen. Paracelsus hatte keinen Dämon als Begleiter. Den haben ihm nur seine Feinde angedichtet.

UNWISSENDE

Die blauen, gelben oder gestreiften Farbflächen der Karten, die in unseren Geschichtsatlanten das konfessionelle Europa der Zeit Altenstetters zeigen, täuschen. Die großen Glaubensgemeinschaften standen sich keineswegs als geschlossene Blöcke gegenüber. Die Wandlung einer Gesellschaft, deren religiöse Bindungen sich auf der Grundlage von verwandtschaftlichen, nachbarschaftlichen und genossenschaftlichen Beziehungen entwickelten, zu einer solchen mit einer hierarchischen Organisation des religiösen Systems[9] war mitten im Fluß. Um 1600 gab es noch immer Unzählige, die schlicht nicht ganz genau wußten, was man als Katholik, Lutheraner oder Calvinist zu glauben hatte.[10]

Ein schönes Beispiel für den Kenntnisstand des «gemeinen Mannes» in Glaubensdingen bietet eine Erwachsenenkatechese im pommerschen Jacobshagen, zu der sich die Gemeinde in der Kirche versammelt hatte. Der Kirchenvorstand, der angesehene Bauer Hans Hille, habe, nach seinem Glauben befragt, geantwortet: «Ich glaube an Jungfer Maria, die Mutter Gottes, und an Jesum Christum, ihren Sohn» – woraufhin die Bauern und Bäuerinnen, nun einzeln examiniert, jeweils schlicht bekannt hätten: «Ich glaube, was Hans Hille glaubt.»[11] «Konfessionalisierung» kam so oft «Christianisierung» gleich – in dem Sinn, daß die Menschen in fundamentalen Glaubenssätzen unterwiesen wurden, bis sie ein wenig mehr wußten als der brave Hans Hille.[12]

Nichtwissen und allerlei exotisch anmutende Mischformen der verschiedenen Glaubensrichtungen waren ziemlich verbreitet. Aus der Ortenau wird berichtet, es herrsche ein solches Chaos, daß niemand wisse, ob er nun katholisch oder evangelisch sei.[13] Und in Ostfriesland wurde noch im 18. Jahrhundert eine Untersuchung angeordnet, die alle Erwachsenen ermitteln sollte, die nicht im Gottesdienst erschienen. Es ging darum herauszufinden, wer das Abendmahl versäumte, sich also nicht zum lutherischen oder reformierten Glauben bekannte.[14] Die Betreffenden wurden «Neutralisten» genannt. Es war nicht freundlich gemeint.

In vielen Gegenden scheinen die Leute sich mehr oder weniger der Form halber zu der jeweils von oben oktroyierten Konfession bekannt zu haben. Mancherorts, so in den vergleichsweise liberalen Niederlanden, konnten sich viele erfolgreich rigider Konfessionalisierung widersetzen.[15] Auf lokaler Ebene hat man sich im Alltag ohnedies meist friedlich miteinander arrangiert.[16] Altenstetter und die anderen Augsburger «Schwenckfelder» müssen über lange Jahre hin unbehelligt ihren abweichenden Glauben praktiziert haben. Es ist schwer vorstellbar, daß ihre Nachbarn nicht bemerkt hätten, welche Ketzerbrut sich da in ihrer Mitte regte.

Schlichte Neugier trieb südfranzösische Calvinisten als Kiebitze in katholische Messen – wie Altenstetter und Spreng in Augsburg. Ein Bürgerssohn in Nérac bekannte im Verhör vor dem reformierten Konsistorium mit entwaffnender Offenheit: «Die eine wie die andere Religion waren gut.»[17] Ähnliche Aussagen machten auch die Augsburger Schwenckfelder. Schließlich fehlt es nicht an Beispielen dafür, daß sich über die «unsichtbaren Grenzen» zwischen den Glaubensgemeinschaften hinweg Freundschaften entwickelten, sogar Ehen geschlossen wurden.[18]

KONVERTITEN

Freiwillige und offene Konversionen kamen gerade in gemischtkonfessionellen Gemeinschaften, wo Prediger unterschiedlicher Couleur um die Herzen der Menschen kämpften, immer wieder vor, wenngleich sie außer vielleicht in den Niederlanden[19] aufs Ganze gesehen nicht wirklich häufig gewesen sind. Ein Glaubenswechsel war, angesichts der Bedeutung des Religiösen in den frühneuzeitlichen Gesellschaften, eine ernste Sache. Der Übertritt in eine konkurrierende Gemeinschaft verlangte die Lösung von sozialen Bindungen, den Abschied von kulturellen Traditionen.

Manchmal waren Glaubenswechsel durch banale Karriereerwägungen oder den Wunsch, sich irgendwelche Vorteile zu verschaffen, motiviert. «Die Erfahrung hat uns gelehrt, daß unehrenhafte Leute skrupellos zu jeder Religion übergehen, wenn sie damit ihr Ansehen erhöhen und zu ihren Zielen gelangen können», meinte der Amsterdamer Bürgermeister Cornelis Hooft.[20] In der Tat: Wie Heinrich von Navarra Ende des 16. Jahrhunderts Paris eine Messe wert war, sollte es ein Jahrhundert später August dem Starken die polnische Krone sein. Konversionen von

Fürsten machten im übrigen Sensation und lösten schon wegen ihrer politischen Konsequenzen ganze Katarakte von Quellen aus.

Fürstenpaläste sind ebenso wie Gerichtsgebäude und Gelehrtenstuben Fabriken der Schriftlichkeit. Was die Konversionen «gemeiner Leute» betrifft, ist darüber sehr viel weniger bekannt. Kurios ist der Fall eines gewissen Johann van Bellen, der sich zwischen 1562 und 1566 im ostfriesischen Emden zutrug.[21] Der Mann war eine Art Multikonvertit, der mehrmals zwischen dem reformierten und dem katholischen Glauben wechselte und zudem mit den Mennoniten Kontakte pflegte. Allerdings war van Bellen ein gewaltiger «Suffkopp», dessen Religionswechsel vor allem durch den verständlichen Wunsch bestimmt gewesen zu sein scheinen, Glaubensbrüder zu finden, die – anders als die strengen Emdener Reformierten – nicht ständig versuchten, ihm das Zechen zu verbieten.

ZWEIFLER UND SUCHER

Vergessen wir über den Farbflächen der Geschichtsatlanten nicht die unzähligen großen und kleinen Ketzer, die sich in ganz Europa herumtrieben – auch sie Kinder der Reformation. Berühmte Namen sind darunter, angefangen mit Täuferführern verschiedener Couleur. Einige von ihnen bezahlten für ihre Anschauungen mit einem Leben im Untergrund und in der Emigration, einige mit Schaffott, Feuertod oder Kerker. Zu letzteren zählten Michael Servet, Giorgio Siculo, der Heidelberger Antitrinitarier Johann Sylvan (Abb. 64), Tommaso Campanella oder Francesco Pucci und Giordano Bruno.[22] Die furchtbare Wirklichkeit des Feuertodes blitzt für einen Moment auf, wenn eine Quelle über die Hinrichtung des Täufers Dirk Willemsz. aus Asperen im Gelderland im Jahr 1569 berichtet, man habe den Mann, weil ihn das Feuer wegen des Windes nicht recht habe fassen wollen, «schreien hören wie ein Ferkel».[23]

Spiritualistische Ideen, wie sie unter den Augsburger Schwenckfeldern kursierten, begegnen auch in der Religiosität der Niederlande.[24] Die orthodoxen Calvinisten nannten solche Abweichler verächtlich «Libertiner», ein Begriff, der hier wie anderswo für Leute gebraucht wurde, die sich der kirchlichen Disziplin widersetzten.[25] Altenstetter war ebenso ein klassischer «Libertiner» in diesem Sinn wie der friesische Edelmann und

Abb. 64 Die Enthauptung des Antitrinitariers Johann Sylvan 1572. Aquarell, Ende 16. Jahrhundert. Darmstadt, Technische Universität (HS 1971, IV, fol. 117r)

Jurist Aggaeus van Albada, einer der wenigen Anhänger Schwenckfelds in den Niederlanden,[26] oder der Rotterdamer Pastor Hubert Duifhuis. Letzterer wurde von seinen calvinistischen Gegnern in ein uns inzwischen wohlbekanntes Umfeld plaziert. Er rede in seinen Predigten irres Zeug über den inneren Menschen und die Erneuerung des Geistes, auf die alte Weise von Origenes und Tauler. «Wir können daraus verstehen, daß er entweder ein doppelt verdorbener Papist oder Libertiner, ein Franckist oder ein wirklicher Schwenckfelder ist.»[27] Auch der Aufruf, Christus nachzuahmen und sich selbst aufzugeben, um die Vereinigung mit Gott zu erreichen, begegnet einem in seinen Predigten; mit Erasmus' Denken ergaben sich Berührungen. Ebenso finden sich Spuren der «Theologia Deutsch», einem weiteren verbreiteten Werk, das nicht aktive psychische Arbeit zur Gewinnung mystischer Ekstase nahelegt, sondern passives Hinnehmen des göttlichen Willens fordert. So empfiehlt Duifhuis seinem Publikum Geduld und Gelassenheit, «lijdesaemheijt ende gelatenheijt». Er mußte Rotterdam 1572 verlassen; später erhielt er eine Stelle als Pastor in Utrecht. Doch blieb er anscheinend in der katholischen Kirche, Dogmen und äußere Zeremonien interessierten ihn nicht. Ganz anders als die «Theologia Deutsch», Luther oder Calvin hielten Duifhuis und einige seiner Brüder im Geiste offenbar die «Vergottung» des Menschen, das Einswerden mit Gott, für möglich.[28] Die Debatte um die Möglichkeit, «Libertiner» im calvinistischen Gottesstaat zu sein, flackerte auch nach Duifhuis' Tod, 1581, immer wieder auf.

Der Pastor hatte zeitweilig mit der «Familie der Liebe» in Beziehung gestanden. Dieser Zirkel war in den 1540er Jahren von dem Kaufmann Hendrik Niclaes in Emden begründet worden; er erinnerte entfernt an die süddeutschen Schwenckfelder-Netzwerke.[29] Anders als Schwenckfeld agierte der Sektengründer Niclaes, ein religiöser Enthusiast und Prophet, als autoritärer religiöser Führer. So wandten sich viele seiner Anhänger – unter ihnen der Verleger Christopher Plantin, Justus Lipsius und andere Intellektuelle – von Niclaes ab. Mit Hendrik Jansz. Barrefeld als spiritueller Leitfigur formte der niederländische Kreis fortan ein loses Netzwerk.

Auch die «Familisten» suchten die direkte mystische Gemeinschaft mit Gott. Sie hielten die Institution der Kirche für eine zweitrangige äußere Hülle; entsprechend geringe Bedeutung maßen sie Konversionen bei. Dabei hegten sie eschatologische Erwartungen. Sie integrierten sich – wie die Augsburger Schwenckfelder – in die religiöse Gemeinschaft, die sie am ehesten ansprach, ohne ihre Überzeugungen zu opfern; unter ihren Anhängern waren Gläubige aller Konfessionen. Die Calvinisten argwöhnten, sie seien eine kryptokatholische Sekte, die Katholiken wiederum hielten sie für Ketzer.[30] Im englischen Balsham bildeten Anhänger der dortigen «Family of Love» elitäre spirituelle Kreise, pflegten eine eigene Sprache und praktizierten eine geradezu inzestuöse Endogamie. Mit den Augsburgern hatten sie gemein, daß sie sich gleichwohl in das Leben der Dorfgemeinde einfügten, ehrenvolle weltliche und geistliche Ämter übernahmen; die Endzeitstimmung, die unter den Familisten verbreitet war, teilten die Augsburger anscheinend nicht.

Erst durch die moderne Forschung berühmt wurde ein weiterer Verwandter Altenstetters, der im Friaul lebende Müller Menocchio, von dessen eigenartiger Kosmologie Carlo Ginzburg in einem faszinierenden Buch erzählt.[31] Auch er hat für sein Selbst-Denken wahrscheinlich mit dem Tod bezahlt.

Zufällig erlitt fast zur gleichen Zeit, als Altenstetter, Küenle und Kneulin zum Verhör bestellt wurden, ein einfacher Samtweber im fernen Amsterdam ein ganz ähnliches Schicksal wie die drei Augsburger.[32] Goosen Vogelsang – so hieß er – hatte sich eigene Gedanken über die Religion gemacht, über die Dreifaltigkeit, über die Göttlichkeit Christi. Er war so unvorsichtig gewesen, seine Überlegungen unter dem großspurigen Titel «Das Licht der Wahrheit» zu veröffentlichen. Das reformierte Amsterdamer Konsistorium exkommunizierte ihn, verbot sein Buch und ließ ihn ins Gefängnis werfen. Doch hielt ein einflußreicher Mann, der schon erwähnte Cornelis Hooft, die Hand über ihn. Hooft, selbst Calvinist, schrieb für seine Mitregenten zwei ausführliche Berichte, in denen er die Freiheit von Glauben und Gewissen verteidigte. Der Kampf gegen die spanische Tyrannei habe nicht zum Ziel gehabt, nun über die Gewissen anderer zu herrschen. Es sei lächerlich zu glauben, daß die Kirchenverfassung von Genf, einer einfachen Stadt, allen Nationen Vorbild sein könne. Vogelsang, so werde über ihn gesagt, habe seltsame Ideen. Hooft meinte, auch die Papisten und Lutheraner hegten aus «unserer» Sicht absonderliche Vorstellungen, und man verfahre mit ihnen doch nicht so, wie man es mit dem Vogelsang beabsichtige.

Hoofts Intervention hatte das politische Ziel, die Ansprüche der religiösen Führer in die Schranken zu weisen: Sie mochten Vogelsang exkommunizieren, das war ihre Domäne; in weltlichen Dingen aber hatten sie den Regenten nichts vorzuschreiben. Wenn man alle möglichen Abweichler verfolgte, wo wäre dann ein Ende zu finden? Selbst die Scheiterhaufen und die Massaker der Spanier hätten es schließlich nicht vermocht, die Reformation einzudämmen. Im übrigen habe Vogelsang fünf kleine Kinder, und seine Frau sei schwanger. Resultat des Streits war, daß der Weber aus dem Gefängnis entlassen wurde. Das war im November 1598, einen Monat bevor sich auch für Altenstetter, Küenle und Kneulin die Kerkertüren öffneten.

TRÄUME VOM FRIEDEN

In der Haltung der Augsburger Dissidenten verband sich die mystische Sehnsucht nach Reinheit und nach einer direkten Beziehung zu Gott mit einer offenen Haltung gegenüber den großen Konfessionen. Soll man Altenstetter und seine Freunde deshalb «tolerant» nennen? Am ehesten läßt sich ihre Haltung als «Wertschätzungstoleranz» kennzeichnen, da sie einige Überzeugungen und Praktiken der anderen Konfessionsgruppen als ethisch wertvoll schätzten, ohne deren Glauben als Ganzen zu akzeptieren.[33] Sie wollten in Frieden leben und arbeiten, im übrigen ihrem Gewissen – der Stimme des Herzens, wie das gelegentlich umschrieben wurde – folgen.

Aus sozialhistorischer Sicht war der Augsburger Kreis kein Sonderfall. Spiritualisten und Unorthodoxe waren oft wohlhabendere Handwerker, entstammten der Intelligenz, der Kaufmannschaft oder dem Kunsthandwerk. Altenstetter und seine Augsburger Brüder waren also typische «Schwenckfelder». Ihr Antiritualismus war gewiß nicht einfach Produkt gesellschaftlichen Abstiegs, wie für ihresgleichen behauptet wurde.[34] Eines der bekanntesten Mitglieder des Spiritualistenzirkels um Niclaes war der in Antwerpen tätige Verleger Christopher Plantin (der übrigens die von Altenstetters Gegenschwieger Adolph III. Occo verfaßte Münzgeschichte publiziert hat); neben Lipsius sympathisierten auch der Botaniker Clusius, Guillaume Postel und der Miniaturmaler Joris Hoefnagel mit spiritualistischen Ideen. Sie alle – denkende, lesende Menschen – waren des Theologenstreits und der einander verfolgenden Kirchen überdrüssig.[35] Im Denken vieler Dissidenten geht es um nichts anderes als um die «originäre protestantische Botschaft»: den Wunsch, frei von der Last einer mit unzähligen Riten und Zeremonien umkrusteten, von der Priesterschaft dominierten Religion zu sein.[36]

Die Vorgeschichte der Idee, verschiedene Religionen könnten friedlich zusammenleben, führt in das Florenz Boccaccios, zu Nikolaus von Kues, in den Kreis um Lorenzo den Prächtigen und die Florentiner Akademie. Schon hier wurde die Vorstellung einer universalen Religion diskutiert. Sie mochte weltweit unterschiedliche Formen der Anbetung kennen, sollte aber tatsächlich auf einen Gott – für die Florentiner natürlich den Christengott – gerichtet sein.[37] Pico della Mirandolas Versuch, eine Synthese der Lehren aller Religionen und philosophischen Systeme herzustellen, brachte ihm die Exkommunikation durch Papst Innozenz VIII. ein.

Ähnliche Überlegungen, wie sie Pico anstellte, finden sich wieder in Thomas Mores «Utopia» von 1516. Die Bewohnerinnen und Bewohner der imaginären Insel hängen einer Art Vernunftreligion an.[38] Sie glauben zwar an einen Gott, doch verehren sie ihn auf unterschiedliche Weise. Die Regierung Utopias ist tolerant, Bekehrungen auf friedlichem Weg sind möglich. Schon der Gründer Utopias habe nicht ausgeschlossen, daß Gott eine vielfältige und mannigfache Verehrung wünsche – hätte er in seiner Allmacht sonst eine solche Vielzahl von Religionen zugelassen? Das Erlebnis der Reformation hat dann zu einer Änderung von Mores Haltung gegenüber Ketzern geführt. 1529 befürwortete er nachdrücklich das Recht, ja die Pflicht christlicher Fürsten, Häretiker hinzurichten.[39]

Erasmus von Rotterdam war wie die Utopier der Auffassung, alle Christen teilten eine zentrale Glaubenslehre, eine «Christiana philosophia».[40] Der niederländische Gelehrte, zu seiner Zeit so etwas wie der Präzeptor Europas, hat einen Ehrenplatz in der Geschichte der Toleranz. Das berühmte Porträt Holbeins zeigt ihn als Prototyp des skeptischen Intellektuellen, der in vieler Hinsicht seiner Zeit voraus war (Abb. 63).

Seine Schriften sind voller Spott über schmallippige Theologen und glühende Fanatiker, die über dem Streit um alle möglichen Nebensachen und Subtilitäten das Wesentliche aus den Augen verlören. «Denn durch einen Geist sind wir alle zu einem Leib getauft, Juden oder Heiden, Knechte oder Freie», heißt es in seinem «Handbüchlein des christlichen Streiters», dem «Enchiridion militis christiani».[41] Es ist eine humanistische Tugendlehre, eine ins Weltliche gewendete Entsprechung der «Nachfolgung Christi». Auf Äußerlichkeiten kam es nach Erasmus nicht an. Als Kern der christlichen Lehre, einer Religion der Liebe und Einmütigkeit, sah er die Pflicht zu einer anständigen Lebensführung. Daß er es entschieden ablehnte, gegen Ketzer – außer wenn sie Spaltung und Aufruhr verursachten – gewaltsam vorzugehen, war nur konsequent. Ebenso steht außer Zweifel, daß sein Begriff von Religion ein christlicher gewesen ist. Er möchte zurück zu den reinen Quellen, zur Botschaft der Bibel, zu den Kirchenvätern. Und er war davon überzeugt, daß die Wahrheit nicht bei den Theologen, sondern bei Gott liegt. Darin ist er dem klugen Juden in Lessings Ringparabel vergleichbar. Während er die Kirchenreform befürwortete, ging er mit der Zeit zu Luther auf Distanz, weil dessen Wirken in seinen Augen die Eintracht der Christen zerstörte. Sein Bruch mit dem Reformator hatte, wie zutreffend bemerkt wurde, seine Voraussetzung in den unterschiedlichen Menschenbildern eines Humanisten und eines Theologen: «Das freie und verantwortliche, wenn auch Gottes Unterstützung bedürfende Wesen hier, das sündhafte und in seiner Freiheitsvorstellung anmaßende Wesen dort.»[42] Für den späten Luther war in der Tat «tollerantz» etwas Negatives.[43]

Ein weiterer Vorkämpfer freieren Denkens war der schon erwähnte Sebastian Franck (um 1500-1543), ein Spiritualist. Er hatte zeitweilig mit Schwenckfeld Kontakt.[44] Wenn Franck Erasmus einmal als Ketzer bezeichnete, war das aus dem Mund eines Mannes, der sich als Schüler des großen Rotterdamers verstand, ein Kompliment: In seiner «Ketzerchronik», die als ein Werk «höchster Toleranz» gerühmt wurde, bringt Franck eine Fülle historischer Beispiele dafür, wie gottgefällige Menschen als Ketzer verfolgt und getötet wurden. Sie sind in seinen Augen die wahren Christen. Er sieht das als eines der «Paradoxa» in einer verkehrten Welt, die ihm als «Fastnachtsspiel Gottes» erschien. Es gebe kaum einen Heiden, Philosophen oder Ketzer, der nicht etwas Gutes erraten habe. Gott lasse seine Sonne über Gut und Böse scheinen, schütte seine Güte über alle Menschen aus. So will auch Franck unparteiisch sein, niemanden verachten. Als das Zweite Vaticanum dekretierte, Gott sei auch jenen, die in Schatten und Bildern den unbekannten Gott suchten, nicht ferne, da er allen Leben und Atem und alles gebe, war das ein Gedanke, den Franck schon Jahrhunderte zuvor ähnlich formuliert hatte. «Ich bin billig ein Mensch einem Menschen», hatte er gesagt. «Es ist alles Adam.»[45] Verbindliche Dogmen könne es nicht geben; ihm sei eine Wahrheit lieb, gleich, wer sie ausspreche.[46] «Mir ist ein Papist, Lutheran, Zwinglian, Täufer, ja ein Türk' ein guter Bruder, der mich zu gut hat und neben ihm leiden kann, ob wir gleich nicht einerlei gesinnt.» Es liege an Gott und nur an ihm, alle «eines Sinns» zu machen. Nur «schädliche Sekten» wie die Münsteraner Täufer dürften niedergeworfen werden. Den Glauben zu erzwingen sei unmöglich. Franck rückt an die Stelle des Dogmas das Problem, an jene der Wahrheit die Wahrheitssuche.[47]

Er war davon überzeugt, daß sich der Antichrist der Kirche bemächtigt habe. Theologisch leidenschaftslos redete er für eine «innere» Kirche, die er als «geistlichen unsichtbaren Leib» faßte. Er war radikaler Individualist, nahm das Gewissen als entscheidende Instanz.[48] Oft bezieht auch er sich auf Taulers Predigten. Wie Erasmus verabscheute er den Streit zwischen den Konfessionen und Sekten. Drastisch nannte er ihr Gezänk «Taubendreck».[49] Ketzerei sei allein das, was «die Welt» dafür halte. Das wird man heute kaum anders sehen. Häresie ist ja immer etwas Relatives, nämlich die Abweichung von institutionell verordneten Lehren oder Mehrheitsmeinungen, die ihrerseits keineswegs richtig sein müssen.

Ein Leser von Francks Ketzerchronik war der polyglotte Universalgelehrte und milde Prophet Guillaume Postel (um 1510-1581). Er sprach sich dafür aus, Juden und Mohammedanern mit Respekt zu begegnen; dem Koran billigte er die Rolle eines «mittleren Gesetzes» zwischen dem Alten und dem Neuen Testament zu.[50] Postel glaubte, es müßte den Anhängern der verschiedenen Religionen möglich sein, sich über die wesentlichen Wahrheiten zu verständigen und friedlich miteinander auszukommen. Zeitweilig Mitglied des Jesuitenordens, blieb er – trotz Sympathien für unorthodoxe Protestanten wie Servet und wiederum Schwenckfeld[51] – bis zu seinem Tod in der katholischen Kirche. Ein Kritiker wirft ihm spöttisch vor, «wie Dädalus über den Zwischenraum zu flattern».

Vor dem Hintergrund der Kämpfe um die Religion rückte bei den Besonneneren die Achtung vor dem Menschen – nicht dem Christen, sondern dem Menschen als solchem – ins Zentrum. Für irgendwelche höheren Ziele, für das Seelenheil, den Gottesstaat oder den Ruhm Gottes darf er nicht geopfert werden. Der Humanist Sebastian Castellio brachte das in der Auseinandersetzung mit Calvin um die Hinrichtung Michel Servets in Genf mit einem der besten Sätze, die im 16. Jahrhundert gesagt wurden, auf den Punkt: «Einen Menschen töten, heißt nicht eine Lehre verteidigen, sondern einen Menschen töten.»[52]

Selbst im eisernen konfessionellen Zeitalter verstummten Stimmen, die für Frieden, für eine Vereinigung der Religionen und ein Leben in der wahren Nachfolge Christi redeten, niemals ganz.[53] Liest man dergleichen im Zusammenhang, ergibt sich eine scheinbar eindrucksvolle Reihe, zu der neben Erasmus, Franck und Castellio auch Montaigne zählt. Aufs Ganze gesehen waren ihre Autoren aber doch einsame Rufer in der Wüste. Eine Geschichte der Toleranz im 16. und 17. Jahrhundert paßt in die zwei dicken Bände, die der Jesuitenpater Joseph Lecler 1955 vorlegte,[54] demgegenüber würde die Historie der Intoleranz ganze Bibliotheken füllen. Die Zahl der Opfer von Religionskriegen, Hexenprozessen und Inquisitionstribunalen geht in die Hunderttausende, von jenen, die im Namen Gottes eingekerkert, ins Exil getrieben, um Hab und Gut gebracht wurden, gar nicht zu reden. Trotzdem ist es nicht abwegig, zarte, zögerliche Anfänge des westlichen Liberalismus – so eine These des Historikers Perez Zagorin – genau in jener zerrissenen Epoche zu lokalisieren.[55]

DIE REDE DER POLITIKER

Vorerst war der gordische Knoten, zu dem sich Machtfragen und religiöse Probleme verknäult hatten, nur durch Gewalt entwirrbar. Fürsten und Stadtobrigkeiten justierten die Foltergeräte, entzündeten Scheiterhaufen, setzten Armeen in Bewegung: Dabei hatten die Schweizer vorgeführt, wie sich Konflikte um Glauben und Macht entschärfen ließen. Der «Zweite Kappeler Landfrieden» von 1531 gab den Orten die Freiheit, über ihre Konfession zu entscheiden, katholische Minderheiten wurden geschützt. Wechsel vom neuen zum alten Glauben wurden erleichtert.

Im Reich schien, nach Streit und dem Schmalkaldischen Krieg, der Augsburger Religionsfrieden eine ähnliche Richtung zu weisen, indem er dem Prinzip «cuius regio, eius religio» – der Landesherr bestimmt über die Religion – zur Geltung verhalf. Aber es war ein gläserner, ein zerbrechlicher Frieden. Zwar sahen sich nun die Lutheraner reichsrechtlich anerkannt. Die Calvinisten indes wurden ausgeschlossen. Sie blieben ein Störfaktor. Dazu bargen einige in ihrer Geltung unklare Bestimmungen des Friedens Keime für neue Konflikte. Immerhin wurde Untertanen, die den Glaubenswechsel ihrer Fürsten nicht mitmachen wollten, ein Auswanderungsrecht eingeräumt. Es war, so bescheiden es sich ausnimmt, das erste Grundrecht, das den Deutschen gewährt wurde.

In die Zukunft wies in Kappel wie in Augsburg die Entscheidung, die Theologie zu entmachten – also Politik und Religion eigene Sphären zuzuweisen, wie es in der Theorie bereits Machiavelli getan hatte. Ähnlich argumentierten einige Theologen und Staatsmänner. Sie plädierten dafür, Ketzerei allein durch das Wort, mit den Waffen des Geistes, zu bekämpfen. Der Niederländer Dirck Volckertsz. Coornhert, auch er Spiritualist und Erbe des Erasmus, forderte Toleranz selbst für Atheisten.[56] Was das Kirchenregiment anbelangte, so erklärte er einmal, boten hier nicht die niederländischen Konsistorien, Zürich und Genf drei alternative, sich widersprechende Modelle? Das zeigte in seinen Augen nur, daß sich die Schrift in solchen Fällen nicht ausdrücklich erklärte.[57] Mit Nachdruck redete Coornhert für eine strikte Trennung irdischer und göttlicher Dinge; darüber lieferte er sich mit Justus Lipsius einen heftigen Schlagabtausch. Der Stoizist forderte, die Religionseinheit notfalls mit dem Schwert zu erzwingen. Zur gleichen Zeit reifte in seiner Heimat die Überzeugung, es könne nicht Sache der Regierung sein, sich in Religionssachen einzumischen.

Ungeachtet der Mahnrufe der humanistischen Aufklärer und vernünftiger Politiker ging der Kampf um das Magiemonopol, um das Wegerecht an den Straßen ins Empyreum, weiter: nach innen durch Bekämpfung von Ketzern, Hexen, Magiern, nach außen durch Krieg. Die Aufforderung des Kanzlers Michel d'Hôpital an die Generalstände von Orleans, die teuflischen Worte Lutheraner, Hugenotten, Papisten abzuschaffen, vielmehr von Christen zu reden, wurde nicht beherzigt.[58] Leute, die wie d'Hôpital dafür redeten, theologische Positionen zu opfern, um einen Ausweg aus den blutigen Religionskriegen zu finden, wurden von ihren Gegnern verächtlich «politiques», Politiker, genannt. Einige sahen die Lösung darin, einen starken Staat zu etablieren, der, zugleich Herr des Glaubens, den Krieg aller gegen alle überwinden sollte; so erhoffte sich Postel Frieden von einer Universalmonarchie.[59] Das wahrscheinlich von Jean Bodin, dem Theoretiker der Souveränität und berühmtesten «Politique», verfaßte «Colloquium Heptaplomeres», ein Gespräch unter Vertretern sechs verschiedener Glaubensrichtungen, plädiert dafür, jedem Glauben *als Glauben* sein Recht zu lassen. Die staatlichen Dinge sieht er davon nicht berührt. Die Teilnehmer des Gesprächs verständigen sich über die Grenzen der Verständigung.[60]

Eine polnische Entsprechung hatten die «Politiques» in dem königlichen Sekretär Andrzej Modrzewski, eine deutsche in Lazarus von Schwendi, dem Berater Maximilians II.[61] In einer vertraulichen, erst in neuerer Zeit publizierten Denkschrift meinte er, Maximilian solle sich über die historischen Gründe der Reformation Rechenschaft ablegen und die bestehenden Realitäten anerkennen. Er appellierte an Gewissen und Urteilsvermögen des Kaisers. Der solle auf der Grundlage des Religionsfriedens unparteiisch handeln und für einen Ausgleich unter den Konfessionen wirken, sonst drohten Krieg und Verderben.

Maximilian II. selbst gilt kaum zu Unrecht als toleranter Herrscher. Als der Hauptmann der Grafschaft Glatz sich 1572 mit der Frage an ihn wandte, wie gegenüber der «schädlichen, heimlichen, giftigen», von der «allgemeinen christlichen Kirche durchaus verdammten» Sekte der Schwenckfelder verfahren werden solle, und Landesverweis nahelegte, verwies ihn der Kaiser an den Prager Erzbischof Anton Brus von Müglitz und ließ die Sache im Sand verlaufen.[62]

Die Überlegungen Schwendis und einiger weniger anderer wurden im Reich bald vom Gang der Ereignisse überholt. Hier verdichteten sich um 1600 die Anzeichen dafür, daß die Verfechter eines «dritten Weges» keine Chance hatten. Die Generation der Fürsten, die einst den Augsburger Religionsfrieden ausgehandelt hatten, war abgetreten. In einigen wichtigen Staaten Europas kam eine neue Equipe energischer und glaubensstarker Männer zur Herrschaft, für die Religion und Politik alles andere als zweierlei waren. Über den Glauben der Menschen bestimmen zu können, zählte für sie zur Essenz der Macht. Das Bekenntnis des 1576 zum polnischen Herrscher gewählten Stephan Báthory – «Ich bin König über Völker, nicht über Gewissen»[63] – steht ziemlich einsam in einer Zeit, die für Toleranz noch lange nicht reif war.

Der Wille, religiöse Abweichler zu verfolgen, wurde durch die Angst, sie wollten den politischen Umsturz, genährt. Das brutale Vorgehen der Autoritäten im elisabethanischen England gegen Dissidenten hatte vor allem mit der Furcht zu tun, sie seien eine Art «fünfte Kolonne» der feindlichen spanischen Hegemonialmacht.

Im übrigen Europa gingen die Ketzerhinrichtungen allmählich zurück.[64] Die Verbrennung Giordano Brunos war eine spektakuläre Ausnahme. Die Fundamente des Gottesstaates bröckelten. Aber noch war er nicht besiegt. Europa brauchte seine inneren Dämonen, Hexen, Gespenster, den Teufel und die von ihm verführten Ketzer. Ihre Existenz half zu erklären, warum es schlecht herging in der Welt.

XX
DAS FASTNACHTSSPIEL GOTTES

Abb. 65 Die apokalyptischen Reiter. Kolorierter Holzschnitt aus der Koberger-Bibel, Nürnberg 1483. Augsburg, Staats- und Stadtbibliothek (2° Ink 560, fol. 577r)

DIE LETZTEN SCHWENCKFELDER

Die Geschichte der Augsburger Ketzer, der Schwenckfeld-Freunde und Paracelsisten, endet allmählich. Irgendwann nach 1598 war, wie schon berichtet, Küenle gestorben. Im Sommer 1600 hatte er sein Testament gemacht, in der Stube von Dr. Spreng, dem Glaubensgenossen.[1] Im Jahr darauf segnete auch der Notar das Zeitliche.

Nachdem Leeder, das Refugium der Augsburger Anhängerschaft Schwenckfelds, 1595 in Fuggerschen Besitz übergegangen war, war die Luft für die dortigen Schwenckfelder dünn geworden.[2] Eine der ersten Taten des neuen Herrn, Jakob Fugger, war gewesen, daß er einen Priester in Bewegung gesetzt hatte, der sich um die Rekatholisierung des Dorfes kümmern sollte. Und dann wurde ein Bücherautodafé entfacht. Lutherische und schwenckfeldische Schriften gingen in Flammen auf. Beim Dorfwirt beschlagnahmten Fuggers Leute sogar eine «Nachfolgung Christi»,[3] die ja gewiß nicht häretisch war.

Im abgelegenen Obergriesingen ging es dem «Erzschwenckfelder» Marth an den Kragen. Anfang 1600 verschafften sich Bewaffnete aus zwei benachbarten Orten unter Führung des österreichischen Statthalters gewaltsam Einlaß zum Schloß der Freyberger und kidnappten den Alten «bei nächtlicher Weil» samt Frau und Kind. In grimmiger Kälte wurde Marth gefesselt auf einem Karren nach Weingarten, Sitz der Landvogtei Schwaben, transportiert.[4] Die Innsbrucker Oberbehörde verfügte jedoch umgehend die Haftentlassung. Sie kritisierte die Aktion als rechtswidrigen Übergriff gegen einen reichsunmittelbaren Stand, während der

Landvogt darauf pochte, daß die schwenckfeldischen Umtriebe eine Bedrohung für das Seelenheil der katholischen Untertanen darstellten. Marth starb kurz nach dem Gewaltakt. In Justingen und Öpfingen hielten sich die schwenckfeldischen Gemeinden noch einige Jahrzehnte.[5] Im 18. Jahrhundert wurde der Chor der Öpfinger Kirche mit Fresken geschmückt; sie verherrlichen die Eucharistie. Kaum zufällig zeigten die katholischen Sieger auf einem Gebiet Flagge, wo entscheidende Differenzen zur schwenckfeldischen Lehre bestanden. Die Eucharistie zu feiern hätte ja den Schwenckfeldern und Schwenckfelderinnen mit ihrem spirituellen Christus denkbar ferngelegen.

Das Schwenckfeldertum ist letztlich an dem Widerspruch gescheitert, eine Gemeinschaft ohne Institutionen und Rituale sein zu wollen. Das Abflauen der spiritualistischen Bewegung dürfte damit zu tun gehabt hatten, daß sie keine charismatischen religiösen Anführer gefunden hatte. Der vornehme Caspar von Schwenckfeld war ohnedies nicht aus dem Holz geschnitzt, aus dem Religionsstifter gemacht werden. Dazu braucht es zornigen Eifer, donnernde Sprachgewalt und eiserne Härte in paradoxer Paarung mit Sanftmut und dürrer Askese; den i-Punkt setzt ein grausamer Tod. Selbst Marth hat es nur beinahe zum Märtyrer gebracht. Nikodemiten – das waren die meisten Anhängerinnen und Anhänger Schwenckfelds – meiden im übrigen nach Möglichkeit Scheiterhaufen und Schaffotte.

Schließlich hatten sie keine ausgeprägten Feindbilder, nach denen die Welt einteilbar gewesen wäre in Gut und Böse.[6] Wirkliche Sekten wissen mit Bestimmtheit, auf welcher Seite sie stehen; sie denken letzten Endes dualistisch und finden Identität im Widerspruch. Ihre Mitglieder halten sich für rein. Sie wollen «Ursprüngen» zu ihrem Recht verhelfen, haben den Geist auf ihrer Seite, Gottes Segen und die Heere der Engel. Oft sehen sie sich am Ende der Zeiten, am Vorabend der letzten Entscheidungsschlacht der Geschichte – und sie sind sicher, daß sie in diesem apokalyptischen Kampf unter den Siegern sein werden.

Bei den Augsburger Schwenckfeldern und Paracelsisten war das anders. Weder die Lutheraner noch die Altgläubigen waren für Leute wie Altenstetter einfach «des Teufels»; der Jesuitenpater Rosephius sagte, wie Altenstetter bekennt, ebenso richtige Dinge wie sein protestantischer Widerpart. Die Fluchten der Schwenckfelder vor den Bedrängungen, die ihre Zeit bereithielt, glichen Emigrationen nach innen. Es scheint außerdem, daß sie die Weltuntergangsstimmung, die viele ihrer Zeitgenossen in sich nährten, nicht teilten. Die Vorstellung, der Tag des Gerichts stehe unmittelbar bevor, da werde schon alles Böse, alles Leid in aus dem Firmament stürzenden Feuerkaskaden vernichtet, war ihnen fremd – anders als einigen ihrer Geistesverwandten wie Familisten und Spiritualisten vom Schlag Niclaes' oder van Albadas. Ihr Weltzugriff blieb rational. Sie ließen sich auf die Welt ein: Das zeigt sich prägnant an Altenstetters Kunst. Die Lektüre von Büchern führte in ihren Augen zwar nicht zum Kern der Sache. Aber sie verdammten die Schriften deshalb nicht, sondern setzten sich mit ihnen auseinander. Merkwürdigerweise half ihnen zudem die mittelalterliche Mystik, zu individuellem christlichen Denken zu gelangen.[7] Der Preis dafür war, daß die Netzwerke sich allmählich auflösten. Am Ende stand der Verlust schwenckfeldischer Identität, stand Assimilation, nicht Integration. Was Altenstetter betrifft, mag auch er sich nur scheinbar gefügt und im Herzen seine «eigene Kirche» gebaut haben. Nach seiner Generation aber gab es, soweit wir wissen, in Augsburg keine Schwenckfelder mehr.

GEGENREFORMATION

Hier trieb Bischof Heinrich V. von Knöringen seit dem Ende des 16. Jahrhunderts die Gegenreformation voran. Er förderte den Heiligenkult, ließ Wallfahrten organisieren und machte sich für den Erzengel Michael stark, dessen martialische Bronzefigur seit 1607 vor der Fassade des Augsburger Zeughauses ihr Flammenschwert in den schwäbischen Himmel reckte. Stadtpfleger Welser ließ seine italienischen Verbindungen spielen und beschaffte aus Verona die Knochen des heiligen Gualfardus, eines gebürtigen Augsburgers, für deren Verehrung fortan die Kapuziner sorgten.[8] Im Dom wurden 1608 alle in den Kirchen der Stadt aufzutreibenden Reliquien ausgestellt. Diese «Heiltumsweisung» war eine Parade der Zauberwaffen, die Tod und Teufel bannen konnten.

Seit der Jahrhundertwende veranstalteten die Altgläubigen wieder Prozessionen, die den ganzen Stadtraum umgriffen, nicht mehr nur einzelne Pfarreien durchschnitten. Sie marschierten zum Klang von Trom-

GEGENREFORMATION 249

peten und Pauken, unter knatternden Fahnen. Es waren Inszenierungen katholischer Identität und Kampfansagen an die Gegenpartei. Argwöhnisch registrierten die Protestanten den Aufmarsch der gegenreformatorischen Streitmacht. Mit Heerpauken und unter Trompetenschall – «als wie man im Krieg pflegt zu tun» – seien sie einhergeschritten, schrieb Georg Kölderer.[9] Mit unverhohlenem Widerwillen berichtet er von einer Prozession vermummter Flagellanten.[10] Der Rat bemerkte die wachsenden Spannungen. Im Sommer 1600 hatte er Religionsdispute unter Schülern mit Strafe bedroht.[11] Selbst im Tod trennten sich die Konfessionen entschiedener voneinander. Vor einem der Stadttore wurde – mit Fuggerschem Geld – ein Friedhof eingerichtet, der allein für Katholiken bestimmt war.[12]

Bollwerk der Gegenreformation blieb das benachbarte Bayern. Von hier und aus dem Hochstift, dem Staat des Augsburger Bischofs, wurden Religionsagenten in Augsburg eingeschleust, die das Wohlverhalten katholischer Untertanen überwachen sollten.[13] Ein Religionsmandat, das Bischof Heinrich im Heiligen Jahr 1600 erließ, verbot gemischtkonfessionelle Ehen, versuchte, jeglichen Kontakt der Altgläubigen mit Ketzern zu verhindern, untersagte den Besuch evangelischer Kirchen und Predigten. Eine weitere Verordnung verlangte, daß Dienstboten und Handwerker, die in «Ketzernestern» wie Augsburg oder Kempten arbeiteten, schriftliche Zeugnisse über die Erfüllung der österlichen Pflichten beibrachten. Das erinnert an die Praxis im England von Elisabeth I.

Ein wichtiges Instrument der katholischen Konditionierung waren Bruderschaften, die seit der Jahrhundertwende wie Pilze aus dem Boden schossen. Auf Anregung Octavian Fuggers richteten auch die katholischen Goldschmiede und Maler eine Bruderschaft ein; 1601 zählte sie 46 Mitglieder.[14] Die Zahl belegt, daß die weitaus meisten Augsburger Goldschmiede Protestanten waren. Die unter den Theologen aufgeworfene Frage, ob evangelische Handwerker katholische Auftraggeber beliefern durften, wurde bezeichnenderweise erst jetzt, im rauheren konfessionellen Klima, diskutiert.[15] Welcher Konfession auch immer Altenstetter sich nun, im ersten Jahrzehnt des 17. Jahrhunderts, zugehörig gefühlt haben mag, ein wirkliches Problem hatte er mit dieser Frage wohl nicht. Er arbeitete ja stets für Kunden aller Konfessionen: für den Kaiser, den Herzog von Bayern und für den Erzbischof von Salzburg ebenso wie für den Lutheraner Hainhofer und den ebenfalls lutherischen Pommernherzog. Selbst «hochkatholische» Auftraggeber überwanden indes, wenn es um die Künste ging, Berührungsangst. Hainhofer erzählt von einem Gespräch, das er 1611 mit dem Fürstbischof von Eichstätt, Johann Conrad von Gemmingen, führte. Auf die Frage, ob nicht die Konfession womöglich Philipp von Pommern daran hindern würde, mit ihm in Korrespondenz zu treten, antwortete Hainhofer, der Herzog sei ein «großer Liebhaber der Antiquitäten, der Gemälde, der Kristall- und der metallenen Bilder, der Pictur und Skulptur [...]». Philipp stehe mit vielen Fürsten anderer Konfession in Verbindung, «ob sie gleich nicht ihrer Religion seien, wann sie nur Fried, Ehr' und Tugend lieb haben, und wohl gewillt seien».[16] Da argumentierte er wie ein französischer «Politique». Die Kunst hatte eben bereits ihre eigenen Gesetze, selbst in härter werdenden Zeiten.

DER KATASTROPHE ENTGEGEN

Draußen im Reich und im Südosten braute sich währenddessen Unheil zusammen. Hier bestimmten zusehends die Gotteskrieger das Klima, wie Augsburgs Bischof Heinrich von Knöringen und Maximilian von Bayern. In dem Herzog verband sich eine selbst für seine Zeit ungewöhnliche Bigotterie mit Ruhmgier, Machtlust und Kunstbegeisterung. Das alles hätte keine weiteren Folgen gehabt, wäre der fromme Mann nicht zugleich mit einem beträchtlichen Maß an bürokratischen Fähigkeiten und ökonomischem Verstand gesegnet gewesen. Das ließ das kleine Bayern für ein paar Jahre zur Großmacht werden; den Preis hatte sein Volk mit unendlichen Leiden zu bezahlen.

Aus welchem Holz Maximilian geschnitzt war, zeigte sich schon wenige Jahre nach seinem Herrschaftsantritt. In der Reichsstadt Donauwörth war es 1605 zu Auseinandersetzungen zwischen Katholiken und Protestanten gekommen, als erstere dem Beispiel ihrer Augsburger Glaubensgenossen gefolgt waren und Prozessionen mit fliegenden Fahnen veranstaltet hatten. Die Lutherischen pöbelten die Frommen an, es gab Tumult. Nach weiteren Übergriffen verhängte der Kaiser die Reichsacht über die Stadt. Verhandlungen zur friedlichen Beilegung des Konflikts scheiterten, auch weil Donauwörths Bürger auf die Unterstützung durch protestantische Mächte hofften. Der Bayernherzog vollstreckte schließlich nur zu bereitwillig die Acht. Seine Söldner besetzten die Stadt. Zur Deckung der Kosten nahm Maximilian Donauwörth in Pfandbesitz und führte unverzüglich die Gegenreformation durch. All das verstieß gegen das Reichsrecht (das freilich zuvor schon die Donauwörther Zeloten gebrochen hatten).

Das Ereignis erscheint, gemessen an den großen europäischen Konflikten, als nebensächliche Affäre. Doch waren die Wirkungen außerordentlich. Unverzüglich, schon im Mai 1608, gründeten protestantische Fürsten als Reaktion darauf eine Allianz, die «Union». Im Gegenzug entstand 1609 die katholische Liga, in der Bayern das Wort führte; Bischof Heinrich ergänzte die himmlischen Heerscharen, die er ohnedies an seiner Seite wußte, um eine irdische Streitmacht von 4500 bis an die Zähne bewaffneten Söldnern. So traten Militärbündnisse an die Stelle des Reichstages, der sich als unfähig zur Lösung der aufgelaufenen Probleme erwies. Da auch die Reichsjustiz aufgrund konfessioneller und politischer Querelen blockiert war, rückte Gewalt als Mittel der Entscheidung in den Vordergrund.

Die Situation wurde durch den Umstand verschärft, daß Prag die Dinge treiben ließ. Am Kaiserhof fehlte eine Partei moderater «politiques», die dem kulturellen Kosmopolitismus, der auf dem Hradschin herrschte, entsprochen hätte.[17] Eine politische Linie, die der Räson der Denkschrift des Lazarus von Schwendi entsprochen hätte, gab es nicht. Der Kaiser zog sich in seine schöne Scheinwelt zurück. Wichtige Fragen blieben ungeklärt, Bittsteller und Botschafter mußten manchmal Monate warten, bis Rudolf zu empfangen geruhte.

Seit der Jahrhundertwende hatten sich im Kreis seiner Brüder Pläne verdichtet, Rudolf zu entmachten. Seine Krone war aber nicht nur von innen durch die Ansprüche der Erzherzöge bedroht, sondern auch durch Aufstände des ungarischen Adels. Es ging um politische Autonomie und Glaubensfreiheit; das waren Schlagworte, die auch unter den Ständen anderer habsburgischer Lande Widerhall fanden. Gefährlich wurden die ungarischen Unruhen nicht zuletzt deshalb, weil der Türkenkrieg fortdauerte und kaiserliche Truppen band. Im Oktober war das erst 1595 eroberte Gran wieder gefallen, osmanische Truppen standen vor der Festung Neuhäusel. Die Pforte schürte zudem den ungarischen Aufstand: Die Magyaren hätten eine Bindung an das in religiöser Hinsicht liberale türkische Regime der Bindung an das gegenreformatorische Habsburg vorgezogen.

So gerieten die Dinge außer Kontrolle. Der einflußreiche Wiener Bischof Melchior Khlesl, ein «Politique», drängte Rudolfs Bruder Matthias und die anderen Erzherzöge dazu, die Initiative zu ergreifen und die Situation zu bereinigen. Im geheimen einigten sie sich darauf, Matthias zum Oberhaupt des Hauses zu bestimmen. Von allen Seiten bedrängt, schloß der Kaiser mit den Ungarn Ende Juni 1606 den Frieden von Wien. Der Adel erhielt Autonomierechte, die protestantische Religion durfte frei ausgeübt werden. Die Hohe Pforte konnte zu einem Waffenstillstand gebracht werden. Rudolf ließ jedoch, des Wiener Friedens ungeachtet, seine Söldner weiter gegen die Ungarn vorgehen. Die Erzherzöge versicherten sich indes der Unterstützung der Stände Ungarns und Österreichs, zwangen auch Mähren an ihre Seite. Als Preis machten sie politische Zugeständnisse und gewährten auch einige religiöse Freiheiten. Truppen unter Erzherzog Matthias marschierten auf Prag.

Rudolf versuchte verzweifelt, seine Krone zu retten. Er tat es seinen Gegnern gleich und räumte den Ständen Autonomierechte ein. 1609 gewährte er den «Majestätsbrief», der den Böhmen als Magna Charta ihrer Freiheit bis heute in verklärter Erinnerung ist. Die Protestanten wurden den Katholiken gleichgestellt, durften sich «Defensoren» als Interessenvertretung wählen. In diesen Entwicklungen lagen große Chancen. Hätten Kaiser und Erzherzöge ihre allerdings nicht freiwillig begonnene Kompromißpolitik ernsthaft weiterverfolgt, der Konfliktstoff wäre womöglich entschärft worden. Aber es sollte anders kommen. Das System des Religionsfriedens war am Ende. Die konfessionellen Bündnisse standen bereit. Ein Funke würde genügen, um das Pulverfaß zur Explosion zu bringen.

Die poröse Struktur der Reichsverfassung mit ihren Hunderten von mehr oder weniger selbständigen Territorien und Städten bot den großen Mächten eine Fülle von Möglichkeiten, Bündnisse mit auswärtigen Mächten zu schließen und Vorteile aus der Situation zu ziehen. Schon während des Streits um die Erbfolge in Jülich, Cleve und einigen Nebengebieten wäre es ja beinahe zu einem europäischen Krieg gekommen:

DER KATASTROPHE ENTGEGEN

Heinrich IV. von Frankreich war im Begriff gewesen, militärisch in das Geschehen einzugreifen. Damals war es paradoxerweise die Tat eines katholischen Fanatikers, des Laienbruders François Ravaillac, die den Krieg verhinderte. Er ermordete Heinrich IV. Es waren zwei tödliche Dolchstiche gegen die Toleranz, aber sie verhinderten das Eingreifen Frankreichs in den Erbfolgestreit. Ein solcher Schritt hätte unzweifelhaft Spanien und dann auch andere Mächte, etwa die Niederlande, auf den Plan gerufen. Der große Krieg wäre schon jetzt, 1610, ausgebrochen.

In Prag vollendete sich zu dieser Zeit das Drama Kaiser Rudolfs. Der hatte die für den erwarteten Waffengang am Niederrhein geworbenen Truppen nicht abgedankt; er versuchte, die von seinem Vetter Erzherzog Leopold befehligten Söldner nun gegen die Brüder ins Feld zu schicken. Doch verhinderte Geldmangel wirksame Aktionen. Die Soldateska fiel in Böhmen ein, um sich gewaltsam zu holen, was die kaiserlichen Kassen nicht freiwillig hergaben. Ende Februar 1611 besetzte das «Passauische Kriegsvolk» die Prager Kleinseite. Rudolfs Hoffnung, sie ließen sich gegen die widerspenstigen Stände, die sich jenseits der Moldau versammelt hatten, einsetzen, war illusorisch. Die Stände riefen Erzherzog Matthias zur Hilfe, die Passauer suchten das Weite. Rudolf wurde zur Abdankung gezwungen, allein ein paar leere Titel ließ man ihm. Er starb am 20. Januar 1612. Seine letzte Ruhestätte fand er im Veitsdom. Die Kurfürsten wählten noch im selben Jahr Matthias zum Nachfolger. Als Residenzort entschied er sich für Wien, das nun endgültig zur Kaiserstadt wurde. Rudolfs Kunstsammlungen wurden in die Hofburg verbracht, und mit ihnen gelangten auch einige der schönsten Arbeiten David Altenstetters nach Wien, wo sie bis heute aufbewahrt werden.

Matthias' Aufstieg brachte den Bischof und späteren Kardinal Khlesl zu Macht und Einfluß. Als Direktor des Geheimen Rates bestimmte er in den folgenden Jahren die Politik des Kaisers mit. Es gelang Khlesl, den jülich-clevischen Erbfolgestreit gegen den Widerstand der «Falken» im kaiserlichen Rat zu beenden. Auch festigte er die Stellung der Krone gegenüber den erbländischen Ständen. Seine Versuche, mit den Protestanten zu Kompromissen zu gelangen, scheiterten, nicht zuletzt am Widerstand der katholischen Fundamentalisten in den eigenen Reihen. Die Niederlage Khlesls war besiegelt, als sich das Haus Habsburg darauf verständigte, Erzherzog Ferdinand von Innerösterreich, einen frommen, prinzipienfesten Katholiken, als Kandidaten für die Nachfolge im Kaisertum vorzusehen. Die spanischen Verwandten wurden mit der Aussicht auf habsburgische Besitzungen im Elsaß abgefunden. Resultat der Umwälzungen jener Jahre, des von Grillparzer dramatisierten «Bruderzwists», war eine enge, im Resultat unheilvolle Allianz zwischen den beiden Linien Habsburgs.

Als am 18. Mai 1618 die böhmischen Putschisten die Statthalter des Kaisers aus einem Fenster des Hradschin warfen und damit das Zeichen zum Aufstand gaben, stürzte auch der letzte «Politique» am Kaiserhof. Matthias ließ Kardinal Khlesl in Schloß Ambras gefangensetzen. Die Stunde der «blutigen Hähne» war gekommen. Sie sollte drei Jahrzehnte währen.

Damit war genau die Situation eingetreten, die Lazarus von Schwendi ein halbes Jahrhundert zuvor vorausgesehen hatte. Die Armeen setzten sich in Marsch. Ihre Anführer, Protestanten wie Katholiken, zogen mit der Gewißheit in den Krieg, Gottes Segen liege über den eigenen Musketen. Noch deckten sich religiöse und politische Ziele: Die Stände der habsburgischen Länder stritten für politische Autonomie und für Glaubensfreiheit zugleich, der Kaiser verteidigte die Macht der Krone und die alte Religion.

EIN DEUTSCHER TOTENTANZ

Der Dreißigjährige Krieg wurde für Deutschland zum Krieg aller Kriege. Die Augsburgerinnen und Augsburger mußten den bitteren Trank bis zur Neige schmecken.[18] Es war, als stürmten die apokalyptischen Reiter, die ein Holzschnitt der Koberger-Bibel zeigt (Abb. 65), über ihre Stadt. Zuerst stellte sich die Teuerung, die «Kipper-und-Wipper-Inflation», ein und verbrannte die Sparvermögen; dann zog die Pest durch die Gassen, schließlich kam der Krieg selbst. Die Prophezeiung des Kometen, der 1618 bedrohlich glitzernd über den Nachthimmel zog und die Chronisten ängstigte (Abb. 66), erfüllte sich. Gerade noch hatten die Augsburger ihr neues Rathaus, dessen mächtiger Bau wie eine trotzige Bekundung alter Größe wirkt, fertigstellen können. Der Krieg war in seinem zweiten Jahr, als die Werkleute des Architekten Elias Holl Dach und Türme schlossen.

Abb. 66 Der Komet von 1618 über Augsburg. Radierung von Wilhelm Peter Zimmermann, um 1618. Augsburg, Kunstsammlungen und Museen, Graphische Sammlung (G 9562)

Nachdem Kaiser Ferdinand II. 1629, auf der Höhe seiner Macht, das Restitutionsedikt verhängt hatte, sollte Augsburg ganz katholisch werden. Musketiere mit brennender Lunte am Gewehr standen Spalier, als selbst evangelische Waisenkinder in die Obhut der Katholiken überführt wurden. Städtische Bedienstete, die nicht konvertierten, mußten ihre Ämter quittieren, die protestantischen Prediger wurden entlassen. Es schien, als wollte Ferdinand seinen ketzerischen Untertanen nun auch noch den Himmel verrammeln.

Das Edikt war ein letzter Triumph des Glaubens über die Staatsräson. Kurz darauf erfolgte der Umschwung. Nach seinem Siegeslauf durch das Reich besetzte der Schwedenkönig Gustav Adolph im April 1632 auch Augsburg. Für die Einwohnerschaft brachte das fürs erste die Befreiung der Gewissen. Manche waren so erleichtert, daß sie ihre Kinder auf den Namen des Königs, des «Löwen aus Mitternacht», taufen ließen. Aber Kontributionen drückten, und vom Aufwerfen der Schanzen wurden den Bürgern die Rücken krumm. Bald zeigte sich, daß die Söldner des Befreiers nicht besser waren als andere ihresgleichen. Sie verstanden es ebensogut, wie ein Zeitgenosse sarkastisch meinte, aus Jungfrauen Weiber zu machen, und die Taler in den Truhen der Bürger liebten sie mehr als ihr Seelenheil. Trotzdem war auch am Lech die Trauer unter den Protestanten groß, als in der Lützener Schlacht die Pistolenkugel eines Wallensteinschen Reiters dem Heldenleben Gustav Adolphs ein jähes Ende setzte.

256 DAS FASTNACHTSSPIEL GOTTES

Abb. 67 Hungersnot in Augsburg, 1634/35. Kupferstich von Gottfried Eichler d. J., aus Paul von Stetten, Erläuterungen der in Kupfer gestochenen Vorstellungen, aus der Geschichte der Reichsstadt Augsburg. In historischen Briefen an ein Frauenzimmer, Augsburg 1765, S. 155

Im Herbst 1634 traf der Krieg Augsburg mit voller Wucht. Nach der schwedischen Niederlage in der Schlacht bei Nördlingen bezogen bayerische und kaiserliche Truppen vor der Stadt Stellung. Obwohl die Lebensmittel zur Neige gingen und es keine Hoffnung auf Entsatz gab, entschloß sich der Rat, getrieben von protestantischen Hardlinern und unter dem Druck der schwedischen Militärs, standzuhalten. Enger und enger zog sich der Belagerungsring um die Mauern. Der Symbolort der Lutheraner, die Stadt, die ihrer Konfession den Namen gegeben hatte, sollte fallen.

Mit dem Winter kehrte Bruder Hunger zurück. Am Ende sollen sich die verzweifelten Leute von Hunden, Katzen und Mäusen ernährt haben (Abb. 67). In abgelegenen Winkeln der Stadt kochten sie den Hungerleichen das graue Fleisch von den Knochen, würgten es hinunter. Die Leiber der Lebenden – so ein Augenzeuge, der Pfarrer Johann Georg Mayr – seien da zu Gräbern der Toten geworden. Den entsetzten Totengräbern quollen aus überfüllten Massengräbern halbverweste, stinkende Körper entgegen, wenn sie neuen Leichen Platz zu schaufeln versuchten. Es war der furchtbarste Winter, den Augsburg in seiner zweitausendjährigen Geschichte durchzumachen hatte. Als man sich im März 1635 ergeben mußte, zeigte eine Zählung, daß von ursprünglich 45 000 Einwohnern nicht einmal die Hälfte überlebt hatte. Mit den abziehenden schwedischen Söldnern muß, beiläufig bemerkt, auch ein Meisterwerk Altenstetters, der heute in Njutånger befindliche Pokal, Augsburg verlassen haben.

Die Kraft der Stadt war gebrochen, die Leiden aber dauerten an. Frankreich, das von einem Kardinal dirigierte Land des «allerchristlichsten» katholischen Königs, trat nun offen in den Krieg gegen den Kaiser ein. Erwägungen der Macht ließen das religiöse Gewissen verstummen: Katholiken schlachteten Katholiken, Protestanten Protestanten. Was in den Heeren, die sich wie feuerspeiende, blutsaufende Ungeheuer durch Deutschland wälzten, geglaubt wurde, war längst gleichgültig geworden. Gott, so schien es, thronte in seiner Glorie im fernen Empyreum und ließ den Dingen in der Welt ihren Lauf.

Der Krieg erstickte am Ende an sich selbst. Sogar der glaubensstarke Bayernherzog Maximilian suchte nun den Frieden um jeden Preis, am Kaiserhof setzten sich die Pragmatiker gegen die Gotteskrieger durch. Im entvölkerten Land lagen die Äcker brach, Soldaten, Troß und Pferde fanden nichts mehr zu beißen. Vor allem aber waren die Kassen der Kriegsfürsten leer. Damit fehlte das Geld, der Nerv der Dinge, der den siechen Krieg nur mit Mühe zu letzten Konvulsionen anzustacheln vermochte. Immerhin hatte Augsburg 1646 nochmals eine Belagerung und Beschießung – diesmal durch die alten schwedischen Freunde – auszuhalten.

1648 war der Frieden unter Dach und Fach und der «Mars im ars», wie ein Flugblatt grobianisch triumphierte. Die Unterhändler von Augsburgs lutherischer Bürgerschaft hatten auf dem Westfälischen Friedenskongreß erreichen können, daß in ihrer Stadt beide Konfessionen gleiche Rechte erhielten. Die Erleichterung darüber war so groß, daß die Protestanten, zum ersten Mal 1650, ein «Friedensfest» feierten, das sie nun von Jahr zu Jahr wiederholten.

Die Tradition hält bis heute. Am 8. August, dem Tag, an dem in Vollzug des Restitutionsedikts die lutherischen Prediger ausgewiesen worden waren, wird in Augsburg gesetzlicher Feiertag gehalten. Er könnte auch der Erinnerung an ein paar friedliche, aufrechte Leute dienen, die schon Jahrhunderte zuvor für Religionsfreiheit geredet hatten – als es noch nicht billig war und Sache von Sonntagsreden, Toleranz zu loben, sondern lebensgefährlich: Zu erinnern wäre etwa an Erasmus und Franck, an Paracelsus und Castellio; auch an einige geringere Geister, Menschen, die, wie Altenstetter und seine Freunde, die Botschaften des Evangeliums ganz einfach ernst genommen hatten. Der deutsche Krieg war auch ihre Niederlage gewesen.

ALTENSTETTERS EPITAPH

Altenstetter hat nicht mehr erleben müssen, wie in seiner Stadt und im Heiligen Römischen Reich die Lichter ausgingen. 1617, es heißt: im August, ist er gestorben. Über die Umstände seines Todes wissen wir nichts, nicht einmal das genaue Datum ist überliefert. Vielleicht hat Schwiegersohn Adolf Occo das Mögliche versucht, den Sensenmann nochmals in die Schranken zu weisen; von den Freunden könnte auch Dr. Widemann, der ja ebenfalls Arzt war, geholfen haben. Der Paracelsist hatte damals noch ein langes Leben vor sich. Er wird erst 1637 das Zeitliche segnen; seine späten Jahre sollte er in Armut verbringen. Was aus Altenstetters Familie wurde, ist unbekannt. Die Quellen, selbst die sonst so redseligen Steuerbücher, verfallen mit dem Tod des Goldschmieds in Schweigen.

Gönnen wir ihm ein gutes Ende, einen Tod, der, anders als heute, nicht aus dem Leben verbannt war. Lassen wir, wie es zu seiner Zeit üblich war,[19] das Sterbeglöcklein von der nahen St. Georgs-Kirche läuten, die bestürzten Nachbarn herbeieilen, Tochter Katharina, Gattin Susanna. Die Familie wäscht den Leichnam, jemand streift ihm das Totenhemd über; man schart sich um das Lager, entzündet eine Kerze. Freunde und Angehörige murmeln Gebete. Der Körper des Alten sollte nun den friedlichen Zustand der Seele spiegeln, die man sich jetzt, da der Leib nicht mehr war, in tiefem Schlaf versunken dachte.[20] Ob Totenwache gehalten wurde? An vielen lutherischen Orten war dieser alte Brauch unterdrückt worden.

Nach zwei, drei Tagen wird der tote Goldschmied auf einer mit schwarzem Tuch bedeckten Bahre oder im Sarg zum Grab getragen. Die Handwerksgenossen sind gekommen. Wie immer, wenn einer der Ihren zu begraben ist, erweisen sie ihm Ehre, bekunden, daß er dieses wichtigste Gut des Bürgers, des Handwerkers bis in den Tod bewahrt hat. Auch Frau und Tochter, Freunde, Verwandte und Nachbarn schreiten, nach Ge-

Abb. 68 St. Salvator in Augsburg. Ausschnitt aus der Stadtvedute von Matthäus Merian, 1616

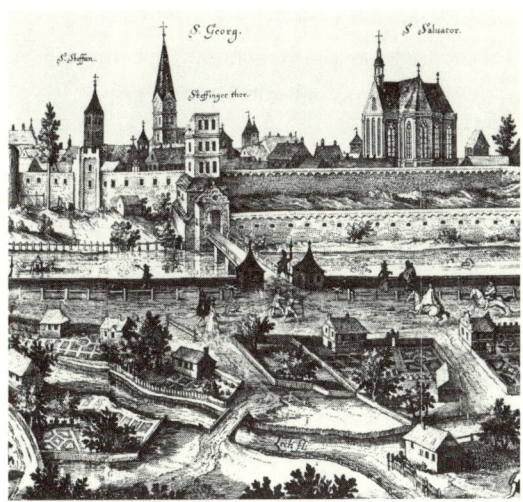

schlechtern getrennt, im Leichenzug mit. Vielleicht tragen sie Altenstetter ein mit dunklem Flor behängtes Kruzifix voraus und Fackeln.

Er wird hinübergebracht zum nahen St.-Stephans-Gottesacker an der Lueginsland-Bastei.[21] Der lutherische Pfarrer nimmt die Aussegnung vor; seine Leichenpredigt läßt nochmals das Leben Revue passieren. Der Name «Schwenckfeld» fällt darin gewiß nicht. Daß da ein gottesfürchtiger Mann der Erde anvertraut wird, ruft ihm der Pfarrer wohl schon hinterher, nicht wissend, daß das in diesem Fall mehr als konventionelles Lob bedeutete. Dann wird der Tote in die Grube gesenkt. Letzte Gebete, Hymnen, die dünnen Stimmchen des Schülerchors ... schließlich das vertraute Vaterunser. Der Pfarrer betet vor, mit lauter, fester Stimme, manche sprechen mit, einige bewegen nur die Lippen. Haben sich nur Lutheraner am offenen Grab versammelt oder auch ein paar «Abweichler»? Begraben sie nun wirklich einen Anhänger der Augsburgischen Konfession oder einen Nikodemiten, einen heimlichen Schwenckfelder? Egal, die alten Worte gehören ja den Toten aller Konfessionen.

Einem Ketzer hätte man ein ehrliches Begräbnis verweigert. In aller Stille, ohne Geläut und womöglich nachts wäre er bestattet worden. Die Seelen der Selbstmörder, der Verbrecher, der Ketzer mochten sehen, wo sie blieben. Manche erhielten ein «Eselsbegräbnis»; ihre Körper wurden an einer Kreuzung vor der Stadt einfach ausgesetzt, Beute der Raben und streunender Köter. Es ging die Rede, die Seelen dergestalt «unehrlich» Bestatteter gingen um, suchten die Lebenden heim.[22] Ein so schlimmes Ende wurde dem Leib Altenstetters erspart.

Der Gottesacker, auf dem er nun seine letzte, ehrsame Ruhe fand, war ein von Bäumen beschatteter Friedhof innerhalb der Stadtmauern. Er wird den Protestanten nach dem Westfälischen Frieden erhalten bleiben. Sie überließen dafür den Altgläubigen die «Finstere Gräbd» unweit des Domes, die zunächst auch Protestanten aufgenommen hatte.

Der Stephans-Friedhof ist heute nicht mehr erhalten. Nach der Säkularisation wurde er aufgelassen. Die spätgotische Salvator-Kapelle (Abb. 68), die sein Zentrum gebildet hatte, nach 1648 aber für Gläubige beider Konfessionen gesperrt war, wurde abgetragen. Wer auf dem Gottesacker einst begraben lag, wissen wir dank der Bemühungen eines Schulmeisters namens Daniel Prasch, der die Passion hatte, sich auf Friedhöfen, in Kirchen und Kreuzgängen herumzutreiben, um dort Grabinschriften zu kopieren. Das Ergebnis seiner Mühen, die «Epitaphia Augustana», erschien zwischen 1624 und 1626 im Druck. Praschs Sammeleifer hat eine geistesgeschichtliche Quelle hohen Ranges generiert: drei in Pergament gebundene Bände. Eine Art «Who's who» der städtischen Oberschicht, enthalten sie sinnige Sprüche, letzte Präsentationen von Ruhm und Verdienst jener, die in Augsburgs Erde dem Jüngsten Tag entgegenmodern.

Die Hoffnung, Altenstetters Grabinschrift darin zu finden, ist gering. Er war ja nur ein Handwerker, kein Finanzmogul oder Patrizier. Dann die Überraschung: Im Register des dritten Bandes ist vermerkt, daß «Altenstetter, David» auf Seite 54 vorkommt. Was für ein Motto mag er sich für sein Epitaph gewünscht haben? Wie wohl lauten die Schlußworte, die er für sich selbst wählte, schon im Schatten des Todes?

An der angegebenen Stelle ist unser Mann tatsächlich erwähnt. Prasch teilt hier die Inschriften auf einer Tafel, die in der Salvatorkirche angebracht war, mit. Sie erinnerte an die Goldschmiede, die nahebei bestattet worden waren, und bietet den Beleg dafür, daß Altenstetter ein ehrliches Begräbnis nicht verweigert worden war. Aber da findet sich kein Grabspruch, stehen keine rühmenden Sätze für einen der Großen seines Handwerks und einen aufrechten Ketzer und Christenmenschen, sondern nur die Worte «DAVID ALTENSTETTER»: Der Name. Sonst nichts.

ANHANG

ANMERKUNGEN

I PROLOG: VON KANNIBALEN UND INQUISITOREN

1 Das Folgende nach Mauer 216, 222f. | 2 Stetten, I, 707. | 3 Ebd. 223, Anm. 126; nach Urg. K 89, Kaspar Kraus, 2./4.5.1588. | 4 Ebd. Die weiteren Unterzeichner sind Wilhelm Heckenauer, Abraham Pfleger und Hartmann Maulbronner. | 5 StadtAA, Strafbücher 1596–1605, fol. 65v. | 6 Grimm 24, 2425–2427; Erler V, 571. | 7 Mauer 213. | 8 Hernmarck 283.

II WANDERJAHRE

1 Urg. 179; Roeck 1996, 104–109. | 2 StadtAA, Hochzeitsamtsprotokolle 2, 1569–1575, fol. 184b. | 3 Zum Folgenden Livet 87–103. | 4 Brady 28f. | 5 Wallace 16, mit weiterer Lit. | 6 Greyerz 1980, 84–90. | 7 Schipperges 30. | 8 Im Verhör von 1598 gab er sein Alter mit 48 Jahren an, was auf das Geburtsjahr 1550 verwiese. 1610 wird er sein Alter auf 63 Jahre beziffern: StadtAA, Schätze 37/I, fol. 233; 1615 hat er sich dann wieder zum 60jährigen verjüngt: Schätze 37/II, fol. 229. Für das Geburtsjahr 1547 spricht, daß seit 1563 ein Mindestalter von 25 Jahren für die Ablegung der Meisterprüfung vorgeschrieben war, die Altenstetter 1573 absolvierte. | 9 Wertz 63, Nr. 587. | 10 Zur Besitzgeschichte des Hauses: Scherer 263. Für das Haus war ein Zins von 1,5 Gulden an das städtische Spital zu entrichten. | 11 Hier findet man ihn von 1545 an: Archives de Colmar, CC 152, Gewerff-Buch von 1545, Steuerbezirk «Dietrich Walchs Ort»: fol. 50v.; 1546: 53v.; 1548: 52v., 1549: 55r.; 1552: 42v.; 1553: 41r.; 1554: 39v.; 1555: 40r.; 1556: 39v.; 1557: 37r.; 1558: 33v.; 1559: 33v.; 1560: 31r.; 1561: 25v. | 12 Freundliche Mitteilung von Francis Lichtlé, Archives de Colmar. | 13 Knepper 233. | 14 Zusammenfassend Schulz 23. | 15 Archives de Colmar, CC 152, 1545, fol. 60v. (Bezirk «Hindern Chor»). | 16 Im Gewerf-Buch von 1562 ist er nicht mehr verzeichnet; vgl. auch Wertz 99, Nr. 938, wo zu 1562 «Caspar Altenstetters Erben» als Bewohner des Hauses genannt werden. | 17 Ab 1562 sind im benachbarten Bezirk «Zum Haupt» «Caspar Altenstetters Kinder» vermerkt (1562: fol. 44r.; 1563: 40r.; 1564: 44r.; 1565: 42v.; 1566: 38r.; 1567: 44r.; 1568: 40v.). | 18 Offenbar orientierte man sich in Colmar an den Goldschmiedeordnungen von Straßburg und Freiburg: Archives de Colmar, HH 87, Nr. 9: «Ordnung der Goldschm[iede] Der Statt Straßburgk» (1533, Nov. 8); hier auch die Freiburger Ordnung von 1546. | 19 Schulz 270f. | 20 Wissell I, 301. | 21 Quellen, die eine Präsenz Altenstetters bezeugen, haben sich dort allerdings bisher nicht finden lassen. Eine schwache Spur führt nach Schaffhausen; vgl. S. 109. | 22 Lenk 99. | 23 Montaigne 1963, 91. | 24 Schommers 40f.; Stellung der Geschaumeister: HWA/G fasc. 38, Goldschmiedeordnung 1549, Art. VIII. | 25 Rathke-Köhl 9. | 26 Schommers 39. | 27 RA, 52a, 117v. | 28 HWA/G fasc. 5, fol. 328v.-329v. (10.2.1609). | 29 Seling I, 33f.; Roeck 346. | 30 Behringer 434. | 31 Camporesi 210. | 32 Daß Altenstetter 1567 in Augsburg

anlangte, wird aus einer Ratsentscheidung von 1555 (HWA/G fasc. 38) gefolgert, nach der auswärtige Goldschmiede sechs Jahre lang das Handwerk ausgeübt haben mußten, bevor sie zu den Meisterstücken zugelassen wurden. | 33 Camporesi 232. | 34 Roeck 806.

III GOLDSCHMIED IN EISERNER ZEIT

1 Senn 58f. | 2 Baader 64f. | 3 Ebd. 430. | 4 Behringer 436. | 5 Camporesi 18; Kreuter 2006/07, 142. | 6 Behringer 436. | 7 Landsteiner. | 8 Welser III, 118f., 125, 127f. | 9 Camporesi 95f. | 10 Roeck 157. | 11 Welser III, 128. | 12 Camporesi 161f. | 13 Urban 36. | 14 Weiss 124f. | 15 Das Folgende nach der Goldschmiedeordnung von 1549 (Art IV,V) und Ergänzungen, in: HWA/G fasc. 38; am 9. März 1555 wurde die Frist für Auswärtige auf sechs Jahre verlängert (ebd.). S. auch Stetten II, 627, und Seling III, 25. | 16 WiU II, 328. | 17 Das Folgende nach StadtAA, Anschläge und Dekrete; Roeck 1985, 41f. Zum Begriff «Stuelfest»: Grimm 20, Sp. 353f. | 18 StadtAA, Hochzeitsamtsprotokolle, 1574, fol. 240a. | 19 Zu den Verflechtungen der Thenn Reinhard s. Index; Roeck 715f. Wahrscheinlich besteht auch eine Verbindung zu dem Goldschmied Lorenz Thenn; vgl. S. 165. | 20 Bossy 20–26. | 21 Krautwurst 389. | 22 Montaigne 1963, 97. | 23 Zeeden 1968, 347f. | 24 Bossy 22. | 25 Roper 125f.; Tlusty 108. | 26 StadtAA, Hochzeitsamtsprotokolle 2, 1569–1575, fol. 184 b. Bei der Hochzeit waren «Wegen Handtwerckhs: oder anderer gerechtigkeit ordentliche Schein von den Vorgeheren, so darüber verordnet» aufzuweisen: Nach Paris, Ämterbesetzung, «Observantia bey der Hochzeitordnung», unfoliiert. S. auch Weiss 125. | 27 Von 1569 an ist im Colmarer Gewerf-Buch von «Caspar Altenstetters son» die Rede: 1569: fol. 37v., 1570: 40v.; 1571 und 1572: 40v.; 1573: 41v. (hier ist das Wort «sun» aber durchgestrichen). | 28 StB 1583, fol. 28a. | 29 Siegert 23. | 30 Die Beziehung läßt sich zusätzlich durch den schon erwähnten Eintrag im Hochzeitsbuch belegen. StadtAA, Hochzeitsbücher, 1574, fol. 240a: Clement Jäger heiratet Anna Maria, die Witwe des Metzgers Caspar Thenn. Beistand ist Altenstetter, zusammen mit Gilg Jäger; die Bürgen sind ein nicht näher identifizierbarer Hieronymus Weber und der Goldschmied Hans Friderich. | 31 Roth 1926/27; Stadtlexikon 533f. (Peter Geffcken); Rohmann 24f. Anna Jäger muß 1583 um die 80 Jahre alt gewesen sein. Sie hatte Clemens Jäger 1526 geheiratet: Roth 1926/27, 7. | 32 Ebd. 50–53. | 33 Wegen der Namensgleichheit von Sohn und Vater Jäger ist nicht auszuschließen, daß die im Steuerbuch von 1581 erwähnte Witwe die Gattin Clemens Jägers d. J. war. 1583 begegnet der Eintrag «Clement Jägers Witwe» dreimal, Clemens Jäger selbst kommt nicht mehr vor. Er ist allerdings auch im Steuerbuch von 1575 nicht vermerkt. | 34 Roth 1926/27, 63. | 35 Ebd. 65, Anm. 2. Gilg Jäger ist 1575 mit einer Steuerleistung von 45 kr. verzeichnet (Bezirk «Vom Zimmerleuth Haus»; StB 1575, fol. 86b); 1574 bezahlt er 1 fl., ebenso 1590 («Krottenaw»). 1597 entrichtet er die Habnit-Steuer («Vom Nagengast»), 1604 gibt er im selben Bezirk 15 kr. | 36 StB 1575, fol. 9b. | 37 1575 gibt er 4 fl. 15 kr. Steuer (Bezirk «Hindern Predigern», fol. 70b). Über ihn Saur 453f. | 38 Steuerleistungen: 1575 1 fl. 45 («Vom Diepolt», 82b), 1590: 4 fl. («Am Judenberg», 75a), 1597: 5 fl., 1604: 10 fl., 1611: 6 fl. | 39 Nämlich 1603; T/B 30, 592; WiU II, 378; s. S. 89; 1612 versucht er, seinem Sohn eine Meisterstelle zu verschaffen: HWA/G fasc. 4, fasc. 5, 17.1.1612. | 40 Welser III, 108. | 41 S. auch Mutschelknauß 113f. | 42 HWA/G fasc. 6, fol. 240r.: Hier ist von ca. 200 Handwerksgenossen die Rede, von denen der größere Teil ohne Arbeit sei; s. auch Weiss 66f. | 43 Roeck 425, Anm. 432; auch HWA/G fasc. 38, 13.10.1571. Wer eine Goldschmiedewitwe oder eine Meisterstochter heiratete, sollte nur vier Jahre warten müs-

ANMERKUNGEN 263

sen. | 44 Seling III, 25. 1602 wurde der Numerus clausus wieder etwas gelockert: Nun durften acht Gesellen die Meisterprüfung machen. In Nürnberg waren die Regelungen noch strenger: Mutschelknauß 60. | 45 Archives de Colmar, HH 87, Nr. 9: «Ordnung der Goldschm[iede] Der Statt Straßburgk» (1533, Nov. 8), «Von Gesellen haltten». | 46 Zahlreiche Beispiele bei Weiss; für Nürnberg: Mutschelknauß 155–178. | 47 HWA/G fasc. 3, 358v. | 48 Weiss 107. | 49 Überblick bei Kellenbenz 287f. | 50 Roeck 916, 932. | 51 Vgl. den Ratsentscheid vom 20.7.1617: HWA/G, fasc. 38, Sammlung von Ratsdekreten für das Goldschmiedehandwerk, bezeichnet «1681», fol. 31. | 52 Scherer 263. | 53 Weiss 48.

IV DAS UNBEKANNTE MEISTERWERK

1 StB 1575, fol. 82a. | 2 Clasen 1976, 8f.; auch Stadtlexikon 854–857. | 3 Ein Goldgulden wurde zu 75 Kreuzern gerechnet, ein Rechnungsgulden zu 60 Kreuzern; 1602 wurde das System auf den Rechnungsgulden umgestellt. | 4 Clasen 1976, 25. | 5 Dirlmeier 95. | 6 Ebd. 404. | 7 Weiss 165. | 8 1618 sind zwölf Goldschmiedehaushalte in diesem Steuerbezirk nachweisbar: Roeck 914. | 9 Seling III, Nr. 864e. Die Zuschreibung der Applikation an Altenstetter erfolgt aufgrund stilkritischer Erwägungen; sie ist unsicher. Möglicherweise liegt eine Verwechslung mit Andreas Attemstett vor, dessen Mitarbeit an Albrechts Hausaltar indes auch nicht belegt werden kann: Krempel 139f. | 10 Stetten 1779, 466–468. | 11 BayHStA, Fürstensachen 424/I, fol. 170. | 12 In der Quelle erhält Altenstetter den Vornamen «Georg». Einen Goldschmied dieses Namens kennen die Augsburger Quellen aber nicht. Vgl. unten, Anm. 27. | 13 Selbst die 5010 Gulden machten vielleicht nicht die gesamte Summe aus. Es handele sich um ein Conto «vor vnd außer deßelben [also Drauschs] Haupt=Rechnung» (fol. 170r.). Die darin aufgeführten Beträge verzeichneten, was «allen dreyen (*vber das jehnige was ain ieder von Jme Drauschen zue underschidlichen malen empfangen*) Jnen hernach den Rest höchsternannte ire Fürstl. Dr. den 29. Marty Anno 1586 bezallen haben lassen». | 14 Über ihn grundlegend: Lietzmann. | 15 Ebd. 25. | 16 Ebd. 27. | 17 Ebd. 141. | 18 Baader 255. | 19 Ebd. 254. | 20 Z. B. Lietzmann 235. | 21 Ebd. 54, Anm. 179; Baader 256f.; auch Weiss 338–355. | 22 Auch diese Summe ist in den Abrechnungen der Hofkammer nicht vermerkt, sie findet sich an anderer Stelle; die Quelle vom 2.3.1577 ist ediert bei Lietzmann 213. | 23 Bachtler 323. | 24 Krempel, 159, spricht von einem der Prager Hofwerkstatt vergleichbaren Kreis. | 25 Lietzmann 74f., Anm. 306. | 26 Ebd. | 27 BayHStA, Kasten Schwarz, 13 221, Nr. 22. Diesmal hat er den richtigen Vornamen: «Dafidt aldten schetter». Der mögliche Zusammenhang zwischen der Zahlung und dem bei von Stetten genannten Projekt fiel auch Lietzmann auf (74). | 28 Roeck 347; Seling I, 34. | 29 Lietzmann 73. | 30 Baader 199. | 31 Er behauptete, ihnen 2159 Gulden gegeben zu haben; die Münchner Bürokratie errechnete später eine etwas geringere Summe, nämlich 1715 Gulden 42 Kreuzer. Vgl. die folgende Anmerkung. | 32 BayHStA, Fürstensachen, 424/I, fol. 170. Eine spätere Abrechnung gibt seinen Anteil mit 658 Gulden an: Lietzmann 246. | 33 Ebd. 79. | 34 Ebd. 141. | 35 Ebd. 144f.

V EINE WELT, GEGRÜNDET AUF DEN WIND

1 Stuttgart, Staatsgalerie, Graphische Sammlung, Nr. A 61 554 und 61 555; WiU II, 240–242. | 2 Über Delaune: Wanklyn 1990; Bjurström. Den Verdacht, die Familie Altenstetter könnte Straßburger Wurzeln haben, bestätigen die Straßburger Bürgerbücher nicht

(vgl. Quellenverzeichnis). | 3 Wagner 170. | 4 HWA/G fasc. 38, Goldschmiedeordnung von 1549, Art. IX. | 5 Seit 1556: Weiss 119. | 6 Wanklyn 2003. 1552 arbeitete er für kurze Zeit an der königlichen Münze. | 7 Er wagt es aber doch, ganz offen Mönche zu verspotten: Wagner 171. | 8 Mauer 153. | 9 Mauger 623f. | 10 Ebd. 624. | 11 Montaigne 1963, 95. | 12 Roeck 136. | 13 Ebd. 154, 189. | 14 Scribner 32–47. | 15 Mauer 47. | 16 Ebd. 260. | 17 Vocelka; zu Augsburg: Stetten 748 (April 1598). | 18 Yates 1979, 101f.; Evans 19. | 19 Foucault 1981, 56f.; Schipperges 117–124. | 20 Urban 89. | 21 Z. B. Goldammer 1986, 222f.; ders. 1991, 54; Douglas 1993, 163. | 22 Thomas 475. | 23 Ebd., auch 550. | 24 Bossy 29. | 25 Zeeden 1985, 94f.; Thomas 267, 271, 378f.

VI JENSEITS DES CHAOS: ALLTAGE UND FESTTAGE

1 Montaigne 1963, 79f. | 2 Tlusty 121f. | 3 Camporesi 125. Zum Folgenden 126f. | 4 Burke 1973. | 5 Camporesi 166f. | 6 Thomas 129f. | 7 Mauer 277–280. | 8 Nahrstedt. | 9 Weiss 163. | 10 Goldammer 1986, 198. | 11 Montaigne 1963, 94. | 12 Stetten I, 714. | 13 Lieb 313; Bächtold-Stäubli 7, 530–532. | 14 Tlusty 223. | 15 Urg. 1598, David Altenstetter etc. | 16 StB 1583, fol. 28a. | 17 Kilian-Plan von 1626: Nr. 81. | 18 Lieb 1958, 286; Stein 136–139. | 19 Ebd. 203–209. | 20 Ebd. 211. | 21 1618 lag die mittlere Steuerleistung hier bei 22 kr. (Roeck 1060); zum hohen Weberanteil s. 505 (Karte). | 22 So seine Aussage im Verhör; Urg. 1598, David Altenstetter etc.

VII FREUNDE, FEINDE, AUFTRAGGEBER

1 Lietzmann 160f. und Dokument 15. | 2 Am 29.3.1586; Lietzmann 246. | 3 BayHStA, Fürstensachen, 424/I, fol. 170v. | 4 Lietzmann 172f. (auch zum Folgenden). | 5 Ebd. 180. | 6 Nach Weiss 32; anders Paris 142; auch HWA/G fasc. 3, fol. 335. Das Handwerk schlug einige Kandidaten vor, von denen der Rat dann einen zum Vorgeher ernannte. So heißt es fol. 261r.: «David Altenstötter guet» (Lesart nicht ganz sicher). | 7 StB 1590, fol. 98d. Da es sich vermutlich um ein Vermögen handelte, das mit einem Viertelprozent zu versteuern war (Clasen 1976, 8), muß es über 11 000 fl. betragen haben. | 8 StadtAA, Schätze 194a, fol. 23r./v., und HWA/G fasc. 38, 26.8.1553; zu Nürnberg Mutschelknauß, 94–96. | 9 HWA/G fasc. 3, fol. 408. Sein Nachfolger wird Carl Örttel. | 10 Ebd., fol. 492: als Nachfolger Georg Siebenbürgers, 11.9.1590; ebd., fasc. 4, fol. 139, 1592, 2.8. (Nachfolger war Anton Schweikhlin). | 11 WiU II, 402f. | 12 Zu 1604: Roeck 260f.; zu Nürnberg: Mutschelknauß 10f. | 13 Ebd. 246f. | 14 HWA/G fasc. 3, fol. 353–371 (22.10.1588–14.1.1589). | 15 London, British Museum, C. O. Morgan Collection, 88, 12–1, 130. | 16 HWA/G fasc. 3, fol. 128v. | 17 Merzbacher 84. | 18 Er hatte damit recht, wie eine Prager Abrechnung zeigt: Für die Uhr, die er mit Hans Schlothaim für den Prager Hof fertigte, erhielt Altenstetter 200 fl., während der Uhrmacher sich mit 139 fl. 40 kr. begnügen mußte (RA, 52a, fol. 26r.). | 19 WiU II, 284; StadtAA, Baumeisterbücher, 1589/90, fol. 119. Er erhält am 6.8.1589 3 fl. 28 kr., um einen vergoldeten Silberbecher Bartholme Fesenmairs als Hochzeitsgeschenk für den Stadtvogt mit dem Stadtpyr zu verzieren: «Zt Dauid Altenstet goldschmid p Gemeiner Statt Pür an obgemeldten becher zuschmelzen ... 3 fl. 28 kr.» | 20 Mit Hans Hübner, Adam Rebhuhn, Philipp Jacob Neuberger, Jacob Schönauer und Jacob Anthoni; Weyrauch 137. | 21 Lill 118; Diemer 78f. | 22 Zahlen zum Guß der Augustusfigur: ebd. 80f. | 23 AK Europäische Meisterzeichnungen 36. | 24 Vielleicht ist es eine Inventarzeichnung; Octavian Secundus Fugger besaß u. a. «etliche Abriß von Kelchen und dergleichen»: Lieb 85f. | 25 Ebd. 5. | 26 Ebd.

133f. | 27 StB 1591, 2 fl. «per Dochterlin» (fol. 29a); sie wird vielleicht auch StB 1588 erwähnt: «p d Magdtlin» (fol. 29a). Eine Aussage im Verhör von 1598 (vgl. S. 104) könnte allerdings den Schluß nahelegen, Altenstetter habe keine Kinder gehabt. | 28 Vgl. unten, S. 168. | 29 Lieb 157. | 30 Über ihn Pfeiffer. | 31 Dazu Merzbacher 80. | 32 Ebd. | 33 Guthmüller. | 34 Ebd. 182. | 35 Ebd. 183. | 36 Merzbacher 88. | 37 Spreng 30, 1584, 9.1. (Regina Trost). | 38 Hier zahlte er 1597 fünf Gulden Steuer; 1604 sind es sechs Gulden: StB 1597, fol. 83b; 1604, fol. 81d. | 39 Stein, 136, Anm. 557. Ein weiterer Dr. Tobias Kneulin (1572–1631) war wohl sein Sohn; vgl. Martz 44. | 40 StadtAA, Schätze ad 74/II, Bürgerbuch, zum 7.9.1602, fol. 37v. | 41 Er steuert im Bezirk «Salta zum Gräblin» am Judenberg (StB 1597, fol. 81b).

VIII AUF MESSERS SCHNEIDE

1 So jedenfalls wäre der «Dienstweg» gewesen, denn die «Bürgermeister im Amt» waren in erster Instanz für die Verfolgung von Strafsachen zuständig. | 2 Gritschke 35–37. | 3 Roeck, s. Index, «Kontrollsystem». | 4 Urg. 1598 d. | 5 Katharina Altenstetter schreibt in ihrer Bittschrift an den Rat, die Verhaftung sei «gestern spat umb 7 Uhren» erfolgt. Der Sonnenaufgang am 4. Dezember findet kurz vor 8 Uhr unserer Rechnung statt; wahrscheinlich wurde der Tag in Augsburg von Sonnenaufgang an gezählt (Grotefend 24). Dann hätte die Verhaftung gegen 15 Uhr stattgefunden. | 6 Roeck 183. | 7 Zum Speiseplan eines Handwerkerhaushaltes um 1572: Roeck 1987, 25. | 8 Üblicherweise nach Sonnenuntergang: Grotefend 23. | 9 WiU I, 366f. | 10 Stetten 755: Am 4.1.1600 wurde nächtliches Schlittenfahren verboten. | 11 Reinhard 673 (Nr. 1029); Bernhard Reihing amtierte von 1581 bis 1599 als Proviantmeister (ebd.). | 12 Reinhard 180 (Nr. 271; hier als «Kupferschmied» bezeichnet); Steuerherr war er von 1585 bis 1600, wohl seinem Todesjahr: Clasen 1976, 11; nach Paris. Die vermutlich nicht sehr beliebten Ämter der Eisenherren wurden im Monatsrhythmus jeweils von Ratsmitgliedern besetzt. | 13 Altenstetter hatte eine Tochter; vielleicht liegt ein Fehler des Protokollanten vor. | 14 Gritschke 321. | 15 Grimm 16, Sp. 1576f. | 16 Tlusty 122–134. | 17 Kaufmann 1996, 1119. | 18 Guderian, mit der älteren Lit. | 19 Wiswedel 64, 65–67. | 20 Wiswedel 45; auch Grimm IV, 1385. | 21 Guderian 101; Roth I, 402. | 22 Von Greyerz 1980, 70. | 23 Uhland 269; Benrath 633f. | 24 Zur spektakulären Wirkung frühneuzeitlicher Sterne: Olson. | 25 StadtAA, Schätze 194a, fol. 41v. | 26 Stellungnahmen Daniel Küenles – er war der Sohn Martin Küenles – und Katharina Altenstetters, in: Urg. 1598 d. Daß die Schwenckfelder «heimliche conciliabula vnnd conventicula» hielten und ein «gemeiner aufruhr zu befieren» sei, wurde ihnen auch in der Grafschaft Glatz unterstellt (Stua Prag, SM Inv. 2009, R 109/15.21).

IX DER LESENDE HANDWERKER

1 Das Problem der Eigenständigkeit der Schwenckfeldschen Theologie und die Frage, wer an ihrer Konzeption teilhatte, werden in der Forschung kontrovers diskutiert. Zuletzt Weigelt, auch Goertz 93–95. | 2 Wallenta 187. Der Text einer anläßlich einer Wallfahrt gehaltenen Predigt des Rosephius (von 1583) hat sich erhalten: Staats- und Stadtbibliothek Augsburg, 4° Cod. Aug. 148. | 3 HWA/G fasc. 3, fol. 335 (10.9.1588), auch fol. 127 (30.9.1586) und die Petition für Kaspar Kraus: Urg. Kaspar Kraus, 2./4. Mai 1588; Spreng 30, 1584, 9.1. (Regina Trost). | 4 Gritschke 116, Anm. 222. Exemplar der Staats- und Stadtbibliothek Augsburg: 2° Ink 560. | 5 Erasmus 1967, 15–22. | 6 Erasmus 1968, 9. | 7 Leu 279–287

vgl. Zentralbibliothek Zürich, III D 9/F. | 8 Ebd. 1r. | 9 Staats- und Stadtbibliothek Augsburg, 2° ThPr. 226; dazu Gnädinger 412f. Neue Ausgabe: Vetter 1968. | 10 Wyser 207. | 11 u. a. Wyser; McGinn 254–264. | 12 Haas 148. | 13 Enders; Benrath 565. | 14 Haas 123–127; Gnädinger 127. | 15 Ebd. 137, 242. Das folgende Zitat: Tauler 117. | 16 McGinn 250. | 17 Ebd. 271–275. | 18 Gnädinger 100f., 138f. | 19 Meyer; Iserloh. | 20 Huizinga 1975, 324f. | 21 Nachfolgung Christi 18r.-20r. (Zitate nach der Ausgabe Uhlharts, Augsburg 1536, Augsburg. Staats- und Stadtbibliothek, 4° ThSch 182). | 22 Ebd. 6v. | 23 Sudbrack 31f. | 24 Nachfolgung 105r. | 25 Ebd. 85r. | 26 Ebd. 108r., auch 93v. | 27 Ebd. 63–64r. | 28 68v. (Anspielung auf Jes. 45,2). | 29 Gier 500. | 30 Engelsing 112–154. | 31 Gnädinger 202f., 266. | 32 Seling spricht von einem «Greifenkopf mit Lilienkrone» (Saur II, 687). | 33 Gnädinger 142, Anm. 46. Eine etwas prosaischere Deutung wird in dem Adler-Zeichen eine Anspielung auf das große Colmarer Stadtsiegel erkennen: Livet Abb. 4d.

X IM BANNE SCHWENCKFELDS

1 Über Schwenckfeld zuletzt Séguenny; Weigelt 2008. | 2 McLaughlin 1986b, 181–210; Weber 59–61. | 3 Weigelt 30. | 4 Zum Begriff: Goertz 36f., 89–93. | 5 Von Greyerz 2000, 246; über Frank: Goertz 39–41. | 6 Weigelt 35. | 7 Ebd. Zum Begriff «Schwärmer»: Kaufmann 2003. | 8 Weber 46, Osborn 142. | 9 Weigelt 70f. | 10 Douglas 1993, 221–223; Leach. | 11 Weigelt 39. Hier ergab sich kein Anknüpfungspunkt an die spätmittelalterliche Mystik: Gnädinger 294. | 12 Gritschke 87. | 13 Lecler I, 277f. | 14 Gritschke 117. | 15 Clasen 1972, 65, Anm. 25. | 16 Gritschke 30. | 17 Clasen 1972, 67; Gritschke 1999, 114–128; Roth IV, 623. | 18 Roth IV, 624–637. | 19 Ebd. 637; Weber 78f. | 20 Weber 71–80; Weigelt 87–89. | 21 Gritschke 125. | 22 Lecler I, 272f. | 23 So sollen die Schwenckfelder ihren Versammlungsraum in Obergriesingen genannt haben; das polemisch gemeinte Wort gebrauchen ihre katholischen Widersacher: Gritschke 57. | 24 Kolakowski. Eine schwenckfeldische Kirchenordnung soll es in Justingen gegeben haben. Sie ist verschollen (Gritschke 52f.). Ähnlich lose Strukturen wiesen die Mitglieder des «huis der liefde» auf: Mout 1976, 13f.; dies. 1996, 307. | 25 Mout 1976, 7–10. | 26 Gritschke 230, dazu ebd. 230f. | 27 Ob sie gewährt werden sollte, war unter den Intellektuellen umstritten: Lecler II, 348; Grochowina 2003, 157. | 28 Walsham 121; Marsh 205–213 mit abweichender Interpretation. | 29 McLaughlin 1986a, 167; Kaplan 172–197; Walsham 260. | 30 Leu 285. | 31 In den Niederlanden des 17. Jahrhunderts konnten Nicht-Calvinisten ihre Religion legal in den eigenen vier Wänden und in «Schuilkerken», die von außen nicht als sakrale Stätten identifizierbar waren, pflegen; die Hugenotten nutzten, bis 1685 unbehelligt, ihre «églises de fief»: Kaplan 2007; Kaplan 1995, 271f., 279. | 32 Gritschke 231f. | 33 Ginzburg 1970; Zagorin 1990; Zagorin 1996, 863–912; Gritschke 351f. | 34 Mout 1976, 14; Walsham 188–206. | 35 Accetto 23. | 36 Altenstetter soll mit ihm 1577 über die Heilige Dreifaltigkeit diskutiert haben: Gritschke 219. Die Quellenstelle (Staatsbibliothek Berlin, Ms. germ. 427; hier fol. 109v.) ist aber problematisch. Erwähnt wird am angegebenen Ort nicht Altenstetter, sondern ein sonst nicht bekannter «m. Dauid Alten*staiger*». Es gibt verschiedene mögliche Interpretationen: Entweder es handelt sich um einen Verwandten der Schwestern Maria, Katharina und Rosina Altenstaig aus Ulm (Weber 123, 125), bekennenden Anhängerinnen Schwenckfelds, die im Briefwechsel Marths mit seiner Frau gelegentlich erwähnt werden (fol. 16r.; 17r.: «der Altenstaiger und Frauen zu Öpfingen»; 30r.), oder es handelt sich um einen Schreibfehler – der Vorname

«David» paßt schließlich, und «m(eister)» war Altenstetter auch. Marths Sendbrief, aus dem Gritschke zitiert, ist übrigens nicht eigenhändig, sondern eine ungefähr zeitgenössische Kopie. So liegt ein Lesefehler des Schreibers im Bereich des Möglichen. Daß Marth Altenstetter kannte, ist sicher; vgl. unten, Anm. 41. | 37 Über Marth (oder Martin): Gritschke 55f.; Weber 80–82; Vetter 151–155. | 38 Staatsbibliothek Berlin, Ms. germ. 427, fol. 30r. | 39 Weber 63–65, 75f. | 40 Spuren einer Tilgung von Inschriften (Weber 64) habe ich nicht finden können. | 41 «Der Müller ist bei Dauid Altenstetter gewesen und hat ihm angezaigt, daß es gar nicht der Herrschafft meinung sei, Gallin (= Gall Keel) und ihn zu vertreiben. Aber Galle mache also ein geschrey etc. Solchs hat David Alt. zu Öpfingen fürbracht» (Berlin, Staatsbibliothek, Ms. germ. 427, fol. 29v.; Brief Marths an seine Frau, 25. 1. 1584). | 42 Spreng 30, 3, 1580, 31. 7. (Sybilla Kraffterin). | 43 Gritschke 212f. | 44 Clasen 1972, 62, Anm. 14; Roth IV, 623. | 45 Gritschke 80. | 46 Ebd. 117, 322. | 47 Ebd. 105.

XI DIE HEILIGE STADT

1 StadtAA, Strafbücher 1596–1605, fol. 65 v. | 2 Ähnliche Verhaltensweisen in den Niederlanden des 17. Jahrhunderts: Kooi 206. | 3 Abray 1985, 115; dies. 1996. | 4 Kamen 182f., 224–229. | 5 Bossy 158. | 6 Moore 106f., 135; Larner 40–59. | 7 Walsham 107, 281f. | 8 Ozment 1973b, 119. | 9 Benedict 73. | 10 Der Begriff bei Moore; Walsham 147–149; differenzierend Scribner 39–44. | 11 Roeck 456. | 12 Douglas 1985; Kaplan 1995, 92; auch Stua Prag SM Inv. 2009, R 109/15.21. | 13 Hanlon 154. | 14 Vgl. das Beispiel bei Roeck 544. | 15 Ignatius von Loyola 54f. (Nr. 66–70). | 16 Kruft. | 17 Kaplan 2007, 71; Douglas 1985, 211. | 18 Roeck 448f. | 19 Ebd. 756. | 20 Koslofsky 41–46. | 21 Ebd. 435; Stuart 83. | 22 Stuart 136. | 23 Stetten II, 726, 733. | 24 Roskoff 156. | 25 Camporesi 185. | 26 Montaigne 103; Lieb 100.

XII DIE MUSIK DER EWIGKEIT

1 Grafton 18f. | 2 Stephenson 154–185; Riedweg 172f.; Grafton 1991, 24. | 3 Z. B. Paracelsus | 4 Foucault 1974, 46–77; Frijhoff 63. | 5 Ebd. 256–258; Webster 142–146; Zaehner 105, 111; Paracelsus | 6 Klibansky/Panofsky/Saxl 217. | 7 Camporesi 188f. | 8 Belege zum Folgenden: Montaigne 1963, 54, 60, 74, 85, 90. | 9 Webster 161. | 10 Wallenta 212. | 11 Ebd. 193f. | 12 Douglas 1993, 11. | 13 Williams. | 14 Nachfolgung Christi, 30r. | 15 Osborn 174. | 16 Douglas 1991, 222. | 17 Warmbrunn 249f. | 18 Wallenta 221. | 19 Mauer 139. | 20 Wallenta 222. | 21 Warmbrunn 249, Anm. 305. | 22 Hanlon 205. | 23 Lill 25. | 24 Gritschke 171, 212. | 25 Clasen 1972, 65; Pfeiffer 37. | 26 Merzbacher (auch zum Folgenden). | 27 Ebd. 89; Yates 1982, 223–225. | 28 Hexter 4. | 29 Merzbacher 83. | 30 Urban 136–138. | 31 Grimm 16, 2011; Münch 438. | 32 Paulus. | 33 Gritschke 30, Anm. 32. | 34 Paulus. | 35 Stadtlexikon 334f. | 36 Evans 216; Gilly. | 37 Im späten 16. Jahrhundert war er wohlhabend: StB 1590, fol. 97b: 1 fl.; 1597, fol. 101d: 2 fl. | 38 Zuletzt Webster; Gilly 426. | 39 Über ihn Paulus 360f. | 40 Paulus 337, Anm. 14. | 41 WiU 1, 340f. Über Paracelsus: Goldammer 1953, 1986 und 1991; Schipperges; Telle 1994; zuletzt Pörksen in Paracelsus, 7–36. | 42 Limbeck 8. | 43 Hoppe 141–143; über die Rosenkreuzer: Kühlmann. | 44 Webster 202, 204. | 45 Goldammer 1986, 153–176. | 46 Paracelsus 18 (Pörksen). | 47 Gilly 427. | 48 Ebd. 433f., mit weiterer Lit. | 49 Ebd. 439; zur Theologia Deutsch Benrath 566f. | 50 Katz 1983 und Katz; Zaehner; Schimmel; Holdrege 185–188. | 51 Kristeller 206–210, auch

228. | 52 Ebd. 200. | 53 Ebd. 211. | 54 Schimmel. | 55 Worthington 49f.; Varenne 52–58; Zaehner 168f., 188f., 359f.; Whicher/Carpenter. | 56 Zaehner 204f.; Biderman 80. | 57 Kohn 45. | 58 Reiter 111. | 59 Erasmus 1968, 71, 111, 139, 143, 241 u. ö.; auch Franck 20, 27, 187, 195; Jakob Böhme: Lecler I, 282–285. | 60 Engelke 119. | 61 Baxandall 61f.; Dinzelbacher 285.

XIII DAS GEHEIMNIS DES HOLZHAUSES

1 StB 1599, fol. 29a und 1600, 29b. | 2 In den Steuerbüchern werden gelegentlich markante Gebäude aufgeführt, um den Einnehmern die Orientierung zu erleichtern. | 3 Stadtlexikon 421f. | 4 Von Stetten 1779, 226; auch Lederer 151f. | 5 Ebd. 3, 936. | 6 Brant 271 (102, 49). | 7 Evans 201. | 8 Lieb 77. Hohenauer soll 1597 auf der Flucht vor seinen Gläubigern gestorben sein. | 9 Paulus 346f. | 10 Keil 357f. | 11 Lieb 42. | 12 Harmening 399. | 13 Stein 138f. Im Garten des Holzhauses befand sich allein eine hölzerne Waschbank, ein «badstublin» und ein hölzernes «secret», also ein Abort. | 14 Lill 159–161. | 15 Lieb 313 vermerkt die Zahlung eines Trinkgelds von 12 Kreuzern an eine Magd, «so an Octavian Secundus einen Maien von dem Goldschmied, so in Herrn Hans Fuggers Garten wohnt», gebracht habe. Als Schöpfer von Maienkrügen – aus Feinsilber getriebenen Vasen mit Blumen – ist Altenstetter bisher nicht nachweisbar. Das besagt angesichts der spärlichen Überlieferung seiner Werke aber wenig. Auf dem Deckel seines heute in Njutånger befindlichen Pokals ist ein kleiner Blütenstrauß angebracht. | 16 StB 1599, fol. 29a. | 17 WiU II, 284. Woher diese Informationen stammen, verschweigt die Literatur, der wir diesen Hinweis entnehmen. Am wahrscheinlichsten ist, daß ein heute verlorenes Hochzeitsbuch zur Verfügung stand. Der frühere Direktor des Stadtarchivs Augsburg Dr. Friedrich Blendinger hat den Verlust auf dem noch erhaltenen zweiten Band der Serie, der Einträge ab 1604 enthält, notiert (StadtAA, EWA 1585). | 18 Im Steuerbuch von 1600 (fol. 29b) ist zu Altenstetters Namen vermerkt: «500 fl. Jr». | 19 Das Folgende nach StB. | 20 Reinhard 587f. (Nr. 898). Ihr Beistand soll ein Andreas Altenstetter gewesen sein; vermutlich liegt hier eine Verwechslung mit dem Goldschmied Andreas Attemstett vor. Attemstett stammte wie die Familie Occo aus Friesland (Stetten 1779, 466f.). | 21 Stadtlexikon 691.

XIV DIE RÜCKKEHR DER GÖTTER

1 S. die Quelle vom Juni 1593, bei Friedel 119: «[…] auf drei Seiten ingeniosas inscriptiones in schwarzem Stein von in Feuer vergoldeten Buchstaben […]». | 2 Friedel 123. Altenstetters Geselle erhielt noch 6 fl. Trinkgeld. | 3 Ebd. 127. | 4 Zum Folgenden Roeck 2003. | 5 Ghiberti 108f. | 6 Dürer II, 104. | 7 Und nicht – was ebenfalls denkbar gewesen wäre – der Holzschnitt in Steyns Augsburger Alciatus-Ausgabe (1531); Henkel/Schöne 1622. Vielleicht lieferte der Holzschnitt in Sprengs Buch auch die Vorlage für den Actaeon-Brunnen Marx Labenwolfs (was Konsequenzen für dessen Datierung hätte): AK Adriaen de Vries 100, Abb. 86. | 8 Barolsky. | 9 Über die (und das) Groteske: Harpham; Chastel; Arasse/Tönnesmann, 44–46; Morel; zu Deutschland: Warncke. | 10 Cole 38f. (und Anm. 182). | 11 Bredekamp 1991, 84f. | 12 Dacos 9f. | 13 Belting 342. | 14 Morel 116f.; Harpham 34. | 15 Schmidt 25f. | 16 Vasari I, 193. | 17 Chastel 28. | 18 Gombrich 284; Harpham 37. | 19 Paleotti 431f.; Morel 119–122. | 20 Riedweg 86–88. | 21 Paleotti 435f. | 22 Ebd. 437, 439. | 23 Morel 121. | 24 Paleotti 440–443. | 25 Ebd. 449. | 26 Ebd. 384. | 27 Ebd. 386f. | 28 Foucault 1974, 65f.; Harp-

ANMERKUNGEN 269

ham 21f. | 29 Wenn wir Francisco de Holanda vertrauen dürfen: Chastel 41f. | 30 Zamperini 2007. | 31 Cellini 44f. | 32 Mayer-Himmelheber 130; Göttler 112–115. | 33 Lomazzo 369. | 34 Paleotti 186f. | 35 Ebd. 304. | 36 Ebd. 445. | 37 Godwyn 2002. | 38 Nachweise bei Warncke Nr. 635–641, 879 ff., 1220 f. | 39 BayHStA, Fürstensachen, 424/I, fol. 182r. | 40 FHKA Wien, HZAB 35, 1584 (ser. nov. 1639), fol. 408r. (1.10.1584). | 41 Angerer 123. | 42 Augsburg, Kunstsammlungen und Museen, Graphische Sammlung, Nr. 631, 720–743; Hackenbroch 181 und Hämmerle 33–75. Weitere relevante Vorlagen lieferten Corbinian Saur (Augsburg 1594; Warncke II, 635–641) und Lucas Kilian (Augsburg 1607, 887–900). Einzelmotive (Hirsche: 134, Lambrequins: 131, 138) begegnen auch auf Blättern Etienne Delaunes. | 43 Lill 47f.

XV EINE REISE NACH PRAG

1 Als Rudolf seinen Rentmeister anwies, dem Nürnberger Kaufmann Tobias Mastert 170 Taler für einen Messingleuchter mit Ochsenkopf auszuzahlen, ging er zunächst wie selbstverständlich davon aus, daß es sich bei Mastert um einen Augsburger handle; der Schreiber hat das dann korrigiert (Stua Prag, SM S 21.7, I 2109, Rok 1548, 2.3.1599). | 2 Seling III, 27. | 3 1612 forderte er die Bezahlung von 20000 Gulden Außenständen: Stua Prag, SM S 21.7, I 2109, Rok 1612. | 4 Evans 191. | 5 Scholten. | 6 Diemer 76f. | 7 Evans 180f. | 8 Hayward 126. | 9 FHKA Wien, HZAB 35, fol. 412r./v.: «Dauiden Altstetter Goldtschmidt zue Augsburg 12 new gemachte silberne vergulde vnnd mit Ainem Reichsadler geschmelzten Curier Püxen, welliche zuesamen Sieben Marckht Neun Loth Augspurger gewicht gewogen, für das Silber schneiden, schmelzen vnnd macherlohn, für Jedes Loth Zwainzig Pazen, so Benendtlichen Ainhundertvnndsechzig gulden Rheinisch Zwainzig Kreuzer, bringt, zuehanden Phillip Jacoben Tuechers zu bezallen send Jr Ma(jestä)t Hoffpostmeister Herrn Hansen Wolzogen.» | 10 Vgl. Haupt 1986/87, 266; FHKA Wien, RA 52a, fol. 26r. («Jn abschlag Jrer gemachten Arbait»). Über Schlothaim T/B 30, 118; zu einem früheren Projekt HWA/G fasc. 3, 4: 21.10.1581. Vgl. Gruber 256, Seling I, 90. | 11 Steephenson 76–79; Evans 81, 212; Grafton 60, Abb. 11. | 12 Bredekamp 1993, 41. | 13 Schwarzenfeld 126f. Auf diese Uhr bezieht sich vermutlich der Eintrag in FHKA Wien, RA 52a, fol. 117v.: Danach erhielt Thoman Geyer Zahlungen für sein Uhrwerk «mit etlichen vmbgehenden vnd rüerenden Türggischen Bildern, so stundt vnd Viertl schlecht». Die Gesamtkosten errechnet nach ebd., 92v./93r., 104v./105r., 117r./v., 137r./v., 158v., 169r. | 14 Vocelka 307–310. | 15 T/B 1, 350. Sicher ist sie aber nicht. In Prag scheinen sich keine Dokumente zu befinden: E-Mail von Dr. Beket Bukovinská (Prag) vom 1.9.2008 und freundliche Auskunft von Herrn Mgr. Martin Halata, Archiv Pražskéno hradu, Prag; außerdem eigene Recherchen im Státní ústřední archiv, Prag. | 16 Stetten 1779, 466f. Hier die irrtümliche Behauptung, Altenstetter sei der Sohn des Andreas Attemstett, die in der Folgezeit für einige Verwirrung gesorgt hat. | 17 Ebd.; Kammervergolder wurde er 1603. Hayward 131 datiert die Büchse auf 1610. | 18 Der Münchner Goldschmied Heinrich Wagner erhielt 8 fl. «von wegen eines Altars so er zu Augspurg beschlagen lassen», dazu 7 fl. «Zehrung», also Reisekosten (1582). Er stellte also den Altar in direkter Kooperation in Augsburg her. BayHStA, Kurbayern, Hofzahlamt, 28, fol. 153r. | 19 Schwarzenfeld 167. | 20 Neumann. | 21 Ebd. 91, 198. | 22 Yates 1982; dies. 1979, 101f.; Evans 229. | 23 Grafton 1991. | 24 Fučiková; Haupt 1994. | 25 Bredekamp 1993, 38. | 26 Warnke 91f. | 27 Ebd. 218f.: 14 gegenüber acht unter Karl V., sieben unter Ferdinand I. und vier unter Maximilian II. | 28 Über die Position des Kammergoldschmieds ist wenig

bekannt. Über Kammermaler und -bildhauer: Scholten 29; Warnke 151f., 242. Natürlich kann Altenstetter der Titel auch in Abwesenheit verliehen worden sein, wie das offensichtlich Adriaen de Vries widerfuhr. Valentin Drausch erhielt ihn während seines Prager Aufenthaltes (Lietzmann 15), ebenso der Nürnberger Benedikt Krug (Mutschelknauß 241). Weitere Kammergoldschmiede: Haupt 1986/87, 264f. | 29 Für die Behauptung (Hackenbroch 172), er habe sich von 1600 bis zu seinem Tod in Prag aufgehalten, gibt es keine Belege. | 30 Warnke 296–300. Hainhofer meint, Maximilian I. von Bayern sei «wie vorhin Kayser Rudolphus, ain guter Joilier» (ebd. 300). | 31 Evans 165, Anm. 1. | 32 Der Pokal wurde der Kirche 1738 von ihrem Patron Claes Grill und dessen Frau Johann geschenkt. Freundliche Mitteilung von Åke Norberg, Archivar der Gemeinde Hudiksvall (E-Mail vom 6.2.2009).

XVI ÜBER DAS GLÜCK DER ARBEIT

1 HWA/G fasc. 5, fol. 127r. (ebd. Aufschrift: 1681) zu 1594, Art. 3, fol. 2v.; Seling III, 22. | 2 Ruskin 218; Sennett 155–158. | 3 Bisticci I, 398. | 4 2 Mose 20,9; zu Tauler: Mieth 295f. | 5 Nachfolgung Christi, 81v. | 6 Ebd. 89r. | 7 Benrath 588. | 8 Münch 359; Osborn 93f. | 9 Cellini 985–991. | 10 Cellini 986. | 11 Seling III, 28. | 12 Vgl. Christie's, Sale Information, Sale 7087, Important Silver, 1 December 2005, London, King Street. | 13 Shearman 179f. | 14 HWA/G fasc. 6, fol. 232–239, 287, 290, 292–295. Über Rappolt (Rapoldt) T/B 28, 19. | 15 AK Jamnitzer 178, Abb. 151.

XVII DIE KUNST ALS WELT

1 Staatliche Museen Berlin, Inv.-Nr. P. 183. | 2 Doering 352f. | 3 Boström 561. | 4 Bredekamp 1991, 70. | 5 Roeck 1992, 30. | 6 Camporesi 12. | 7 Burton II, 120; Lepenies 115. | 8 Shearman 18. | 9 Bredekamp 1991, 55. Zu manieristischen Parks: Godwin 153–180. | 10 Montaigne 1998, 168. | 11 Burke 1984, 285. | 12 Lessing/Brüning 79. | 13 Der Goldschmied Christoph Leonhardt Epfenhauser suchte 1592 um eine Art «Gebrauchsmusterschutz» für von ihm erfundene Blumenornamente nach: HWA/G fasc. 2 (135), 13.6.1592. | 14 HWA/G fasc. 4, 127r. | 15 HWA/G fasc. 5, 10.2.1609, fol. 328v. | 16 HWA/G fasc. 1 (134), 26.4.1572 (Abraham Lotter); dazu Müller 51; Krempel 138f. | 17 Volk-Knüttel 109.

XVIII TRAUMWERK

1 Kroll 168f. | 2 Rudolph. | 3 Grabar 65. | 4 Alberti VI, 2. | 5 Grundlegend: Gombrich. | 6 Kemp 1977, 347–398. | 7 Alberti/Zuccaro 71f. | 8 Zuccaro 2069. | 9 Sinngemäß Gadamer, in: Heidegger 106. | 10 Dürer II, 119, auch 100f., und III, 275. | 11 Lomazzo 418, 98f.; Paleotti 499. | 12 Barck II, 88–120, und IV, 778–798; Summers 103–143; Grassi 159. | 13 Gombrich 268. | 14 Dürer III, 292; Lomazzo 367, Chastel 15, 56. | 15 Klibansky/Panofsky/Saxl 498–502. | 16 Vasari V, 202f.; VI, 380. | 17 Beispiele bei Shearman 49. | 18 FHKA Wien, HZAB 35 (ser. nov. 1639), fol. 412v. | 19 Doering 87. | 20 Sohm 10, 34. | 21 Rosenberg I, Nr. 370; Seling, Suppl. zu III, 22. | 22 Claussen 30f. | 23 Guhl I, 188. | 24 Mout 1976, 27. | 25 Schwenckfeld XIII, 226–229. | 26 Ebd. III, 86. | 27 Wagner 171. | 28 Spreng, Ovid, 80v.; von Stuckrad 70f. | 29 Schreurs 222. | 30 Paleotti 387f., 449, 392.

XIX ALTENSTETTERS BRÜDER UND SCHWESTERN

1 Zu entsprechenden Verhaltensweisen in Nürnberg: McLaughlin 1986a, 163. | 2 Vgl. die Notiz im Strafbuch, StadtAA, Strafbücher 1596–1605, fol. 65v. | 3 Über ihn und seine Beziehungen zu Widemann Gilly 440–446. | 4 Ebd. 441–446; die Zitate 441, 444. | 5 Mattenklott. | 6 Warburg 70. | 7 Goldammer 1991, 116–118. | 8 Ebd. 253. | 9 Bossy. | 10 Strauss 30–63. | 11 Zeeden 1985, 95f. | 12 Bossy 170f.; Thomas 88. | 13 Zeeden 1985, 88. | 14 Grochowina 2003, 157. | 15 Duke 269–272. | 16 Walsham 277; Frijhoff 44; Kaplan 1995, 288f.; Christin; Benedict. | 17 Hanlon 206. | 18 Ebd. 12; von Greyerz 2000, 82f.; Kooi 201; Benedict 87f. | 19 Kooi 204f.; Kaplan 1995, 210–213, 217f. | 20 Lecler II, 362. | 21 Grochowina 2007, 246. | 22 Übersicht bei Goertz 39–44. | 23 Huizinga 1977, 68. | 24 Mout 1996; Kooi; Kaplan 2007, 124f.; ders. 1995, 84. | 25 Lecler II, 355f.; Kaplan 1995, 14f., 83; Benedict 67f. | 26 Mout 1996, 309. | 27 Nach Kaplan 1995, 85–87 (auch zum Folgenden). | 28 Ozment 1973a, 123, 229, 231. | 29 Hamilton; Marsh; Mout 1996, 308f. | 30 Mout 1996, 307; Marsh 214; Walsham 191, 208. | 31 Ginzburg 1976; auch Kaplan 1995, 82. | 32 Lecler II, 361–365. | 33 Forst 48. | 34 Wilson 31. | 35 Ebd. 9. | 36 Ozment 1973b, 47–120, bes. 117f. | 37 Kristeller; Lecler I, 185f. | 38 Morus 217–237. | 39 Walsham 56. | 40 Forst 136–143; Lecler I, 190–213. | 41 Erasmus 1968, 273f. | 42 Forst 140. | 43 Ebd. 162. | 44 Weigelt 1999, 21, 27, 31. | 45 Franck 69; Forst 165. | 46 Lecler I, 265. | 47 Benrath 579. | 48 Lecler I, 262. | 49 Blaschke 55. | 50 Lecler II, 48–56; Bouwsma 205. | 51 Ebd. 148, Anm. 20. | 52 Guggisberg 121. | 53 Kaplan 2007, 129–133; Kühlmann; Kamen 101; Walsham 1999, 41. | 54 Zuletzt Kaplan 2007. | 55 Zagorin 2003, 5–7, 12f., 311. | 56 Kamen 156; über ihn Mout 1996, 309f. | 57 Kaplan 1995, 76f. | 58 Ebd. 64. | 59 Bouwsma 216. | 60 Forst 198. | 61 Lanzinner. | 62 Stua Prag SM Inv. 2009, R 109/15.21, 22.11. und 23.12.1572 («Schwenckfeldova sekta Kladsku»). Die offenbar bisher unbekannten Quellen hier widersprechen der späteren Behauptung des lutherischen Pfarrers Caspar Elogius, er habe den Auftrag erhalten, die Schwenckfelder «auszurotten»: Weigelt 115; Herzig 67. Insofern ist der Schluß (ebd., 225f.), Maximilian II. habe die lutherische Reformation gegen die radikalen reformatorischen Bewegungen funktionalisiert, nicht zwingend. | 63 Kamen 181; über das Polen der Toleranz Winkelbauer 134f.; Tazbir 68–97; Müller. | 64 Brady.

XX DAS FASTNACHTSSPIEL GOTTES

1 Spreng 24, Register zu 1600, 19.7.1600. Das Testament selbst ist nicht erhalten. | 2 Gritschke 38. | 3 Ebd. 39. | 4 Ebd. 81f. | 5 Weber 109–111. | 6 Douglas 1993, Kap. 7. | 7 Benrath 564; Goertz 92f. | 8 Zum Folgenden Wallenta 229–240. | 9 Roeck 185. | 10 Mauer 119. | 11 Stetten I, 756. | 12 Roeck 186; französische Parallele: Hanlon 154. | 13 Wallenta 300f. | 14 Ebd. 246. | 15 Ebd. 222f. | 16 Häutle 36. | 17 Evans 139. | 18 Zum Folgenden Roeck 1989. | 19 Münch 483; Koslofsky 95. | 20 Ebd. 97. | 21 Weidenhiller 48. | 22 Ebd. 103f.; Lindemann 130–134.

BILDNACHWEIS

Vorderer und hinterer Vorsatz, IV, V: © Enånger-Njutångers församling (Foto: Roger M. Persson, Hudiksvall); Frontispiz, 7: nach Helmut Seling, Die Augsburger Gold- und Silberschmiede 1529–1868, München 2007; 1, 3, 56 (Foto: Saturia Linke); 48, 49, 62 (Foto: Dietmar Katz); 57, 58; X (Foto: Funke): © bpk/Staatliche Museen zu Berlin; 2, 15, 27: © Augsburg, Stadtarchiv; 4, 20, 21, 28, 31, 33, 41: © Zürich, Zentralbibliothek; 5, 23, 29, 30, 32, 38, 43, 46, 65: © Augsburg, Staats- und Stadtbibliothek (Foto: Siegfried Kerpf); 9, 40, 42, 50, 51, 66, 68 (Graphische Sammlung); 24, 44, 45, 59, XI, XII (Maximilianmuseum): © Augsburg, Kunstsammlungen und Museen; 10, 14, 52, II, III,VII,VIII, IX: © Wien, KHM; 12: © Ulm, Ulmer Museum; 13: © München, Bayerisches Nationalmuseum, Archiv zur Augsburger Goldschmiedekunst; 16: © Georg Arand, Haar/München; 17: © Hamburg, Museum für Kunst und Gewerbe; 18, 19: © Stuttgart, Staatsgalerie, Graphische Sammlung; 22: © Reutlingen, Heimatmuseum; 25: © London, The Trustees of the British Museum; 26, XIII: © München, Bayerisches Nationalmuseum; 34: © Pennsburg/Pa., Schwenckfelder Library & Heritage Centre; 35: © Stuttgart, Hauptstaatsarchiv; 36: © Rainer Seiler, Öpfingen; 37: © Trier, Stadtmuseum Simeonstift; 39: © Nördlingen, Stadtmuseum; 53: © Prag, Akademie der Wissenschaften, Institut für Kunstgeschichte; 54: © Florenz, Alinari Archives/ Raffaello Bencini; 55: © Nürnberg, Stadtbibliothek; 60: © Wolfram Janzer, Stuttgart; 61, XVI: © Schloß Wolfegg, Kunstsammlungen der Fürsten zu Waldburg-Wolfegg; 63: © Basel, Kunstmuseum, Amerbach-Kabinett; 64: © Darmstadt, Universitäts- und Landesbibliothek, Handschriften- und Musikabteilung; I: © München, Bayerische Verwaltung der staatlichen Schlösser, Gärten und Seen, Residenz, Schatzkammer; XIV, XV: © Christie's Images

Die übrigen Abbildungen stammen aus dem Archiv des Autors.

ABKÜRZUNGEN

AK	Ausstellungskatalog
BayHStA	Bayerisches Hauptstaatsarchiv, München
HDA	Bächtold-Stäubli, Hans, Handwörterbuch des deutschen Aberglaubens, Bd. 1–10 (1927–1942), ND Berlin/New York 2000
HWA/G	Stadtarchiv Augsburg, Reichsstadt, Handwerkerakten, Goldschmiede
FHKA Wien	Finanz- und Hofkammerarchiv Wien
HZAB	Hofzahlamtsbücher
RA	Finanz- und Hofkammerarchiv Wien, Reichsakten
Spreng	Stadtarchiv Augsburg, Sprengsches Notariatsarchiv
StadtAA	Stadtarchiv Augsburg
StB	Stadtarchiv Augsburg, Steuerbücher
Stua Prag	Státní ústřední archiv, Prag
T/B	Thieme, U./Becker, F. (Hg.), Allgemeines Lexikon der bildenden Künstler, 37 Bde., Leipzig 1907–1950
Urg.	Stadtarchiv Augsburg, Reichsstadt, Urgichtensammlung
WiU	AK Welt im Umbruch. Augsburg zwischen Renaissance und Barock, 3 Bde., Augsburg 1980
ZHVS	Zeitschrift des Historischen Vereins für Schwaben

QUELLEN, LITERATUR

UNGEDRUCKTE QUELLEN, DRUCKE VOR 1600
AUGSBURG, STADTARCHIV, REICHSSTADT
Anschläge und Dekrete; BMB, 1589/90, 1594, 1606/07; EWA 1585; HWA, Goldschmiede (HWA/G), fasc. 3, 4, 5; Hochzeitsamtsprotokolle 2, 1569–1575; Matthäus von Paris, Ämterbesetzung; Schätze, 37/I; II; Spreng 24, 30; StB 1565–1617; Strafbücher 1596–1605; Urg. 89; 179.
AUGSBURG, STAATS- UND STADTBIBLIOTHEK
4° Cod. Aug. 148 (Predigten des P. Gregorius Rosephius). – Drucke: 2° Ink 560 (Koberger-Bibel); 2° ThPr. 226 (Sermones des hochgeleerten, in gnaden erleüchten doctoris Johannis Thaulerii ... von latein in teütsch gewendt manchem menschenn zuo säliger fruchtbarkaitt, Augsburg: Hans Otmar, 1508); 4° ThSch 182 (Nachuolgung Christi / vnnd verschmähung aller eytelkeit diser welt ..., Augsburg: Philipp Ulhart, 1536); LR 702 (Johannes Spreng), P. Ovidii Nasonis ... Metamorphoses oder Verwandlungen mit schönen künstlichen Figuren vnd Außlegungen / erkläret / vnd in Teutsche Reyme gebracht / Durch M. Johan Spreng von Augspurg, Frankfurt a. M., Sigmund Feyrabend, 1571).
BERLIN, STAATSBIBLIOTHEK
Ms. germ. 427.
COLMAR, ARCHIVES DE COLMAR
CC 152; HH 87.
MÜNCHEN, BAYERISCHES HAUPTSTAATSARCHIV
Fürstensachen, 424/I; Kasten Schwarz, 13 221; Kurbayern, Hofzahlamt, 28.
PRAG, STÁTNÍ ÚSTŘEDNÍ ARCHIV
SM S 21.7, I 2109; SM R 109.15.21.
STRASBOURG, ARCHIVES DE LA VILLE ET DE LA COMMUNAUTÉ URBAINE
Livres de bourgeoisie, I, II, III (Register).
WIEN, FINANZ- UND HOFKAMMERARCHIV
HZAB 1572–1617 (Register); HZAB 35; RA, Kart. 52a.
ZÜRICH, ZENTRALBIBLIOTHEK
Alte Drucke III D 9/F (Paraphrasis Oder Erklärung des gantzen Neüwen Testaments ... durch den hochgeleerten und gottsäligen Mann H. Erasmum von Roterodam in latinischer Spraach aussgangen, yetzund aber durch den getreüwen Diener Christi M. Leon Jude, Predicanten Zürych, in das Teütsch gebracht ..., Zürich: Christoph Froschauer, 1542).

GEDRUCKTE QUELLEN
ACCETTO, TORQUATO, Von der ehrenwerten Verhehlung, Berlin 1995. | ALBERTI, LEON BATTISTA, L'architettura/De re aedificatoria, hg. v. Giovanni Orlandi, Mailand 1966. | ALBERTI, ROMANO/ZUCCARO, FEDERICO, Origine e progresso dell'Accademia del disegno di Roma, in: Federico Zuccaro, Scritti d'Arte, hg. v. Detlev Heikamp, Florenz 1961, 1–99. | BISTICCI, VESPASIANO DA, Le Vite, hg. v. Aulo Greco, 2 Bde., Florenz 1970. | BRANT, SEBASTIAN, Das Narrenschiff, hg. v. Manfred Lemmer, ⁴Tübingen 2004. | BURTON, ROBERT, The Anatomy of Melancholy, 3 Bde., London/New York 1932, ND 1948/49. | CELLINI, BENVE-

NUTO, La vita, i trattati, i discorsi, hg. v. Pietro Scarpellini, Rom 1967. | DÜRER, ALBRECHT, Schriftlicher Nachlaß, hg. v. Hans Rupprich, 3 Bde., Berlin 1956–1969. | ERASMUS VON ROTTERDAM, Epistola ad Paulum Volzium. Brief an Paul Volz. – Enchiridion militis christiani. Handbüchlein eines christlichen Streiters, hg. v. Werner Welzig, Darmstadt 1968. | DERS., In Novum Testamentum Praefationes. Vorreden zum Neuen Testament. Ratio. Theologische Methodenlehre, hg. v. Gerhard B. Winkler, Darmstadt 1967, 15–22. | FRANCK, SEBASTIAN, Paradoxa, hg. v. Siegfried Wollgast, Berlin 1966. | GHIBERTI, LORENZO, I commentarii, hg. v. Lorenzo Bartoli, Florenz 1998. | GUHL, ERNST, Künstlerbriefe, bearb. v. Adolf Rosenberg, Berlin 1853. | HENKEL, ARTHUR/SCHÖNE, ALBRECHT, Emblemata. Handbuch zur Sinnbildkunst des XVI. und XVII. Jahrhunderts, Stuttgart 1967/1996. | IGNATIUS VON LOYOLA, Geistliche Übungen, übers. v. Heinz Feder S. J., [6]Regensburg 1934. | LOMAZZO, GIOVAN PAOLO, Trattato dell'arte della Pittura, Scoltura et Architettura, in: ders., Scritti sulle Arti, hg. v. Roberto Paolo Ciardi, Florenz 1973, Bd. II, 9–589. | MONTAIGNE, MICHEL DE, Essais, übers. v. Hans Stielett, Frankfurt a. M. 1998. | Ders., Tagebuch einer Badereise, übers. v. Otto Flake, Stuttgart 1963. | MORUS, THOMAS, The Best State of a Commonwealth and the New Island of Utopia ... (The Yale Edition of The Complete Works of St. Thomas More, Bd. 4), New Haven/London 1965. | PALEOTTI, GABRIELE, Discorso intorno alle materie sacre e profane, in: Trattati d'arte del Cinquecento. Fra Manierismo e Controriforma, hg. v. Paola Barocchi, 2 Bde., Bari 1961, Bd. II, 117–503. | PARACELSUS, Philosophie der Grossen und der Kleinen Welt. Aus der ‹Astronomia magna›, Übertr. u. Einl. v. Gunhild Pörksen mit einem Reprint der Ausgabe Basel 1591, Basel 2008. | (SCHWENCKFELD, CASPAR VON), Corpus Schwenckfeldianorum, Bde. 1–19, Leipzig/Pennsburg 1907–1961. | (TAULER, JOHANNES), Die Predigten Taulers, hg. v. Ferdinand Vetter, Berlin 1910/ND Dublin/ Zürich 1968. | VASARI, GIORGIO, Le opere, hg. v. Gaetano Milanesi, ND Firenze 1981. | WELSER, MARX, Cronica Der Weitberüempten Keyserlichen vnd deß H. Reichs Statt Augspurg ..., Frankfurt 1595 (ND Augsburg 1985). | ZUCCARO, FEDERICO, Disegno, in: Scritti d'arte del Cinquecento, hg. v. Paola Barocchi, 3 Bde., Mailand/Neapel 1971–1977, Bd. II, 2058–2118.

LITERATUR

ABRAY, LORNA JANE, Confession, Conscience and Honour: The Limits of Magisterial Tolerance in Sixteenth-Century Strassburg, in: Grell/Scribner 94–107. | ABRAY, LORNA JANE, The People's Reformation: Magistrates, Clergy and Commons in Strasbourg 1500–1598, Oxford 1985. | AK Adriaen de Vries, 1556–1626. Augsburgs Glanz – Europas Ruhm, hg. v. Björn R. Kommer, Heidelberg 2000. | AK Europäische Meisterzeichnungen aus der Sammlung der Fürsten zu Waldburg-Wolfegg, hg. v. Bernd M. Mayer/Tilman Falk, Ravensburg 1993. | AK Gold und Silber. Augsburgs glänzende Exportwaren, hg. v. Melanie Thierbach, Augsburg 2003. | AK Wenzel Jamnitzer und die Nürnberger Goldschmiedekunst 1500–1700, hg. v. Gerhard Bott, München 1985. | ANGERER, MARTIN, Über Nürnberger Goldschmiedezeichnungen, in: AK Jamnitzer, 123–139. | ARASSE, DANIEL/TÖNNESMANN, ANDREAS, Der europäische Manierismus, 1520–1610, München 1997.

BAADER, BERNDT PH., Der bayerische Renaissancehof Wilhelms V. (1568–1579), Leipzig/Straßburg 1943. | BACHTLER, MONIKA, Goldschmiedearbeiten im Auftrag Herzog Maximilians von Bayern, in: Hubert Glaser (Hg.), Um Glauben und Reich. Beiträge zur Bayerischen Geschichte und Kunst, 1573–1657, München/Zürich 1980, 323–329. | BARCK, KARLHEINZ (Hg.), Ästhetische Grundbegriffe. Historisches Wörterbuch, 7 Bde.,

Stuttgart/Weimar 2002. | BAROLSKY, PAUL, As in Ovid, so in Renaissance Art, in: Renaissance Quarterly 51 (1998), 451–474. | BAXANDALL, MICHAEL, Die Wirklichkeit der Bilder. Malerei und Erfahrung im Italien des 15. Jahrhunderts (1972), Frankfurt a. M. 1977. | BEHRINGER, WOLFGANG, ‹Kleine Eiszeit› und Frühe Neuzeit, in: ders. u. a. (Hg.), Kulturelle Konsequenzen der «Kleinen Eiszeit», Göttingen 2005, S. 415–508. | BELTING, HANS, Bild und Kult. Eine Geschichte des Bildes vor dem Zeitalter der Kunst, München 1990. | BENEDICT, PHILIPP, Un Roi, une lois, deux fois: Parameters for the History of Catholic-Reformed Co-Existence in France, 1555–1685, in: Grell/Scribner 65–93. | BENRATH, GUSTAV ADOLF, Die Lehre außerhalb der Konfessionskirchen, in: Carl Andresen (Hg.), Handbuch der Dogmen- und Theologiegeschichte, Bd. 2, Göttingen 1980, 560–664. | BIDERMAN, SHLOMO, Mystical Identity and Scriptural Justification, in: Katz 68–86. | BIRELEY, ROBERT, SJ, Maximilian von Bayern, Adam Contzen SJ und die Gegenreformation in Deutschland 1624–1635, Göttingen 1975. | BJURSTRÖM, PER, Etienne Delaunay and the Academy of Poetry and Music, in: French Drawing from the Sixteenth to the Nineteenth Century (= Master Drawings 34, 4 (1996)), 351–364. | BLASCHKE, CHARLOTTE, Der Toleranzgedanke bei Sebastian Franck (1928), in: Heinrich Lutz (Hg.), Zur Geschichte der Toleranz und Religionsfreiheit, Darmstadt 1977, 42–63. | BOSSY, JOHN, Christianity in the West, 1400–1700, Oxford 1985. | BOSTRÖM, HANS-OLOF, Philipp Hainhofer. Seine Kunstkammer und seine Kunstschränke, in: Andreas Grote (Hg.), Macrocosmus in Microcosmo. Die Welt in der Stube. Zur Geschichte des Sammelns, 1450–1800, Wiesbaden 1994, 555–580. | BOUWSMA, WILLIAM J., Concordia Mundi. The Career and Thought of Guillaume Postel (1510–1581), Cambridge (Mass.) 1957. | BRADY, THOMAS A., Heresy Executions in Reformation Europe, in: Grell/Scribner 48–64. | DERS., In Search of the Godly City: The Domestication of Religion in the German Urban Reformation, in: Ronnie Po-chia Hsia, The German People and the Reformation, Ithaca/London 1988, 14–32. | BREDEKAMP, HORST, Antikensehnsucht und Maschinenglauben. Die Geschichte der Kunstkammer und die Zukunft der Kunstgeschichte, Berlin 1993. | DERS., Vicino Orsini und der heilige Wald von Bomarzo. Ein Fürst als Künstler und Anarchist, ²Worms 1991. | BURKE, PETER, Die Renaissance in Italien. Sozialgeschichte einer Kultur zwischen Tradition und Erfindung (1972), Frankfurt a. M. 1984. | Ders., L'Histoire sociale des rêves, in: Annales E. S. C. 28 (1973), 239–242.

CAMPORESI, PIERO, Das Brot der Träume, Hunger und Halluzinationen, Frankfurt a. M./ New York 1990. | CHASTEL, ANDRÉ, Die Groteske. Streifzug durch eine zügellose Malerei (1988), Berlin 1997. | CHRISTIN, OLIVIER, ‹Peace Must Come from Us›: Friendship Pacts Between the Confessions during the Wars of Religion, in: Ruth Whelan/Carol Baxter (Hg.), Toleration and Religious Identity: The Edict of Nantes and its Implications in France, Britain and Ireland, Dublin 2003, 92–103. | CLASEN, CLAUS PETER, Die Augsburger Steuerbücher um 1600, Augsburg 1976. | DERS., Schwenckfeld's Friends: A Social Study, in: Mennonite Quarterly Review 46 (1972), 58–69. | CLAUSSEN, PETER CORNELIUS, Nachrichten von den Antipoden oder der mittelalterliche Künstler über sich selbst, in: Matthias Winner (Hg.), Der Künstler über sich selbst in seinem Werk, Weinheim 1992, 19–54. | COLE, MICHAEL W., Cellini and the Principles of Sculpture, Cambridge (Mass.) 2002.

DACOS, N., La Découverte de la Domus Aurea et la formation des grotesques à la Renaissance, London 1969. | DIEMER, DOROTHEA, Der Augustusbrunnen – seine Bedeutung, sein Bildhauer Hubert Gerhard und seine künstlerische Entstehung, in: Kühlenthal 51–86. | DINZELBACHER, PETER, Religiöses Erleben vor bildender Kunst in autobiographischen und biographischen Zeugnissen des Hoch- und Spätmittelalters, in: Klaus Schreiner (Hg.), Frömmigkeit im Mittelalter. Politisch-soziale Kontexte, visuelle Praxis, körperliche Ausdrucksformen, München 2002, 299–330. | DIRLMEIER, ULF, Untersuchungen zu Einkommensverhältnissen und Lebenshaltungskosten in oberdeutschen Städten des Spätmittelalters (Mitte 14. bis Anfang 16. Jahrhundert), Heidelberg 1978. | DOERING, OSCAR, Des Augsburger Patriciers Philipp Hainhofer Beziehungen zum Herzog Philipp II. von Pommern Stettin, Correspondenzen aus den Jahren 1610–1619 im Auszuge mitgetheilt und commentiert, Wien 1894. | DOUGLAS, MARY, Ritual, Tabu und Körpersymbolik. Sozialanthropologische Studien in Industriegesellschaft und Stammeskultur (1973), Frankfurt a. M. 1993. | DIES., Reinheit und Gefährdung (1966), Berlin 1985. | DUKE, ALASTAIR, Reformation and Revolt in the Low Countries, London 1990. | DUMOULIN, HEINRICH, Östliche Meditation und christliche Mystik, Freiburg/München 1966.

ENDERS, MARKUS, Selbsterfahrung als Gotteserfahrung: Zum Individualitätsbewußtsein bei Johannes Tauler, in: Jan A. Aertsen/Andreas Speer (Hg.), Individuum und Individualität im Mittelalter, Berlin 1996, 642–664. | ENGELKE, MATTHEW, Sticky Subjects and Sticky Objects: The Substance of African Christian Healing, in: Daniel Miller (Hg.), Materiality, Durham 2005, 118–139. | ENGELSING, ROLF, Die Perioden der Lesergeschichte in Deutschland, in: ders., Zur Sozialgeschichte deutscher Mittel- und Unterschichten, ²Göttingen 1978, 112–154. | ERB, PETER C. (Hg.), Schwenckfeld and Early Schwenckfeldianism. Papers Presented at the Colloquium on Schwenckfeld and the Schwenckfelders, September 17/22, Pennsylvania (Pa.) 1986. | ERLER, ADALBERT u. a. (Hg.), Handwörterbuch zur deutschen Rechtsgeschichte, Berlin 1971–1998. | EVANS, ROBERT J., Rudolph II and his World. A Study in Intellectual History 1576–1612, Oxford 1972.

FORST, RAINER, Toleranz im Konflikt. Geschichte, Gehalt und Gegenwart eines umstrittenen Begriffs, Frankfurt a. M. 2003. | FOUCAULT, MICHEL, Archäologie des Wissens (1969), Frankfurt a. M. 1981. | DERS., Die Ordnung der Dinge (1966), Frankfurt a. M. 1974. | FRIEDEL, HELMUT, Bronzebildmonumente in Augsburg 1589–1606. Bild und Urbanität, Augsburg 1974. | FRIJHOFF, WILLEM, The Threshold of Toleration: Interconfessional Conviviality in Holland during the Early Modern Period, in: ders., Embodied Belief: Ten Essays on Religious Culture in Dutch History, Hiversum 2002, 39–65. | FUČIKOVÁ, ELISKA, The Collection of Rudolf II at Prague: A Cabinet of Curiosities or Scientific Museum?, in: O. Impey/A. McGregor, The Origins of Museums, Oxford 1985, 47–53.

GIER, HELMUT, Buchdruck und Verlagswesen in Augsburg vom Dreißigjährigen Krieg bis zum Ende der Reichsstadt, in: ders./Johannes Janota (Hg.), Augsburger Buchdruck und Verlagswesen. Von den Anfängen bis zur Gegenwart, Wiesbaden 1997, 479–516. | GILLY, CARLOS, ‹Theophrastia Sancta›. Der Paracelsismus als Religion im Streit mit den offiziellen Kirchen, in: Telle 425–488. | GINZBURG, CARLO, Der Käse und die Würmer. Die Welt eines Müllers um 1600 (1976), Frankfurt a. M. 1979. | DERS., Il nicodemismo. Simulazione e dissimulazione nell' Europa dell' 500, Turin 1970. | GNÄDINGER, LOUISE, Johannes Tauler, Lebenswelt und mystische Lehre, München 1993. | GODWIN, JOSCELYN, The Pagan Dream of the Renaissance, London 2002. | GOERTZ, HANS-JÜRGEN, Religiöse Bewegungen in der frühen Neuzeit, München 1993. | GOLDAMMER, KURT, Der göttliche Magier und die Magierin Natur. Religion, Naturmagie und die Anfänge der Naturwissenschaft vom Spätmittelalter bis zur Renaissance. Mit Beiträgen zum Magie-Verständnis des Paracelsus, Stuttgart 1991. | DERS., Paracelsus in neuen Horizonten. Gesammelte Aufsätze, Wien 1986. (Darin: 153–176: Friedensidee und Toleranzgedanke bei Paracelsus. 189–208: Arbeit und

Arbeitsruhe in der Sicht des Reformers Paracelsus. Ein Beitrag zur Arbeits- und Berufsethik und zur Sozialmoral im 16. Jahrhundert. 209–228: Das Menschenbild des Paracelsus zwischen theologischer Tradition, Mythologie und Naturwissenschaft.) | DERS., Paracelsus. Natur und Offenbarung, Hannover/Kirchrode 1953. | GOMBRICH, ERNST H., Ornament und Kunst. Schmucktrieb und Ordnungssinn in der Psychologie des dekorativen Schaffens (1979), Stuttgart 1982. | GÖTTLER, CHRISTINE, Die Kunst des Fegefeuers nach der Reformation. Kirchliche Schenkungen, Ablaß und Almosen in Antwerpen und Bologna um 1600, Mainz 1996. | GRABAR, OLEG, Die ethische Dimension des Ornaments, in: Frank/Hartung 59–75. | GRAFTON, ANTHONY, Cardanos Kosmos. Die Welten und Werke eines Renaissance-Astrologen, Berlin 1999 (= Grafton). | DERS., Humanism and Science in Rudolphine Prague. Kepler in Kontext, in: James A. Parente u. a. (Hg.), Literary Culture in the Holy Roman Empire, 1555–1720, Chapel Hill/London 1991, 19–45. (= Grafton 1991) | GRASSI, ERNESTO, Die Macht der Phantasie. Zur Geschichte des abendländischen Denkens (1979), Köln 1984. | GRELL, OLE/SCRIBNER, BOB (Hg.), Tolerance and Intolerance in the European Reformation, Cambridge 1996. | GREYERZ, KASPAR VON, Religion und Kultur. Europa 1500–1800, Göttingen 2000. | DERS., The Late City Reformation in Germany. The Case of Colmar, 1522–1628, Wiesbaden 1980. | GRIMM, JACOB/GRIMM, WILHELM, ‹Deutsches Wörterbuch› Leipzig 1936 (ND München 1984). (= Grimm) | GRITSCHKE, CAROLINE, ‹Via Media›. Spiritualistische Lebenswelten und Konfessionalisierung. Das süddeutsche Schwenckfeldertum im 16. und 17. Jahrhundert, Berlin 2006. (= Gritschke) | DIES., ‹Daß Schwenckfelds Lehr ... sey Jnen ain zeugnuß Jres hertzens›. Frauen als Anhängerinnen Schwenckfelds, in: Anne Conrad (Hg.), ‹In Christo ist weder man noch weyb›. Frauen in der Zeit der Reformation und der katholischen Reform, Münster 1999, 114–128. | GROCHOWINA, NICOLE, Bekehrungen und Indifferenz in Ostfriesland im 16. Jahrhundert, in: Ute Lotz-Heumann u. a. (Hg.), Konversion und Konfession in der Frühen Neuzeit, Heidelberg 2007, 243–270. | DIES., Indifferenz und Dissens in der Grafschaft Ostfriesland im 16. und 17. Jahrhundert, Frankfurt a. M. u. a. 2003. | GROTEFEND, HERMANN, Taschenbuch der Zeitrechnung des Mittelalters und der Neuzeit, ¹²Hannover 1982. | GRUBER, ALAIN, L'Art décoratif en Europe. Renaissance et Maniérisme, Paris 1993. | GRÜNSTEUDEL, GÜNTHER u. a., Augsburger Stadtlexikon, Augsburg 1998. (= Stadtlexikon) | GUDERIAN, HANS, Die Täufer in Augsburg. Ihre Geschichte und ihr Erbe. Ein Beitrag zur 2000-Jahr-Feier der Stadt Augsburg, Pfaffenhofen 1984. | GUGGISBERG, HANS, Sebastian Castellio (1515–1563): Humanist und Verteidiger der religiösen Toleranz im konfessionellen Zeitalter, Göttingen 1997. | GUTHMÜLLER, BODO, Picta Poesis Ovidiana, in: Klaus Heitmann/Eckhart Schroeder (Hg.), Renatae litterae. Studien zum Nachleben der Antike und zur europäischen Renaissance, FS August Buck, Frankfurt a. M. 1973, 171–188.

HAAS, ALOIS MARIA, Nim din selbes war, Fribourg 1971. | HACKENBROCH, YVONNE, Renaissance Jewellery, München/New York 1979. | HAMILTON, ALISTAIR, The Family of Love, Cambridge 1981. | HÄMMERLE, ALBERT, Daniel Mignot, in: Das Schwäbische Museum, Augsburg 1930, 33–75. | HANLON, GREGORY, Confession and Community in Seventeenth-Century France: Catholic and Protestant Coexistence in Aquitaine, Philadelphia 1993. | HARPHAM, GEOFFREY GALT, On the Grotesque. Strategies of Contradiction in Art and Literature, Princeton 1982. | HAUPT, HERBERT, Bemerkungen zur Charakteristik von Schatz-, Silber- und Kunstkammern in der frühen Neuzeit am Beispiel der habsburgischen Sammlungen, in: AK Gold und Silber, 127–134. | DERS., Das Reichspfennigmeisteramt und andere Quellen zur Rudolphinischen Kunst in Wiener Archiven, in: Jahrbuch der Kunsthistorischen Sammlungen in Wien 82/83 (1986/87), 261–272. | HAYWARD, JOHN F., Die Kunst der alten Büchsenmacher, I: 1500–1660, Hamburg/Berlin 1965. | HEIDEGGER, MARTIN, Der Ursprung des Kunstwerkes (1936), Stuttgart 1997. | HERNMARCK, CARL, The Art of the European Silversmith, 1430–1830, London 1977. | HERZIG, ARNO, Reformatorische Bewegungen und Konfessionalisierung. Die habsburgische Rekatholisierungspolitik in der Grafschaft Glatz, Hamburg 1996. | HEXTER, RALPH, Ovid's Metamorphoses, in: Bancroftiana 113 (1998), 1–4. | HOLDREGE, BARBARA M., Mystical Cognition and Canonical Authority: The Devotional Mysticism of Bhāgavata Purāna, in: Katz 184–209. | HOPPE, GÜNTHER, Zwischen Augsburg und Anhalt. Der rosenkreuzerische Briefwechsel des Augsburger Stadtarztes Carl Widemann mit dem Plötzkauer Fürsten August von Anhalt, in: ZHVS 90 (1997), 125–157. | HUIZINGA, JOHAN, Holländische Kultur im siebzehnten Jahrhundert (1941), Frankfurt a. M. 1977. | DERS., Herbst des Mittelalters. Studien über Lebens- und Geistesformen des 14. und 15. Jahrhunderts in Frankreich und in den Niederlanden (1941), hg. v. Kurt Köster, Stuttgart 1975. | HUSSER, DANIEL, Caspar Schwenckfeld et ses adeptes entre l'Eglise et les sectes a Strasbourg, in: Jean Rott (Hg.), Strasbourg au cœur religieux du XVIᵉ siècle, Straßburg 1977, 509–535.

ISERLOH, ERWIN, Thomas von Kempen und die Devotio moderna, Bonn 1976.

KAMEN, HENRY, Intoleranz und Toleranz zwischen Reformation und Aufklärung, München 1967. | KAPLAN, BENJAMIN J., Divided by Faith. Religious Conflict and the Practice of Toleration in Early Modern Europe, Cambridge (Mass.)/London 2007. | DERS., Calvinists and Libertines: Confession and Community in Utrecht 1578–1620, Oxford 1995. | KATZ, STEVEN T. (Hg.), Mysticism and Sacred Scripture, Oxford 2000. | DERS., Mysticism and the Interpretation of Sacred Scriptures, in: Katz 7–67 (= KATZ 1983). | KAUFMANN, THOMAS, Nahe Fremde – Aspekte der Wahrnehmung der ‹Schwärmer› im frühneuzeitlichen Luthertum, in: Kaspar von Greyerz u.a. (Hg.), Interkonfessionalität – Transkonfessionalität – binnenkonfessionelle Pluralität. Neue Forschungen zur Konfessionalisierungsthese, Heidelberg 2003, 179–241. | DERS., Die Konfessionalisierung von Kirche und Gesellschaft. Sammelbericht über eine Forschungsdebatte, in: Theologische Literaturzeitung 121 (1996), 1008–1025, 1113–1125. | KEIL, INGE, Tycho Brahes Aufenthalt in Augsburg, in: ZHVS 85 (1992), 357f. | KELLENBENZ, HERMANN, Wirtschaftsleben der Blütezeit, in: Gottlieb 258–301. | KEMP, MARTIN, From ‹Mimesis› to ‹Fantasia›: The Quattrocento Vocabulary of Creation, Inspiration and Genius in the Visual Arts, in: Viator 8 (1977), S. 347–398. | KLIBANSKY, RAYMOND/PANOFSKY, ERWIN/SAXL, FRITZ, Saturn und Melancholie. Studien zur Geschichte der Naturphilosophie und Medizin, der Religion und der Kunst, Frankfurt a. M. 1990. | KNEPPER, JOSEPH, Das Schul- und Unterrichtswesen im Elsaß: Von den Anfängen bis gegen das Jahr 1530, Straßburg 1905. | KOHN, LIVIA, Early Chinese Mysticism: Philosophy and Soteriology in the Taoist Tradition, Princeton 1992. | KOLAKOWSKI, LESZEK, Chrétiens sans Église. La conscience religieuse et le lien confessionel au XVIIᵉ siècle, Paris 1987. | KOOI, CHRISTINE, Converts and Apostates: The Competition for Souls in Early Modern Holland, in: Archiv für Reformationsgeschichte 92 (2001), 195–215. | KOSLOFSKY, CRAIG M., The Reformation of the Dead. Death and Ritual in Early Modern Germany, 1450–1700, Basingstoke/New York 2000. | KRAUTWURST, FRANZ, Musik der Blütezeit, in: Gottlieb 386–391. | KREMPEL, ULLA, Augsburger und Münchner Emailarbeiten des Manierismus aus dem Besitz der bayerischen Herzöge Albrecht V., Wilhelm V. und Maximilian I., in: Münchner Jahrbuch der Bildenden Kunst, 3.

Folge, XVIII (1967), 111–186. | KREUTER, PETER MARIO, Paracelsus – und der Werwolf?, in: Nova analecta paracelsia, N. F. 20 (2006/07), 134–146. | KRISTELLER, PAUL OSKAR, Die Philosophie des Marsilio Ficino, Frankfurt a. M. 1972. | KROLL, FRANK-LOTHAR, Ornamenttheorien im Zeitalter des Historismus, in: Isabelle Frank/Freia Hartung (Hg.), Die Rhetorik des Ornaments, München 2001, 163–175. | KRUFT, HANNO-WALTER, Städte in Utopia. Die Idealstadt vom 15. bis zum 18. Jahrhundert, München 1989. | KÜHLENTHAL, MICHAEL (Hg.), Der Augustusbrunnen in Augsburg, München 2003. | KÜHLMANN, WILHELM, Sozietät als Tagtraum – Rosenkreuzerbewegung und zweite Reformation, in: Klaus Garber/Heinz Wismann (Hg.), Europäische Sozietätsbewegung und demokratische Tradition. Die europäischen Akademien der Frühen Neuzeit zwischen Frührenaissance und Spätaufklärung, Tübingen 1996, Bd. II, 1124–1151.

LANDSTEINER, ERICH, Wenig Brot und saurer Wein. Kontinuität und Wandel in der zentraleuropäischen Ernährungskultur im letzten Drittel des 16. Jahrhunderts, in: Behringer 87–147. | LANZINNER, MAXIMILIAN, Die Denkschrift des Lazarus von Schwendi zur Reichspolitik (1570), in: Zeitschrift für Historische Forschung Beiheft 3 (1987), 141–185. | LARNER, CHRISTINA, Enemies of God: The Witch Hunt in Scotland, London 1981. | LEACH, EDMUND, Virgin Birth. The Henry Myers Lecture 1966, in: Proceedings of the Royal Anthropological Institute of Great Britain and Ireland 1966, 39–49. | LECLER, JOSEPH, SJ, Geschichte der Religionsfreiheit im Zeitalter der Reformation, Stuttgart 1965. | LEDERER, THOMAS, Zum Leben und Werk des Alchemikers Franz Krell, in: Telle 149–166. | LENK, LEONHARD, Augsburger Bürgertum im Späthumanismus und Frühbarock (1580–1700), Augsburg 1968. | LEPENIES, WOLF, Melancholie und Gesellschaft, Frankfurt a. M. 1969. | LESSING, JULIUS/BRÜNING, ADOLF, Der Pommersche Kunstschrank, Berlin 1905. | LEU, URS B., Erasmus in der Zürcher Buch- und Lesekultur, in: Christine Christ-von Wedel (Hg.), Erasmus in Zürich. Eine verschwiegene Autorität, Zürich 2007, 274–307. | LIEB, NORBERT, Octavian Secundus Fugger (1549–1600) und die Kunst, Tübingen 1980. (= Lieb) | DERS., Die Fugger und die Kunst im Zeitalter der hohen Renaissance, Augsburg 1958. (= Lieb 1958) | LIETZMANN, HILDA, Valentin Drausch und Herzog Wilhelm V. von Bayern. Ein Edelsteinschneider der Spätrenaissance und sein Auftraggeber, München 1998. | LILL, GEORG, Hans Fugger und die Kunst, Leipzig 1908. | LIMBECK, SVEN, Paracelsus in einer frühneuzeitlichen Historiensammlung. Die ‹Rhapsodia vitae Theophrasti Paracelsi› von Peter Panygk, in: Telle 1–58. | LINDEMANN, MARY, Armen- und Eselsbegräbnis in der europäischen Frühneuzeit, in: Paul Richard Blum (Hg.), Studien zur Thematik des Todes im 16. Jahrhundert, Wolfenbüttel 1983, 125–140. | LIVET, GEORGES (Hg.), Histoire de Colmar, Toulouse 1983. | MACCULLOGH, DIARMAID, Reformation. Europe's House Divided, London u. a. 2003. | MARSH, CHRISTOPHER W., The Family of Love in English Society, 1550–1630, Cambridge 1994. | MARTZ, ELISABETH, Gesundheitswesen und Ärzte in Augsburg im 16. Jahrhundert, Diss. med., München 1950. | MATTENKLOTT, GERT, Faust, in: Etienne François/Hagen Schulze (Hg.), Deutsche Erinnerungsorte, Bd. III, München 2001, 603–619. | MAUER, BENEDIKT, ‹Gemain Geschrey› und ‹teglich Reden›. Georg Kölderer – ein Augsburger Chronist des konfessionellen Zeitalters, Augsburg 2001. | MAUGER, FLORENCE, Antoine de Chandieu et Etienne Delaune: Les Octonaires sur la vanité et inconstance du monde. Un recueil d'emblèmes?, in: Bibliothèque d'Humanisme et Renaissance. Travaux et documents, Bd. LVIII, 3 (1996), 577–629. | MAYER-HIMMELHEBER, SUSANNE, Bischöfliche Kunstpolitik nach dem Tridentinum. Der Secunda-Roma-Anspruch Carlo

280 ANHANG

Borromeos und die mailändischen Verordnungen zu Bau und Ausstattung von Kirchen, München 1984. | McGinn, Bernard, The Harvest of Mysticism in Medieval Germany, New York 2005. | McLaughlin, R. Emmet, Schwenckfeld and the Schwenckfelders in South Germany, in: Erb 145–180 (= McLaughlin 1986a) | Ders., Schwenckfeld and the South German Eucharistic Controversy, 1526–1529, in: Erb 181–210 (= McLaughlin 1986b) | Merzbacher, Dieter, Der grössseste Lohn, den die Poeten zu gewarten haben. Die Werke des Augsburger Magisters, Meistersingers und Notars Johann Spreng (1524–1601) in der Herzog August Bibliothek Wolfenbüttel, in: Wolfenbütteler Notizen zur Buchgeschichte 16 (1991), 79–124. | Meyer, Wendelin, Wahres innerliches Leben, 2 Bde., Kevelaer 1956. | Mieth, Dietmar, Die Einheit von vita activa und vita contemplativa in den deutschen Predigten und Traktaten Meister Eckharts und bei Johannes Tauler, Regensburg 1969. | Moore, R. I., The Formation of a Persecuting Society: Power and Deviance in Western Europe, 950–1250, Oxford 1987. | Morel, Philippe, Les Grotesques: Les figures de l'imaginaire dans la peinture italienne de la Renaissance (1997), Paris 2001. | Mout, Nicolette, Spiritualisten in de Neederlands reformatie van de zestiende eeuw, in: Bijdragen en mededelingen betreffende de geschiedenis van de Nederlanden 111 (1996), 297–313. | Dies., Political and Religious Ideas of Netherlanders at the Court in Prague, in: Acta historiae neerlandicae 9 (1976), 1–29. | Müller, Michael G., Protestant Confessionalisation in the Towns of Royal Prussia and the Practice of Religious Toleration in Poland-Lithuania, in: Grell/Scribner 262–281. | Münch, Paul, Lebensformen in der frühen Neuzeit. 1500–1800, Berlin 1992. | Mutschelknauss, Georg, Die Entwicklung des Nürnberger Goldschmiedehandwerks von seinen ersten Anfängen bis zur Einführung der Gewerbefreiheit im Jahre 1869. Ein Beitrag zur Geschichte des deutschen Handwerks, Leipzig 1929.

Nahrstedt, Wolfgang, Die Entstehung der Freizeit. Dargestellt am Beispiel Hamburgs. Ein Beitrag zur Strukturgeschichte und zur strukturgeschichtlichen Grundlegung der Freizeitpädagogik, Göttingen 1972. | Neumann, Jaromír, Die Kunst am Hofe Rudolfs II., in: AK Die Kunst der Renaissance und des Manierismus in Böhmen, Prag 1979, 172–217.

Oestreich, Gerhard, Justus Lipsius als Theoretiker des neuzeitlichen Machtstaates, in: ders., Geist und Gestalt des frühmodernen Staates, Berlin 1969, 35–79. | Olson, Roberta J. M., ... and They Saw Stars: Renaissance Representations of Comets in Pretelescopic Astronomy, in: Art Journal 44 (1984), 216–244. | Osborn, Max, Die Teufelliteratur des XVI. Jahrhunderts, Berlin 1893, ND Hildesheim 1965. | Ozment, Steven E., Mysticism and Dissent: Religious Ideology and Social Protest in the Sixteenth Century, New Haven 1973. (= Ozment 1973a) | Ders., The Reformation in the Cities: The Appeal of Protestantism to Sixteenth-Century Germany and Switzerland, New Haven/London 1973. (= Ozment 1973b) | Paris, Ämterbesetzung s. Quellenverzeichnis.

Paulus, Julian, Alchemie und Paracelsismus um 1600. Siebzig Porträts, in: Telle 335–406. | Pfeiffer, Rudolf, Die Meistersingerschule in Augsburg und der Homerübersetzer Johannes Spreng, München 1919/1920.

Rathke-Köhl, Sylvia, Geschichte des Augsburger Goldschmiedegewerbes vom Ende des 17. bis zum Ende des 18. Jahrhunderts, Augsburg 1964. | Reinhard, Wolfgang, Augsburger Eliten des 16. Jahrhunderts. Prosopographie wirtschaftlicher und politischer Führungsgruppen 1500–1620, Berlin 1996. | Reiter, Florian C., Taoismus zur Einführung, Hamburg 2003. | Riedweg, Christoph, Pythagoras. Leben, Lehre, Nachwirkung. München 2002. | Roeck, Bernd, Der Brunnen der Macht, in: Kühlenthal 132–146.

(= Roeck 2003) | DERS. (Hg.), Gegenreformation und Dreißigjähriger Krieg, 1555–1648, Stuttgart 1996. (= Roeck 1996) | DERS., Philipp Hainhofer – Unternehmer in Sachen Kunst, in: Louis Carlen/Gabriel Imboden (Hg.), Kräfte der Wirtschaft. Unternehmergestalten des Alpenraumes im 17. Jahrhundert, Brig 1992, 9–53. (= Roeck 1992) | DERS., Eine Stadt in Krieg und Frieden. Studien zur Geschichte der Reichsstadt Augsburg zwischen Kalenderstreit und Parität, 2 Bde., Göttingen 1989. (= Roeck) | DERS., Bäcker, Brot und Getreide in Augsburg 1600–1650. Studien zur Versorgungspolitik der Reichsstadt und zur Sozialstruktur des Bäckerhandwerks im Zeitalter des 30jährigen Krieges, Sigmaringen 1987. (= Roeck 1987) | DERS., Elias Holl, Architekt einer europäischen Stadt, Regensburg 1985. (= Roeck 1985) | ROHMANN, GREGOR, Das Ehrenbuch der Fugger. Darstellung – Transkription – Kommentar, Augsburg 2007. | ROPER, LYNDAL, Das fromme Haus. Frauen und Moral in der Reformation (1991), Frankfurt a. M. 1995. | ROSENBERG, MARC, Der Goldschmiede Merkzeichen, Bd. I, Frankfurt a. M. 1922. | ROSKOFF, GUSTAV, Geschichte des Teufels. Eine kulturhistorische Satanologie von den Anfängen bis ins 16. Jahrhundert (1869), Nördlingen 1987. | ROTH, FRIEDRICH, Clemens Jäger, in: ZHVS 46 (1926), 1–75; 47 (1927), 1–125. (= Roth 1926) | DERS., Augsburgs Reformationsgeschichte, 4 Bde., ²München 1901–1911. (= Roth I-IV) | RUDOLPH, CONRAD, The ‹Things of Greater Importance›: Bernard of Clairvaux's Apologia and the Medieval Attitude toward Art, Philadelphia 1990. | RUSKIN, JOHN, The Seven Lamps of Architecture, in: The Works of John Ruskin, hg. v. E. T. Cook/A. Wedderburn, 39 Bde., London 1903–1912, Bd. VIII.

SAUR, Allgemeines Künstlerlexikon. Die bildenden Künstler aller Zeiten und Völker, Bd. 1–, München/Leipzig 1992–. | SCHERER, AUGUSTE, Topographie du vieux Colmar, Colmar 1996. | SCHIMMEL, ANNEMARIE, Mystische Dimensionen des Islam, München 1992. | SCHIPPERGES, HEINRICH, Paracelsus. Der Mensch im Licht der Natur, Stuttgart 1974. | SCHMIDT, PHILIPP, Die Illustrationen der Lutherbibel 1522–1570, Basel 1962. | SCHOLTEN, FRITS, Adriaen de Vries, Kaiserlicher Bildhauer, in: AK Adriaen de Vries 19–45. | SCHOMMERS, ANNETTE, Das Goldschmiedehandwerk in Augsburg, in: AK Gold und Silber 39–64. | SCHREURS, ANNA, Antikenbild und Kunstanschauungen des Pirro Ligorio, 1513–1583, Köln 2000. | SCHULZ, KNUT, Handwerksgesellen und Lohnarbeiter. Untersuchungen zur oberrheinischen und oberdeutschen Stadtgeschichte des 14. bis 17. Jahrhunderts, Sigmaringen 1985. | SCHWARZENFELD, GERTRUDE VON, Rudolf II. Der saturnische Kaiser, München 1961. | SCRIBNER, BOB, Preconditions of Tolerance and Intolerance in Sixteenth-Century Germany, in: Grell/Scribner 32–47. | SEELIG, LORENZ, Techniken des mittelalterlichen Emails, in: AK Schatzkammerstücke aus der Herbstzeit des Mittelalters, hg. v. Reinhold Baumstark, München 1992, 88–91. | SÉGUENNY, ANDRÉ, Les Sprituels: Philosophie et religion chez les jeunes humanistes allemandes au seizième siècle, Baden-Baden/Bouxwiller 2000. | SELING, HELMUT, Die Kunst der Augsburger Goldschmiede 1529–1868, 3 Bde., München 1980; Supplement zu Band III, München 1994; erw. u. überarb. Neuaufl. v. Bd. III u. d. T.: Die Augsburger Gold- und Silberschmiede 1529–1868. Meister – Marken – Werke, München 2007 (= Seling III). | SENN, MATTHIAS (Hg.), Die Wickiana. Johann Jacob Wicks Nachrichtensammlung aus dem 16. Jahrhundert, Zürich 1975. | SENNETT, RICHARD, Handwerk (2008), Berlin 2008. | SHEARMAN, JOHN, Manierismus. Das Künstliche in der Kunst (1967), Weinheim 1994. | SIEGERT, BERNHARD, Passagiere und Papiere. Schreibakte auf der Schwelle zwischen Spanien und Amerika, München 2006. | SOHM, PHILIP, Style in the Art Theory of Early Modern Italy, Cambridge 2001. | STADTLEXIKON

s. Grünsteudel, Günther u. a. | STEIN, CLAUDIA, Die Behandlung der Franzosenkrankheit in der Frühen Neuzeit am Beispiel Augsburgs, Stuttgart 2003. | STEPHENSON, BRUCE, The Music of the Heavens. Kepler's Harmonic Astronomy, Princeton 1994. | STETTEN, PAUL VON, d. Ä., Geschichte der Heil. Röm. Reichs Freyen Stadt Augspurg ..., 2 Bde., Frankfurt a. M./Leipzig 1743/1758. (= Stetten) | STETTEN, PAUL VON, d. J., Kunst-, Gewerb- und HandwerksGeschichte der Reichs-Stadt Augsburg, Augsburg 1779. (= Stetten 1779) | STRAUSS, GERALD, Success and Failure in the German Reformation, in: Past and Present 67 (1975), 30–63. | STUCKRAD, KOKU VON, Visual Gods: From Exorcism to Complexity in Renaissance Studies, in: Aries 6, 1, 59–85. | STUART, KATHY, Unehrliche Berufe. Status und Stigma in der frühen Neuzeit am Beispiel Augsburg (1999), Augsburg 2008. | SUDBRACK, JOSEPH, SJ, Das geistliche Gesicht der vier Bücher der Nachfolge Christi, in: Thomas von Kempen. Beiträge zum 500. Todesjahr, 1471–1971, Kempen 1971, 14–36. | SUMMERS, DAVID, Michelangelo and the Language of Art, Princeton 1989.

TAZBIR, JANUSZ, Geschichte der polnischen Toleranz, Warschau 1977. | TELLE, JOACHIM (Hg.), Analecta Paracelsia: Studien zum Nachleben Theophrast von Hohenheims im deutschen Kulturgebiet der Frühen Neuzeit, Stuttgart 1994. | THOMAS, KEITH, Religion and the Decline of Magic, Harmondsworth 1971. | TLUSTY, ANN, Bacchus und die bürgerliche Ordnung. Die Kultur des Trinkens im frühneuzeitlichen Augsburg (2001), Augsburg 2005. | TROELTSCH, ERNST, Die Soziallehren der christlichen Kirchen und Gruppen (1912), Tübingen 1994.

UHLAND, FRIEDWART, Täufertum und Obrigkeit in Augsburg im 16. Jahrhundert, Diss. Tübingen 1972. | URBAN, INGRID, Johannes Sprengs Meistergesänge, Berlin 1967.

VARENNE, JEAN, Yoga und die Tradition des Hinduismus (1989), Aachen 1996. | VETTER, A. (Hg.), Chronik für Altstätten und Umgebung, Altstätten 1904/1921. | VOCELKA, KARL, Die politische Propaganda Kaiser Rudolfs II. (1576–1612), Wien 1981. | VOLK-KNÜTTEL, BRIGITTE, Maximilian von Bayern als Sammler und Auftraggeber. Seine Korrespondenz mit Philipp Hainhofer 1611–1615, in: Hubert Glaser (Hg.), Quellen und Studien zur Kunstpolitik der Wittelsbacher vom 16. bis zum 18. Jahrhundert, München/Zürich 1980, 83–128.

WAGNER, BRIGITTE, ‹Französische Groteske› – Gedanken zur Schwierigkeit einer Definition, in: Zeitschrift für Ästhetik und allgemeine Kunstwissenschaft XXIV/1 (1979), 132–175.

WALLACE, PETER C., Communities and Conflict in Early Modern Colmar: 1575–1730, New Jersey 1995. | WALLENTA, WOLFGANG, Katholische Konfessionalisierung in Augsburg 1548–1648, Hamburg 2003. | WALSHAM, ALEXANDRA, Charitable Hatred. Tolerance and Intolerance in England, 1500–1700, Manchester/New York 2006. (= Walsham) | DIES., Church Papists: Catholicism, Conformity and Confessional Polemic in Early Modern England, Woodbridge 1999. (= Walsham 1999) | WANKLYN, GEORGE A., Étienne Delaune. Un dessin préparatoire pour la nef offerte en 1551 à l'amiral Clinton, in: Hervé Oursel/Julia Fritsch (Hg.), Henri II et les arts. Actes du colloque international, École du Louvre et Musée national de la Renaissance – Écouen, 25, 26 et 27 septembre 1997, Paris 2003, 293–347. | DERS., La Vie et la carrière d'Étienne Delaune à la lumière de nouveaux documents, in: Bulletin de la Societé de l'Histoire de l'Art français 1989, 9–16. | WARBURG, ABY, Heidnisch-antike Weissagung in Wort und Bild zu Luthers Zeiten, Heidelberg 1920. | WARMBRUNN, PAUL, Zwei Konfessionen in einer Stadt. Das Zusammenleben von Katholiken und Protestanten in den Reichsstädten Augsburg, Biberach, Ravensburg und Dinkelsbühl von 1548 bis 1648, Wiesbaden 1983. | WARNKE, MARTIN, Hofkünstler. Zur Vorgeschichte des modernen Künstlers, ²Köln 1986. | WEBER, FRANZ MICHAEL, Kaspar

Schwenckfeld und seine Anhänger in den freybergischen Herrschaften Justingen und Öpfingen, Stuttgart 1962. | WEBSTER, CHARLES, Paracelsus. Medicine, Magic and Mission at the End of Time, New Haven/London 2008. | WEIDENHILLER, EGINO u. a., Ad sanctum Stephanum 969–1969, Augsburg 1969. | WEIGELT, HORST, Die Aufnahme der Schwenckfelder aus Schlesien in Sachsen und Amerika im 18. Jahrhundert, in: Joachim Bahlcke/Rainer Bendel (Hg.), Migration und kirchliche Praxis. Das religiöse Leben frühneuzeitlicher Glaubensflüchtlinge in alltagsgeschichtlicher Perspektive, Köln u. a. 2008, 39–54. | DERS., Von Schlesien nach Amerika. Die Geschichte des Schwenckfeldertums, Köln/Weimar/Wien 2007. (= Weigelt) | DERS., Sebastian Franck und Caspar Schwenckfeld in ihren Beziehungen zueinander (1970), in: ders., Von Schwenckfeld bis Löhe. Aspekte aus der Geschichte evangelischer Theologie und Frömmigkeit in Bayern, Neustadt a. d. Aisch 1999, 21–38. | DERS., Die Beziehungen Schwenckfelds zu Augsburg im Umkreis der Kirchenordnungen von 1537, in: Reinhard Schwarz (Hg.), Die Augsburger Kirchenordnung von 1537 und ihr Umfeld, Gütersloh 1988, 111–122. | WEISS, AUGUST, Das Handwerk der Goldschmiede in Augsburg bis zum Jahre 1681, Leipzig 1897. | WERTZ, ROLAND, Le Livre des bourgeois de Colmar, 1512–1609, Colmar 1961. | WEYRAUCH, HANS R., Die Bildwerke in Bronze und in anderen Metallen (Bayerisches Nationalmuseum München, Katalog, Bd. XIII, 5), München 1956. | WHALEY, JOACHIM, Religious Tolerance and Social Change in Hamburg 1529–1819, Cambridge 1985. | WARNCKE, CARSTEN-PETER, Die ornamentale Groteske in Deutschland, 1500–1650, 2 Bde., Berlin 1979. | WHICHER, IAN/CARPENTER, DAVID (Hg.), Yoga. The Indian Tradition, London/New York 2003. | WILLIAMS, GEORGE H., The Radical Reformation, Philadelphia 1962. | WILSON, BRYAN (Hg.), Patterns of Sectarianism, London 1967. | WINKELBAUER, THOMAS, Überkonfessionelles Christentum in der 2. Hälfte des 16. Jahrhunderts in Mähren und seinen Nachbarländern, in: Jan Libor u. a. (Hg.), Dějiny Moravy a Matice moravská. Prblémy a perspektivy, Brünn 2000, 131–146. | WISSELL, RUDOLF, Des alten Handwerks Recht und Gewohnheit, ND hg. v. E. Schraepler, 3 Bde., Berlin 1971–1982. | WISWEDEL, WILHELM, Augsburg, ein Hauptsammelpunkt der Taufgesinnten, in: Bilder und Führergestalten aus dem Täufertum, 3 Bde., Kassel 1928–1952, Bd. II, 59–71. | WORTHINGTON, VIVIAN, A History of Yoga, London 1989. | WYSER, PAUL, Der «Seelengrund» in Taulers Predigten, in: Lebendiges Mittelalter. Festgabe für Wolfgang Stammler, Fribourg 1958, 204–311.

YATES, FRANCES A., Giordano Bruno and the Hermetic Tradition, Chicago 1982. | DIES., Die okkulte Philosophie im elisabethanischen Zeitalter, Amsterdam 1979.

ZAGORIN, PEREZ, How the Idea of Religious Toleration Came to the West, Princeton 2003. | DERS., The Historical Significance of Lying and Dissimulation, in: Social Research 63 (1996), 863–912. | DERS., Ways of Lying. Dissimulation, Persecution, and Conformity in Early Modern Europe, Cambridge (Mass.)/London 1990. | ZAHNER, ROBERT C., Mystik. Harmonie und Dissonanz. Die östlichen und westlichen Religionen, Olten/Freiburg i. Br. 1970. | ZAMPERINI, ALESSANDRA, Le Grottesche. Il sogno della pittura nella decorazione parietale, Venedig 2007. | ZEEDEN, ERNST WALTER, Grundlagen und Wege der Konfessionsbildung in Deutschland im Zeitalter der Glaubenskämpfe, in: ders., Konfessionsbildung. Studien zur Reformation, Gegenreformation und katholischen Reform (1958), Stuttgart 1985, 67–112. | DERS., Deutsche Kultur in der frühen Neuzeit, Frankfurt a. M. 1968.

ANHANG

DANK

David Altenstetter ist mir vor über zwanzig Jahren, im Verlauf von Forschungen zur Geschichte Augsburgs während des Dreißigjährigen Krieges, zum ersten Mal begegnet, und ich hatte Gelegenheit, über diesen ungewöhnlichen Mann einige kleinere Publikationen zu verfassen. Knappe Skizzen finden sich in einem Artikel, der in der «Frankfurter Allgemeinen Zeitung» (13.3.2002) erschien, in meinem Buch «Eine Stadt in Krieg und Frieden» (Göttingen 1989) und in der Zeitschrift für Kunstgeschichte (70/1 [2007]); Auszüge aus den Verhörprotokollen, die für die Rekonstruktion von Altenstetters Leben zentral sind, habe ich in einer Quellensammlung zur Geschichte des konfessionellen Zeitalters berücksichtigt (Roeck 1996, S. 104-109). Aspekte, die in diesem Buch eine Rolle spielen, konnte ich im Rahmen eines von der Siemens-Stiftung in München ausgerichteten Vortrages zur Diskussion stellen, weiterhin durch Referate, die ich an den Universitäten in Kingston (Kanada), St. Petersburg (Smolny College), Tübingen und am Internationalen Forschungszentrum Kulturwissenschaften in Wien halten durfte. Viel gelernt für mein Thema habe ich auf Kolloquien der European Science Foundation in Neapel, Brighton, Amsterdam und Zürich, ebenso auf Veranstaltungen der Carl Friedrich von Weizsäcker-Gesellschaft in Warschau und Rom.

Daß die Biographie Altenstetters nun im Calvin-Jahr erscheint, ist ein – freilich nicht ganz unglücklicher – Zufall. Jener Libertin (so nannte Calvin Leute seines Schlages) war ein wirklich «guter Europäer» im Sinne Aby Warburgs. Er steht für ein «anderes» 16. Jahrhundert, das wenig mit dem des Reformators gemeinsam hat. Man wird bemerken, daß dem Autor bei allem Bemühen um Distanz der brave Augsburger Handwerker weit sympathischer ist als der Genfer Tugendwächter. Mir scheint Altenstetters Geschichte durchaus aktuelle Bezüge aufzuweisen; ich habe darauf verzichtet, sie näher auszuführen, weil sie evident sind.

Einer kunsthistorischen Auseinandersetzung mit dem Werk Altenstetters möchte die vorliegende Darstellung nicht vorgreifen. Insbesondere Zuschreibungsfragen werden nicht diskutiert. Quellenzitate wurden im Text behutsam einer modernen Schreibweise angeglichen; in den Anmerkungen habe ich es bei buchstabengetreuen Transkriptionen belassen.

Viele haben durch Rat und Tat dazu beigetragen, daß das vorliegende Buch entstehen konnte. Großen Dank schulde ich Sammlungen, Archiven und Bibliotheken für oft unbürokratische, kollegiale Unterstützung. Namentlich nennen möchte ich Rainer Babel (Paris), Dr. Beket Bukovinska (Prag), Dr. Michael Cramer-Fürtig (Augsburg), Dr. Christoph Emmendörffer (Augsburg), Ingela Fahlberg (Kilarne/Njutånger, Schweden), Georg Feuerer (Augsburg), Dr. Helmut Gier (Augsburg), Mag. Martin Halata (Prag), Sabine Heumos (Wien), Mag. Thomas Just (Wien), Siegfried Kerpf (Augsburg), Florin Kugler (Wien), Susanne Kummer (Wien), Dr. Francis Lichtlé (Colmar), Norbert Ludwig (Berlin), Bernd Mayer (Waldburg-Wolfegg), Frieder Mißfelder (Zürich), Dr. Christoph Nicht (Augsburg), Åke Norberg (Hudiksvalls, Schweden), Michael Pröll (Augsburg), Sabine Puppe (Berlin), Annerose Schnürch (München), Dr. Annette Schommers (München), Andreas Tönnesmann (Zürich), Dr. Christof Trepesch (Augsburg) und Johannes van Ooyen (Wien). Die Gold- und Silberschmiedin Gerdi Glanzner (Münsterschwarzach) gewährte mir faszinierende Einblicke in ihr Handwerk. Dr. Dirk Boll (Christie's, Zürich) hatte die

DANK 285

Freundlichkeit, mir Informationen über ein inzwischen in Privatbesitz befindliches phänomenales Werk Altenstetters zu geben.

Bei der Beschaffung von Bildern behilflich waren Rainer Seiler und Hermann Scheck (beide Öpfingen). Die Akademie der Wissenschaften der Republik Tschechien (Ústav dějin umění, Akademie věd České republiky, Praha) gewährte mir einen Gastaufenthalt in Prag. Mein besonderer Dank gilt Dr. Ivan Muchka. Und der Dolphin-Foundation schulde ich großen Dank dafür, daß sie dazu beitrug, mir im Verlauf eines Aufenthaltes in Taiwan Einblicke in Formen fernöstlicher Religiosität zu ermöglichen. Besonders erwähnen möchte ich Yu Ho-fang (Chiayi, Taiwan) und Stefan M. Rokoss (Malta). Janina Gruhner MA (Zürich) organisierte mit Charme und Bestimmtheit die Bildredaktion und machte sich auch sonst auf vielfältige Weise um das Projekt verdient. Für die Erstellung des Registers danke ich Tamara Al Oudat, bei den Korrekturen und anderem halfen Rosemary Bor (Zürich) und Margarete Roeck (Augsburg).

Dr. Wolfgang Beck und Dr. Detlef Felken hatten Vertrauen in das waghalsige Projekt, einem weitgehend unbekannten Mann des «langen» 16. Jahrhunderts eine großzügig ausgestattete Biographie zu widmen. Dr. Stefanie Hölscher danke ich für ihr sorgfältiges Lektorat und dafür, daß sie dazu beitrug, das Mögliche mit dem Wirklichen zu versöhnen. Christa Schauer und Beate Sander haben aus den Gedanken, Worten und den wuchernden Bildideen des Autors ein wunderschönes Buch gemacht.

Ich habe es meiner Frau und unseren Kindern gewidmet. Aber es sollte doch zugleich eine kleine Erinnerung an meinen Großvater, den Goldschmied Eduard Roeck aus Neuenbürg, sein.

PERSONENREGISTER

Abt, Christian 54, 60
Accetto, Torquato 130
Adelung, Johann Christoph 14
Agrippa von Nettesheim 231
Albada, Aggaeus van 235, 248
Alberti, Leon Battista 217
Albertinus, Aegidius 75
Albrecht V., Herzog von Bayern 54, 61, 214
Altenstetter, Caspar 25, 26
Altenstetter, Katharina 96, 168, 258
Altstetter, Gregorius 25, 26
Anhalt-Plötzkau, August von 157
Arcimboldo, Giuseppe 193, 214
Attemstett, Andreas 57
Augustinus 119
Augustus, Kaiser 171

Bacon, Francis 192
Barrefeld, Hendrik Jansz. 236
Báthory, Stephan 244
Baumgartner, Ulrich 207
Bellen, Johann van 234
Bernhard, hl. 119
Beuys, Joseph 223
Bisticci, Vespasiano da 198
Boccaccio, Giovanni 238
Bodin, Jean 243
Bönl, Gregor 86–88
Bonardo, Giovanni Maria 142
Brahe, Tycho 145, 165, 188
Brant, Sebastian 21, 164, 192
Braun, Hieronymus 91
Brueghel, Pieter 36, 80, 193
Bruno, Giordano 191, 235, 244
Brus von Müglitz, Anton 244
Bucer, Martin 46, 125
Burton, Robert 209

Caesar, Gaius Iulius 71
Calvin, Johannes 236
Campanella, Tommaso 209, 235
Cardano, Giovanni 80
Castellio, Sebastian 120, 241, 257
Cellini, Benvenuto 175, 180f., 200–202, 206, 225, 229
Chandieu, Antoine de 69
Clairvaux, Bernhard von 217
Clusius, Carolus 238
Coornhert, Dirck Volckertsz. 243
Correggio 193
Croce, Giulio Cesare 80

Dalí, Salvador 223
Danbeck, Georg 90, 96, 105, 114f.
Dee, John 192
Delaune, Etienne («Stephanus») 65–69, 81, 83, 95, 182, 196
Denn, Heinrich 163 f.
Diogenes Laertios 153
Dirk Willemsz. 234
Douglas, Mary 149
Drausch, Ambrosius 88
Drausch, Valentin 54–56, 59–62, 84, 86–88
Drentwett, Balduin 54, 60
Dürer, Albrecht 173, 184, 193, 220f.
Duifhuis, Hubert 235 f.

Eckhart von Hochheim (Meister Eckhart) 23
Eiselin, Stephan 132
Elizabeth I. von England 249
Endres, Philip 105
Enim, Tracy 223
Eo, Wilhelm 229
Erasmus von Rotterdam 21, 115–117, 120f., 129, 235, 239–241, 243, 257

Erastus, Thomas 158
Ernst von Bayern, Kurfürst von Köln 230

Fabri, Johannes 128
Fei, Alessandro 183, 196
Fend, Matthias 54, 60
Ferdinand II., Kaiser 192, 253 f.
Fesenmair, Bartholome 31, 60, 87
Feyerabend, Siegmund 97
Ficino, Marsilio 159
Fischart, Johann 31
Forster, Georg 49
Forster, Joachim 46
Forster, Johann 46
Franck, Sebastian 124, 149, 240 f., 257
Frenzel, Salomon 28
Frey, Heinrich 79
Frey, Martin 93
Freyberg, Ferdinand von 131
Freyberg, Georg Ludwig von 127, 157
Freyberg, Veronica von 131
Friedrich, Herzog von Württemberg 164
Friedrich II., Herzog von Liegnitz 125
Friedrich, Daniel 129
Fröschel, Hieronymus 172
Fugger, Anton 83, 163
Fugger, Eduard 163
Fugger, Georg 95, 150
Fugger, Hans 59, 93, 151, 167, 187
Fugger, Hieronymus 150
Fugger, Jakob («der Reiche») 98, 246
Fugger, Johann Jacob 45, 150, 163
Fugger, Marx (Markus) 59, 150, 162–165, 167, 187
Fugger, Octavian Secundus 82, 95, 163–165, 249
Fugger, Philipp Eduard 95
Fugger, Ulrich 163